中国人民公安大学
公安部公安发展战略研究所智库研究成果丛书
总主编　曹诗权

U1000663

2017年新型网络犯罪研究报告

中国人民公安大学信息技术与网络安全学院
中国人民公安大学网络空间安全与法治协同创新中心

分册主编　曹诗权

中国人民公安大学出版社
·北　京·

图书在版编目（CIP）数据

2017年新型网络犯罪研究报告／曹诗权主编．—北京：中国人民公安大学出版社，2018.3

（公安部公安发展战略研究所智库研究成果丛书）

ISBN 978－7－5653－3211－1

Ⅰ.①2… Ⅱ.①曹… Ⅲ.①互联网络—计算机犯罪—研究报告—中国—2017 Ⅳ.①D924.364

中国版本图书馆CIP数据核字（2018）第025042号

2017年新型网络犯罪研究报告

曹诗权 分册主编

出版发行：中国人民公安大学出版社
地　　址：北京市西城区木樨地南里
经　　销：新华书店
邮政编码：100038
印　　刷：北京市泰锐印刷有限责任公司

版　　次：2018年3月第1版
印　　次：2018年3月第1次
印　　张：13
开　　本：787毫米×1092毫米 1/16
字　　数：230千字

书　　号：ISBN 978－7－5653－3211－1
定　　价：52.00元

网　　址：www.cppsup.com.cn www.porclub.com.cn
电子邮箱：zbs@cppsup.com zbs@cppsu.edu.cn

营销中心电话：010－83903254
读者服务部电话（门市）：010－83903257
警官读者俱乐部电话（网购、邮购）：010－83903253
公安业务分社电话：010－83905672

本社图书出现印装质量问题，由本社负责退换
版权所有 侵权必究

2017年新型网络犯罪研究报告

编委会

主　编：曹诗权

撰稿人：（以章节先后为序）

包　涵　吴绍忠　吴才毓　李怀胜

刘为军　芦天亮

作者简介

曹诗权，男，1963年生。中国人民公安大学校长、教授、博士生导师，网络空间安全与法治协同创新中心理事长。中国人民大学法学博士，主要研究领域为民法学、网络法学。（撰写总序、前言）

包　涵，男，1982年生。中国人民公安大学侦查与反恐怖学院副教授，硕士生导师，网络空间安全与法治协同创新中心研究员。中国人民大学法学博士，主要研究领域为网络犯罪、刑事政策和毒品犯罪。（撰写专题一）

吴绍忠，男，1976年生。中国人民公安大学侦查与反恐怖学院教授，硕士生导师，网络空间安全与法治协同创新中心副秘书长，重庆警察学院特聘研究员，中关村大数据产业联盟公共安全大数据专业委员会高级顾问，主要研究领域为公安情报学、反恐怖。（撰写专题二）

吴才毓，女，1988年生。中国人民公安大学法学院讲师，网络空间安全与法治协同创新中心研究员。北京大学法学博士，美国杨百翰大学、台湾地区高雄大学访问学者，主要研究领域为民商法学、网络法学。（撰写专题三）

李怀胜，男，1983年生。中国人民公安大学法学院副教授，硕士生导师，网络空间安全与法治协同创新中心副秘书长，中国政法大学网络法学研究院特聘研究员。中国政法大学法学博士，曾在台湾东吴大学做访问学者，主要研究领域为刑法学、网络法学。（撰写专题四）

刘为军，男，1978年生。中国人民公安大学侦查与反恐怖学院教授，博士生导师，网络空间安全与法治协同创新中心副秘书长。中国人民大学法学博士，主要研究领域为侦查学、证据学和网络犯罪。（撰写专题一、专题五、专题六）

芦天亮，男，1985年生。中国人民公安大学信息技术与网络安全学院副教授，硕士生导师，网络空间安全与法治协同创新中心研究员。北京邮电大学信息安全专业博士，主要研究领域为网络攻防、恶意代码检测与分析。（撰写专题五、专题六）

总　序

“加快构建中国特色哲学社会科学，加强中国特色新型智库建设”是习近平总书记在党的十九大报告中提出的明确任务。依托中国人民公安大学，建设公安部公安发展战略研究所，展开公安智库研究，是公安部和公安系统对大学的期待、重托和信任；是大学的初心、禀赋和内涵价值；是大学服务行业、服务社会、服务国家的历史责任和时代使命；更是大学深入学习贯彻党的十九大精神和习近平新时代中国特色社会主义思想，激活人才优势、理论优势、研究优势，推进科研转型，增进研究效能，全面建设一流学科大学的现实机遇和改革动力。

“必须提高政治站位、树立历史眼光、强化理论思维、增强大局观念、丰富知识素养、坚持问题导向，从历史和现实相贯通、国际和国内相关联、理论和实际相结合的宽广视角，对一些重大理论和实践问题进行思考和把握，做到坚持和发展中国特色社会主义要一以贯之，推进党的建设新的伟大工程要一以贯之，增强忧患意识、防范风险挑战要一以贯之。”习近平总书记的这一重要讲话精神，不仅深刻道出了治国理政的真谛，也应是我们学术研究、智库研究的方向指引和思维、方法的根本遵循。为此，在公安智库的具体建设和实践中，需要上观公安发展战略之天，下立智慧警务、公共警务、民生警务、法治警务、科技警务之地，进一步把握智库的科学属性，立足国际视野，贡献全球安全治理，促进人类和平；进一步把握智库的政治属性，立足国家视角，贡献维护国家安全大局，助力国家强盛；进一步把握智库的价值属性，立足人民视角，贡献社会治理创新，增进人民福祉；进一步把握智库的文化属性，立足文化视角，贡献文化传承创新，推进文明交流融通；进一步把握智库的“谋治”属性，立足法治视角，贡献法治国家、法治政府、法治社会，促进良法善治共治。

一、学习新理论，贯彻新思想，增强智库的先导性，提升智库研究的政治站位

智库研究必须具有厚重的思想性底蕴，要有正确的理论导引、科学的方法支撑和旗帜鲜明的政治目标与立场站位。中国特色社会主义智库就应该始终坚持以马克思列宁主义、毛泽东思想、邓小平理论、“三个代表”重要思想、科学发展观和习近平新时代中国特色社会主义思想为指导，以中国特色社会主义理论体系武装智库、武装头脑，认真研读党的十九大精神，深入学习贯彻习近平新时代中国特色社会主义思想。要通过新思想、新理论的学习研究，进一步坚守政治定力，坚定“四个自信”，传导“四个自信”，既不走封闭僵化的老路，也不走改旗易帜的邪路。公安发展战略研究必须旗帜鲜明讲政治，突出政治建设这一根本性建设，坚持“公安姓党”这一根本政治属性，坚持党对公安工作、公安改革的绝对领导这一根本政治原则，毫不动摇、毫不含糊地传导坚持和加强党对公安工作的绝对领导、全面领导。我们所有的研究遵循必须把握在：坚决维护以习近平同志为核心的党中央权威和集中统一领导，进一步增强“四个意识”，不断强化忠诚核心、拥戴核心、维护核心、捍卫核心的思想自觉、政治自觉和行动自觉。无论是研究主体还是研究课题和成果，都要严格遵守政治纪律和政治规矩，增强政治敏锐性和政治鉴别力。公安智库研究在全面领会习近平新时代中国特色社会主义思想的基础上，应找准公安工作、公安改革的结合点、切入点，特别要注意传导、贯彻坚持党对一切工作的领导、坚持以人民为中心、坚持全面依法治国、坚持总体国家安全观、坚持推动构建人类命运共同体等新思想、新方略。

二、立足新时代，研判新形势，增强智库前沿性，提升智库研究的改革站位

智库研究必须具有鲜明的战略性品格，要有全球思维和国际国内大视野、宽视角，要有敏锐的形势感知力、洞察力、辨别力。中国特色社会主义智库应积极认知新时代，回应新时代，围绕伟大斗争、伟大工程、伟大事业、伟大梦想的时代坐标聚焦对表，把准有效应对重大挑战、抵御重大风险、克服重大阻力、解决重大矛盾的脉搏律动，为解决我国社会主要矛盾已经转化为人民日益增长的美好生活需要与不平衡不充分的发展之间的

矛盾释疑解惑、开方施药；以全新的视野深化对共产党执政规律、社会主义建设规律、人类社会发展规律的认识，进行艰辛的理论探索，取得重大理论创新成果，致力于完善和发展中国特色社会主义制度，推进国家治理体系和治理能力现代化。

公安发展战略研究和警务改革研究应立足于智库的这一时代基准，秉持忧患意识和责任意识，全面学习、深入贯彻习近平新时代中国特色社会主义政法思想，提高政治警觉，增强工作预见性，不断创新理念思路、体制机制、方法手段，全面提升防范应对各类风险挑战的水平，确保国家长治久安，人民安居乐业；要把维护国家政治安全特别是政权安全、制度安全放在第一位，提高对各种矛盾问题预测预警预防能力。针对世界多极化、经济全球化、文化多样化、社会信息化深入发展，全球治理体系深度调整，不稳定性、不确定性上升的时局特点，特别注意分析研判五个方面的重大形势：一是国际反华势力变种隐匿、花样翻新、渗透加剧，不断严峻的“颜色革命”风险给公安工作带来的新压力；二是经济发展新常态下，国际国内经济风险、金融风险、市场风险向政治、社会和民众生活领域浸润传导，更加严峻的社会稳定风险给公安工作带来的新情况；三是社会结构深刻变化、利益关系深刻调整，人流、物流、资金流、信息流、数据流加快流动，犯罪的动态化、国际化、组织化、专业化、智能化、极端化、随机化特点凸显，日趋严峻的公共安全风险和暴恐袭击风险给公安工作带来的新问题；四是现代科技迅猛发展，互联网、物联网、云计算、大数据、区块链、人工智能泛在发力，新技术新业态快速发展，现实社会与网络社会平移交构，外部安全和内部安全、国土安全和国民安全、传统安全和非传统安全、自身安全和共同安全、现实安全和网络安全交融交织叠加，日趋严峻的网络安全风险变数给公安工作带来的新挑战；五是人民群众向往更加美好的生活和更高质量、更高标准的获得感、幸福感、安全感，给公安工作带来的新期待。

三、回应新需求，瞄准新问题，增强智库针对性，提升智库研究的科学站位

智库研究必须有鲜明的服务性价值，服务国家战略需求、服务经济社会发展需求、服务行业改革发展需求。这是智库生命力所在，也是智库做

大做强做优做特的活力所在。公安战略研究既要遵循学术研究的普遍规律，重视基础性理论的深研，又要有强烈的需求导向和问题导向，精准发力、精细研究，产出精良的研究成果。要切实把握公安工作的规律特点，围绕公安中心工作和主要任务，开展管长远、应现实、可持续的课题研究：一是围绕着力营造安全稳固的政治环境，重点开展国家安全能力建设研究，在提高防范和抵御安全风险能力、严密防范和坚决打击各种渗透颠覆破坏活动、暴力恐怖活动、民族分裂活动、宗教极端活动、意识形态斗争等一系列问题上研深研透，提供政策和法治参考。二是围绕安定有序的社会环境，从建设新时代共建共治共享的社会治理格局的层面，深化对健全社会治安综合治理防控体系、创新社会矛盾预防和化解机制、增强城镇和农村社区等基层治理体系效能的研究，在打击传统和新型犯罪、树立新安全发展理念和保护人民人身权、财产权、人格权等方面发挥献计献策作用。三是围绕公平正义的法治环境，在推进依法行政、严格规范公正文明执法、深化司法体制改革等方面开展研究，探究揭示维护法律权威、彰显执法公信力、保障民警执法权和让人民群众在每一起执法案件中感受到公平正义的衡平机理。四是围绕优质高效的服务环境，在进一步转变公安机关服务理念和运行机制上开展研究，为公安机关和警务活动支持、保障深化供给侧结构性改革、加快建设创新型国家、加快完善社会主义经济体制、推动形成全面开放新格局等方面提供理论支撑和实践准据。五是围绕风清气正、干事创业的警营政治生态环境，在宏观层面关注警队纪律作风建设，促进监督体系和纪检督察惩防体系建设，在微观层面关注警察职业保障和民警个人的政治、思想、工作、生活等普遍性和群体性现象，用科学理论更好地引导、指导民警不断在警察职业生涯中提升学业、增进专业、享受职业、发展事业。六是融入科技强国、网络强国、数字中国、智慧社会建设的时代背景，围绕智慧公安、数据公安、智能警务和网络安全与执法创新研究，把顶层设计、理论设计与基层探索结合起来，科技创新与体制机制变革思考结合起来，指导公安实施大数据战略，大力加强智能化、专业化、科学化、系统化建设，提升构建网络安全、打击网络犯罪的能力，推动新时代公安政法工作质量变革、效率变革、动力变革。智库研究这些战略问题，一要源出公安，导出警务；二要走出公安，超越警务；三要融入公安，引领警务，防止偏狭、肤浅、闭锁。

四、担当新使命，贡献新智慧，增强智库实效性，提升智库研究的实践站位

智库研究必须具有实在的对策性效能，追求高、新、准、实、用效果；要求善于由表及里、去粗取精、去伪存真，抓住真谛、凝练经验、典型示范；切忌闭门造车、自说自话、生搬硬套；切忌一知半解、人云亦云。公安战略研究不应置于象牙塔，不应闭门于书斋学堂；而应置放在复杂的社会环境，置放在火热的实践场域，置放在相互关联的改革体系中，深接地气，涵养底气，才能真正担当引智、聚智、送智、创智的使命，才能献智于决策，转化为对策，指导实践，升华为公安智库声音、公安智库方案、公安智库贡献。为此，我们的智库研究，一要接理论地气，构建科学厚实的公安学、警学理论体系，厚植理论素养；二要接规律地气，探寻、梳理、归纳、提炼公安工作规律和警务活动规律，指导公安工作向规律要警力，靠规律支撑警力；三要接文化地气，在博大精深的中华文化传统宝库中有丰富的社会管理、社会治理、社会建设内容，值得我们深度挖掘、深度学习，扬弃应用；四要接法治地气，要在整个法治体系中学习研究，形成全新的整体性法治思维，摒弃条文化、部门化、学科化、碎片化法律适用选用取向；五要接科技地气，引导公安工作、警务活动向社会化、专业化、智能化、信息化、科学化发展，通过现代科技智能的应用，把民警从繁重烦琐的体力负荷和程式约束中解放出来；六要接基层地气，把研究的视角、思考的基点、探索的路径投放在一线实践中，掌握第一手资料，摸准真实的问题，贡献可学习、可借鉴、可推广、可普适的经验对策，为一线服务，为基层服务。

上述思考是公安发展战略研究的基本取向和本色定位，是本套丛书的创编主旨和努力追求的目标愿景。本着汇集研究人才、拓展研究渠道、打造研究平台、扩大研究影响、丰富研究成果、提升研究效能、增进研究贡献的“教库一体、校库一体、学库一体”建设风格，本套丛书将以开放兼容的内容形式吸纳成果、展现成果：可以是围绕某一问题深耕细作的专著，可以是针对研究对象的不同角度阐释的编著，可以是针对热点问题的专题研究报告或年度报告，可以是相关研究领域最新成果的译著，可以是举办高端论坛的高水平成果汇编的论文集，可以是系列问题智库报告的选编，可以是项目课题研究的成果转化发表，可以是全国各地改革试点、创

新示范、实践典型的经验成果总结、凝练和推介。本套丛书形式多样、内容丰富，希冀对领导机关进行相关决策、各级公安机关开展相关工作提供智力支持和理论支撑，为新时代公安工作贡献智慧和力量，为建设研究型公安机关、学习型人民警察队伍提供精神营养。

编写智库丛书是一次探索和尝试，必然存在诸多不足和瑕疵，请广大读者宽谅理解并不吝赐教。希望在各界专家、老师、同人和读者朋友的指导和帮助下，公安发展战略研究不断开创新局面，取得新成就。

总主编　曹诗权

2018 年 1 月

编写说明

为推动中国人民公安大学在网络领域的交叉学科建设，搭建产学研用一体化平台，为国家网络空间安全建设提供智力支持，中国人民公安大学与法制日报社于2016年6月共同发起成立“网络空间安全与法治协同创新中心”（以下简称中心）。中心邀请以沈昌祥院士为组长的专家组指导研究工作，以中国人民公安大学信息技术与网络安全学院、法学院、侦查与反恐怖学院为主体支撑，汇聚了一批从事网络技术、网络法律政策、网络犯罪侦查、网络反恐等领域研究的校内外中青年学者，在短短一年半时间里已经取得一系列成果。

网络犯罪是中心成立时即已确定的重点研究方向之一。2017年年初，中心决定每年选取若干个网络犯罪热点问题开展专项研究，研究过程中形成智库专项报告，经由公安部发展战略研究所等渠道报送有关部门参考，而最终研究报告于次年年初结集出版。

《2017年新型网络犯罪研究报告》收录了中心2017年度网络犯罪专项研究形成的六篇研究报告，均由中心研究人员执笔。其中，包涵、刘为军执笔的“传统犯罪的网络化发展”阐明了犯罪与网络相互作用的基本原理，重点分析了若干传统犯罪的网络化形态及应对策略；吴绍忠执笔的“网络恐怖主义犯罪的最新趋势”介绍了当前网络恐怖主义的主要形态、特点和发展趋势，主张通过完善相关立法、加强国际合作、研发先进技术、加强信息基础设施的保护、推进行业自律、形成全民网络反恐格局以及提升发现与预防能力等手段构建有效的打击网络恐怖主义体系；吴才毓执笔的“网络虚拟财产犯罪新发展”筛选了近3年69份相关案例，在实证数据基础上探明近年司法裁判界的观点变化，在裁判理由、数额认定等方面揭示不同，区分财产犯罪、计算机犯罪的此罪与彼罪关系，同时尝试说明网络虚拟财产犯罪黑灰产业链中的部分环节与情境；李怀胜执笔的“公民个人信息犯罪的趋势与对策”对近几年特别是2017年侵犯个人信息犯罪的现状、特点、发展趋势、司法处置的难点和重点等问题进行了系统调研和解读，并贡献了关于个人信息犯罪刑事司法政策、司法处置策略和模式等的个人智慧；刘为军、芦天亮执笔的“中国技术勒索的现状、趋势及对策”援引大量数据分析了当前中国技术勒索的最新形势及成因，全面总结了技术勒索的行为模式和法律规制体系，并提出了包括技术、执法、管理、宣传教育和国际合作在内的策略体系；芦天亮、刘为军执笔的“流量安全管理现状分析及对策”结合近几年流量攻击典型案例，从用户端、传输网络和服务端三个环节对流量攻击的技术手段和流量攻击地下产业链进行了认真探索，并从技术、司法和企业应对等层面提出了流量安全管理的方法。

《2017 年新型网络犯罪研究报告》是网络空间安全与法治协同创新中心智力成果输出方式的一次探索，写作期间得到各方大力支持。中心今后将充分吸取各方意见和建议，以各种形式持续推出专项或年度网络犯罪研究报告。由于编者水平有限，本报告难免存在疏漏和不足之处，恳请读者批评指正。

目　录

前　言

全面推进网络空间法治化*

信息时代开创了人类新的认识与活动空间——网络空间。基于网络开放、自由、泛在、易用等特性，网络已经成为政府、组织、团体和个人信息传递储存的重要媒介。我们越来越清晰地认识到，网络并非现实空间的简单复制，而是一种全新的人类活动载体，它构筑了全新的行为样态，开辟了人类新的实践空间，承载并丰富了现实的利益内容和冲突。在网络已经成为国民经济的重要支柱，成为社会发展的重要驱动力，网络安全上升为国家安全和公共安全重要组成部分的现实背景下，迫切需要我们认清网络空间的规律、特性和走向，站在战略高度，树立全局思维，把握全球视野，瞄准安全底线，置重前瞻规划，全面推进网络空间的法治化，构建“立治有体、施治有序、联动包容、平衡持续”的网络空间治理新格局。

一、建设网络强国，必须走法治之路

网络空间与现实社会，并行不悖、相互交织、互相倚重。现实空间有法律等规矩绳墨，网络社会也不可能无法无天、胡作非为。“全面推进网络空间法治化”，关键词是“法治化”，策略方针是“全面”，它是构建网络空间生活样态、秩序构架、利益格局的必由之路，背景厚重，意义深远。

当前，以互联网为代表的信息技术迅猛发展，已经成为社会变革的重要推动力。网络的触角深入千家万户，深入经济和社会生活的各个角落，无处不在，无所不在，无时不在，无人不在。网络不但是普通百姓生活、娱乐的重要工具和平台，同时也是目前最具活力的经济产业，最具创新力的知识领域。可以说，无论是基本生活方式的演进，还是基础社会结构的变迁，我们都无法摆脱网络的影响。“互联网 +”既是国家全局战略，更是网络与现实串并交融的鲜活态势；网络与传统产业深度融合，网络空间

---

* 前言主要内容曾发表于《网络安全技术与应用》2016 年第 10 期“权威论坛”，此处有所增删。作者曹诗权现任中国人民公安大学校长、教授、博士生导师，兼任中国人民公安大学网络空间安全与法治协同创新中心理事长。

与传统社会的界限逐渐模糊，网上网下分工对接、整体联动；网络的形象更加饱满，网络的主体更加多元，网络的业态更加丰富，网络的活动更加复杂；网络勾连的社会关系的复杂性丝毫不亚于传统空间，网络凝结的社会利益的价值也丝毫不逊于现实社会，这些都意味着，任由网络自由生长、对网络“无为而治”的时代已经远去，积极构建互联网治理体系的时代正在到来。互联网治理体系的重心，应该是全面推进网络空间的法治化，通过法治的确认、引导、规范、调整、保护和罚禁等独特功能，助推网络空间创新发展、协调发展、绿色发展、开放发展、共享发展。

互联网是人类生活的新空间，也是社会治理的新挑战。党的十八届三中全会提出“推进国家治理体系和治理能力现代化”，互联网作为一个全新领域，其治理模式没有现成经验可供借鉴，世界各国都还处于摸着石头过河的探索阶段。但是，谁能够首先摸着石头走上岸，谁就能在网络规则主导权的争夺上占得先机。因此，一个国家网络治理体系的优劣，完全可以成为衡量国家治理能力现代化的标尺。法律在网络治理中具有根本性、全局性、长远性的作用。“法者，天下之程式也，万事之仪表也。”党的十八届四中全会通过了《中共中央关于全面推进依法治国若干重大问题的决定》（以下简称《决定》），在党的历史上首次对全面推进依法治国进行了战略部署，具有里程碑式的意义。《决定》指出：“加强互联网领域立法，完善网络信息服务、网络安全保护、网络社会管理等方面的法律法规，依法规范网络行为。”这一表述足以表明，全面推进依法治国不仅适用于现实社会，同样也适用于网络这个所谓的“虚拟空间”。[①]《决定》不但是网络法治建设的行动指引和目标参照，也丰富了全面推进网络空间法治化的时代内涵。2016年7月，中共中央办公厅、国务院办公厅印发了《国家信息化发展战略纲要》（以下简称《纲要》），是指导我国今后一段历史时期国家信息化发展的纲领性文件。关于网络法治建设的内容，《纲要》进一步明确，“依法推进信息化、维护网络安全是全面依法治国的重要内容。要以网络空间法治化为重点，发挥立法的引领和推动作用，加强执法能力建设，提高全社会自觉守法意识，营造良好的信息化法治环境”。党的十九大报告指出，“加强互联网内容建设，建立网络综合治理体系，营造清朗的网络空间”。可以看出，全面推进网络空间法治化，目标明确，定位清晰，重心突出。

二、应对各类网络威胁，必须对网络空间依法治理

互联网具有鲜明的“双刃剑”效应，正反同现，道魔共生。网络风险

---

① 黎慈：《网络空间法治化及其在中国的路径选择》，载《云南行政学院学报》2015年第6期。

和威胁至少存在以下六个方面：

一是全球化背景下的网络敌对挑衅、敌对攻防、敌对威慑、敌对控制、敌对破坏和黑客行动、恐怖传导等直接或间接危害国家主权安全、政治安全、政权安全、军事安全。在信息化时代，网络与国家安全发生着密切的联系，各国在网络安全领域的竞争对各国的国家安全、经济发展和社会稳定都造成了持续性的重大影响。[①] 智能互联网时代，网络已经全方位渗透在社会生活中，物联网技术、三网融合技术、智能家居、智能办公等的发展，使得整个社会都被纳入数字之网中，因此网络造成的安全风险更加具有扩散性。传统社会与网络空间，已是一荣俱荣、一损俱损的关系。而当前来自境外的网络安全威胁已成为国家的首要威胁源。《中国互联网站发展状况及其安全报告（2017）》披露，[②] 2016 年我国被植入后门的网站数量为 8.2 万余个，同比上升 9.3%，涉及 IP 地址约 4 万个，84.9% 的 IP 地址位于境外，对我国约 6.8 万个网站植入后门。境外 IP 地址向我国境内网站植入后门最多的国家是美国。在电信网络诈骗方面，2016 年共监测到 17.8 万个仿冒页面，同比下降 3.6%，其 IP 地址多位于境外，其中主要是仿冒页面，而银行业首当其冲，其次是第三方支付页面、电信企业页面以及综艺节目中奖仿冒；2016 年共收录通用软硬件漏洞 10822 个，首次在一年时间内破万，同比上升了 33.9%，其中高危漏洞 4146 个，“零日”漏洞 2203 个。

二是互联网、物联网、云计算、大数据、移动互联网等新技术、新应用日新月异，并加速应用到金融证券、能源资源、交通运输、建设规划、生态环境、电力通信等所有重大国计民生领域，其信息化网络化程度越高，潜在风险威胁越大。如发生任何故意破坏、不法侵害、不当应用或疏忽，则势必给国家经济安全、资源安全、信息安全、数据安全和社会公共安全造成严重后果。

三是信息安全、电子政务、网络文化和公共服务信息化的泛在性发展与技术应用，给政府管理、服务和社会建设带来科学、便捷、高效的正能量，但同时也使政府各部门、各行业、各组织成为网络介入侵害的客体和对象，市场安全、文化安全、教育安全、意识形态安全、医疗卫生安全、科技安全和政府管理安全、行业安全受到威胁。

四是“互联网 + 犯罪”与“犯罪 + 互联网”交织同构，网络贩枪、贩毒、走私，网络盗窃、赌博，网络诈骗、非法集资，网络淫秽色情，网络造谣、诽谤，网络攻击、窃密，网络组织卖淫、拐卖人口，网络泄露贩

---

① 李怀胜：《三代网络环境下网络犯罪的时代演变及其立法展望》，载《法学论坛》2015 年第 7 期。

② 报告下载地址为：http://www.isc.org.cn/editor/attached/file/20170717/20170717181123_61560.pdf。

卖窃取公民信息、侵犯公民人身和财产权益，网络非法牟利、非法经营等，诸如此类网络违法犯罪花样繁多，禁而不止，打而不绝，有些甚至呈现出形式多样化、组织团伙化、势力黑恶化、利益链条化、运作产业化、空间国际化等态势，已成为一种新的严重社会公害；其复杂程度、危害程度和泛众化程度远远大于传统违法犯罪。

五是互联网创新、开放、共享、快捷、高效的融通特性，既为所有企业带来无限网络红利，也给企业埋下巨大安全隐患。无论是传统行业企业，还是新兴产业企业，其物流、资金流、信息流、技术流、客户流和商业秘密等一旦链接到网络空间，则必然伴生安全风险；其工业控制系统、综合业务系统、电子商务系统、管理运行系统、技术秘密系统、信息数据系统等都可能遭受不法攻击、破坏、干扰、窃取、篡改、泄露和利用，给企业带来灭顶之灾。企业之间的竞争已不再仅仅是现实世界的市场竞争，而是更为激烈的网络空间竞争。

六是云计算、大数据等新技术、新应用的自身安全问题日益凸显。郭启全先生指出："随着国家信息化建设的加快，关系国计民生的大规模网络、系统及大数据的安全风险显著增加，更易成为网络攻击的目标，网络安全保障保卫任务将更加繁重。云计算的虚拟化、集约化的安全，物联网感知层、传输层的安全，智能位置服务的位置隐私安全，大数据的海量数据安全，移动互联网的智能端安全，成为网络安全新的挑战。基础网络发展IP化、移动化、高速化、泛在化，给网络安全管理带来新的挑战。"①

没有网络安全就没有国家安全，没有网络安全也没有社会公共安全，没有网络安全也没有公民、法人的人身和财产安全；没有网络治理也没有社会治理。建设法治国家、法治政府、法治社会，就必须同步建设法治网络。要使网络空间这一人类命运共同体真正成为亿万民众共同的精神家园，实现网络空间天朗气清、生态良好，就必须坚持正能量是总要求，管得住是硬道理②，建立健全网络法治体系，依法建网、依法管网、依法治网、依法用网，厘清网络主体，引导网络利益，规范网络行为，调整网络关系，明晰网络义务，严格网络责任，惩戒网络违法，打击网络犯罪，管控网络信息，保护网络数据，保障网络权益，防范网络风险。

三、掌握网络空间主控权，必须依靠法治

我们需要清醒地看到，当前国际社会围绕网络空间资源利用与治理的控制权、话语权争夺日益激烈。一些主要国家将网络作为谋求战略优势的

---

① 郭启全：《信息安全等级保护政策培训教程》，电子工业出版社2016年版，第8页。

② 《国家信息化发展战略纲要》，http：//news. sina. com. cn/c/nd/2016 - 07 - 27/doc - ifxunyxy5687194. shtml，访问时间：2016年8月1日。

新手段，对内不断加强顶层设计、能力建设和安全审查，对外抢抓网络空间控制权、规则制定权和话语权。网络空间已经成为国家发展的重大战略资源，成为大国博弈的重要战场，成为国际交流、国际议程和首脑外交的重要主题。少数国家在网络安全领域采取一系列措施，强力维护其网络空间霸权，强夺网络空间制高点，强占网络空间规则制定主动权和主导权。对此，我国必须以全球视野、战略思维，敏锐认知，积极应对。一方面，推展“和平、安全、开放、合作”和“多边、民主、透明”的中国话语、中国声音、中国态度。另一方面，要高站位建设网络法治、推进网络法治，以法治之力奠定主导权、话语权、控制权，增强网络安全防御能力和威慑能力，切实维护国家网络主权、安全和利益；强化网络安全审查制度，强化网络安全标准化和认证认可工作；增进全民全社会网络安全法治意识。中国参与互联网国际规则的制定，是一场不能输也输不起的较量。失去了互联网，我们在很大程度上就失去了未来；失去了互联网规则的制定权，我们在很大程度上就失去了互联网。没有中国立场，谈何中国话语？没有中国规则，谈何中国利益？网络空间的法律治理，时不我待、只争朝夕。互联网的广阔天地，法治大有可为。

相对于传统法律，网络空间中的法律制度还属于相对薄弱的、有待于知识填补的全新领域，谁能够在这一领域提出具有生命力的、可行的法律理念和规则，谁就能占据网络法律的制高点与优先权。网络作为新生事物，其出现不过几十年的时间，关于网络治理的研究以及网络法律规则的构建，西方国家没有明显的优势，甚至说东西方处于同一起跑线上。网络恐怖主义的打击和防范、网络对传统国家安全的威胁、网络有组织犯罪等是世界各国面临的共同挑战，从长远看必然需要各国携起手来共同应对，如果中国在网络空间国际规则制定中“禁言”“失声”的话，迟早会再次沦为接受他人规则的境地。实际上，这已经不再是某种揣测，而是正在发生的事实，因而必须进行积极应对。

习近平同志在2014 年2 月中央网络安全和信息化领导小组第一次会议上指出：“要抓紧制定立法规划，完善互联网信息内容管理、关键信息基础设施保护等法律法规，依法治理网络空间，维护公民合法权益。”2015年，习近平在第二届世界互联网大会开幕式上讲话指出，“网络空间，不应成为各国角力的战场，更不能成为违法犯罪的温床”，对于网络空间的违法活动和犯罪现象，“都应该根据法律和国际公约予以坚决打击”。“网络空间同现实社会一样，既要提倡自由，也要保持秩序。自由是秩序的目的，秩序是自由的保障。我们既要尊重网民交流思想、表达意愿的权利，也要依法构建良好网络秩序，这有利于保障广大网民合法权益。网络空间不是‘法外之地’。网络空间是虚拟的，但运用网络空间的主体是现实的，大家都应该遵守法律，明确各方权利义务。要坚持依法治网、依法办网、依法上网，让互联网在法治轨道上健康运行。”2016年4月，习近平总书记在网络安全和信息化工作座谈会上讲话强调，“我们要本着对社会负责、对人民负责的态度，依法加强网络空间治理，加强网络内容建设”；“要加快网络立法进程，完善依法监管措施，化解网络风险”；“要依法加强对大数据的管理”。2017年10月18日，习近平总书记在党的十九大报告中指出，“加强互联网内容建设，建立网络综合治理体系，营造清朗的网络空间”。2017年12月8日中央政治局就实施国家大数据战略进行第二次集体学习时，习近平指出，“推进数据资源整合和开放共享，保障数据安全”。为贯彻落实总书记重要讲话精神，我们不仅要依法建设立体化社会治安防控体系，还应该依法建设立体化网络安全防控体系，使网络空间在法治环境中长治久安。

四、全面推进网络空间法治化的路径

经过二十多年的发展，我国互联网发展的成就举世瞩目，网络空间的法治化建设也取得了长足进步，但是，就维护网络长远发展、保障网络空间秩序、保护网络各方主体权益的现实需求而言，网络空间法治化依然需要强力推进。从网络法治体系的整体构成来看，严重滞后于社会现实和发展需要，空白领域日益增大，法律缺憾日益突出，既与国家现代治理体系的构建目标相去甚远，又无法满足网络自身日新月异的发展需求，更成为网络空间安全治理的明显短板：一是应急性立法多，长远规划不足。特别是面对层出不穷的网络攻击和网络违法犯罪与侵权样态，传统法律似乎找不到直接有效的应对举措。已出台的网络规范多数属于应势性、专项性行政法规、解释意见或部门规章，时局性、针对性、功利性、短期性政策效用取向明显，法治应有的系统性、协调性、整合性、严密性不够，统一、普遍的规范层级与权威未能彰显；对网络立法缺乏前瞻统筹的长远规划，也缺乏对网络违法犯罪活动的先见性规律认知把握，导致有关的规范应对可能头痛医头、脚痛医脚，顾此失彼、挂一漏万。造成上述状况的原因是多方面的，其中之一在于我们对网络立法原则、立法体系、立法基本结构等基础性的问题缺乏更深入的研究和了解。另外一个原因则是长期以来沿袭“成熟一部、制定一部”的立法习惯，稳健性的立法思路虽然更契合法律规范的科学性和民主性，但是已明显不适应网络时代快速发展和变动不居的利益格局。如果过于谦抑和保守，则很可能陷入“不成熟不敢立，越不立越不成熟”的怪圈。二是规范效力位阶不高，核心法律缺失。法律位阶与立法质量没有必然关系，但是某一个领域的法律的位阶高低可以反映出该领域的立法成熟度。根据统计，中国自1994年接入国际互联网的二十多年里，全国人大常委会通过的网络立法只有四部，分别是《全国人大常委会关于维护互联网安全的决定》《中华人民共和国电子签名法》《全国人大常委会关于加强网络信息保护的决定》以及《中华人民共和国网络安全法》。其中上述四部规范，恐怕也只有《电子签名法》《网络安全法》属于人们心目中的“法律”。此外，还有行政法规十余部，其余均为部门规章、司法解释和其他规范性文件。法律、行政法规数量偏少，部门规章过多，意味着国家层面核心法律的缺失和某些立法空白的存在。例如，电子商务、电子支付、跨界数据流动、互联网监管体制等重要领域即欠缺整合统一核心规范。部门规章仅作为行政管理机关为解决某一个具体问题的对策规范，一方面容易出现注重行政监管，忽略权利保护和利益平衡等现象；另一方面难免存在部门权力和资源分割壁垒，丧失规范的客观性、中立性，在一定程度上背离网络空间应有的创新驱动发展和协调共享发展属性。加强网络管制，推进网络空间法治化，目的在于整肃网络生态，促进和保障网络空间绿色发展、创新发展、共享发展、可持续发展，构建各类网络主体权力、权利、义务和责任的衡平体系。为此，我们在当前的路径选择上，应该着重于以下三个方面：

（一）以系统思维、前瞻思维做好顶层规划设计，缓急有序地推进网络法律体系的整体建构

对于信息时代网络法律体系的整体建构，应当做好顶层设计，切忌缺乏立法规划，可以考虑制定类似于“网络立法指导思想与立法规划”之类的指导性文件。[①] 以此为指引，构建“以网络立法为重点，加快建立以促进信息化发展和强化网络安全管理为目标，涵盖网络基础设施、网络服务提供者、网络用户、网络信息等对象的法律、行政法规框架”，缓急有序地解决现实中对于网络法律的各个侧面的需求。在具体操作上，需要三管齐下：一是颁立新法、制定新规。《国家信息化发展战略纲要》已明确：“坚持急用先行，加快出台急需法律法规和规范性文件。强化网络基础设施保护，加快制定网络安全法、电信法、电子商务法，研究制定密码法。加强网络用户权利保护，研究制定个人信息保护法、未成年人网络保护条例。规范网络信息服务与管理，修订互联网信息服务管理办法。研究制定电子文件管理条例。”二是扩充解释和适用现行法。对现行有效的法律法规，根据其规范内容中的法律主体、法律关系、法律行为、法律事实、法律责任、法律后果及其他关联因素，适应网络空间的新情况、新问题，进行新的解释，赋予新的内涵，维护现行法的权威与适用。三是进一步修改完善已有法律法规，查漏补缺，拾遗更新，及时回应新需求，解决新问

① 于志刚等：《中国网络法律体系的现状分析和未来构建》，载《辽宁大学学报》2013 年第 4 期。

题，维护法治的稳定性和科学性。补足立法短板，消除规范冲突，切实发挥法治的规范指引功能。

（二）增强执法司法的敏锐性、主动性、能动性，加大网络执法力度，树立网络司法公信力

虽然良法是善治的前提，但是“徒法不足以自行”，法律实施是法治落地生根的关键，也是法治公信与权威的根本保障。推进网络空间的法治化，应当注意两个方面：一是破除部门壁垒，融通执法机制，形成执法合力，严格规范执法。严格依照现行有效的法律、法规，依法管网、依法治网，保障各网络主体的合法权益，维护网络空间安全有序。二是适应网络新样态，鼓励执法司法创新，消除因循守旧，增进充分执法、能动司法。网络的隐匿性、虚拟性、新奇性、泛在性，不仅会层出不穷随时冒出新现象、新产品、新技术、新行业、新市场，也会成为某些违法犯罪活动的温床。受制于网络的技术性特性，一些违法犯罪活动要么难于及时发现或甄别，要么被发现后囿于认知识别能力、现行规范局限、执法司法成本、证据搜集等因素而没有迅速受到管控打击，这反过来又放纵了网络违法犯罪活动的恶性滋生与蔓延，形成更大的社会危害。“法令行则国治，法令弛则国乱”，应当结合网络的特点，进一步培养和提高执法队伍的网络执法司法素质，不断创新执法模式，增强执法司法的责任感和使命感。

（三）积极推动理论研究，加强网络法的学科建设和法律人才培养

科技、教育和人才是国家发展的基础和根本，网络空间的竞争，归根结底是网络人才的竞争。我国目前是网络大国，但要成为真正的网络强国，就必须有充足的、源源不断的高素质网络人才储备，包括网络技术人才和网络法律人才，而恰恰在这两个方面的人才双栖聚合上我国目前还有明显的不足，因此推动网络法律领域的理论研究，加强网络法的学科建设和复合型网络法律人才涵养，包括网络立法人才和网络执法司法人才的培养已是当务之急。分开来看，我国的网络法律人才和网络技术人才的缺口并不严重，但是既掌握法律专业知识又掌握网络技术的复合型人才却非常匮乏，而网络发展趋势必然是技术形态和法律形态的融通融合，因此高等院校应当尝试开展跨越法律和技术的多学科人才培养，以满足网络空间发展和治理的战略需求。

| 专题一 |

传统犯罪的网络化发展*

引言

当前以互联网为代表的信息技术迅猛发展，已经成为社会变革的重要推动力。网络的触角深入千家万户，深入经济和社会生活的各个角落。网络不但是普通百姓生活、娱乐的重要工具和平台，同时也是目前最具活力的经济产业，最具创新力的知识领域。然而，互联网在为人类生产、生活以及文化带来各种助益，产生巨大的工作效益与经济潜力之时，也为违法犯罪提供了新的领域与途径，网络犯罪伴随着网络的兴起而萌生与蔓延。与新兴的网络犯罪有重大区别的是，一些传统的犯罪逐步向网络犯罪转化，成为传统犯罪的发展趋势。① 在这一类犯罪中，犯罪是借助网络进行的，网络并非犯罪发生的场域，只是起到辅助作用，从而使犯罪变得更加便捷，更难以被发现或者更容易获得收益。离开网络这一场域，犯罪人仍旧可以通过其他现实途径实施相关的犯罪。在我国《刑法》中，对于传统犯罪的网络化已有相应的处罚原则和具体方式，然而网络技术的更新与发展，为传统犯罪的网络化提供了新的手段，对法律规范也提出了新的要求。

一、传统犯罪网络化的定义与表现

网络空间（Cyberspace）是互联网为人们提供各种信息的活动场所，又是相对独立的非物理空间的称谓。网络空间具有客观性、全球性以及非中心化的特征，也就是说，网络空间虽然是虚拟的、不可视的，但也不能否认它的存在，网络空间和物理空间一样可以被感知，是物理空间以电子为媒介的衍

---

* 本报告是中央高校基本科研业务费“网络犯罪的立法及司法应对研究”（2016JKF01201）的阶段性成果，并得到了中国人民公安大学信息技术与网络安全学院学科建设经费支持。执笔人：包涵、刘为军。

① 赵秉志、于志刚：《计算机犯罪比较研究》，法律出版社 2004 年版，第 39 页。

生与延伸，但不能等同于物理空间；网络空间打破了物理空间上的有形界限，其空间一体化特征是全球化的结果和表现形态。网络空间的特征导致了大量的现实矛盾：新技术产业的发展与传统社会秩序的维护需要有效平衡；各国的文化差异、道德差异以及法律差异需要新的协调方式。网络空间发生的违法犯罪行为，既有可能是利用网络进行的传统违法犯罪，也可能涉及针对网络本身的违法犯罪行为。

何为“网络犯罪”，事实上并无确切的定义。这一现象是由网络的属性所决定的——网络本身具有一定的财产或者使用属性，也具有可被侵害的性质，因此网络虽然是虚拟的，但也有法律所保护的必要。另外，一些传统的社会活动因为网络的加入而变得更加便捷，但新的法律关系并未随之建立，只是在形式上被虚拟化了。在这一情形下，网络并不制造新的法律关系，而是将“旧”的法律关系网络化。在划分网络犯罪类型的问题上，有论者也从相应的观念入手将网络犯罪分为三类：一是借助网络进行的传统犯罪，在这一类犯罪中，网络只起辅助作用，但网络使犯罪变得更加方便；二是传统犯罪与网络结合产生的新型犯罪，网络是犯罪的基础，没有网络就没有犯罪；三是受网络影响而诱发的犯罪。[①] 其中，第三类被认为是“网络只是犯罪的诱因，犯罪人受网络影响实施了犯罪”，这一类犯罪应当排除在网络之外，因为“诱因”既不是网络犯罪的场所和空间，也不是直接导致网络犯罪的原因。基于网络空间的基本属性，一些传统的犯罪通过网络实施能够获得更为便捷、更为隐蔽或者危害性更大的结果。[②] 传统犯罪的网络化是伴随着网络的兴起而发展的，网络化的传统犯罪并不属于“计算机犯罪”。因此，传统犯罪的网络化甚至都不被认为是“纯正的网络犯罪”，而是传统犯罪在形式上的更新与改变，其法律关系仍旧属于传统刑法的应对范畴之内。根据2001年《网络犯罪公约》的约定，网络犯罪是“危害计算机系统、网络和计算机数据的机密性、完整性和可用性，阻止对此类系统、网络和数据实施本公约定义的滥用行为”。而在联合国《关于预防和控制与计算机相关犯罪手册》中，规定网络犯罪是“包括计算机欺诈、计算机伪造、破坏或修改计算机数据或程序、非授权访问计算机或系统计算机和非法复制计算机软件的行为”。可见，传统犯罪的网络化并非以计算机和网络空间作为对象的犯罪，但其仍旧是现实的犯罪主体利用信息技术在网络空间实施的犯罪行为，其本质仍旧属于传统的犯罪，侵害的仍旧是传统的犯罪客体与对象，只是利用计算机作为犯罪的手段；而

① 张洋、马永丹：《传统犯罪的网络化及应对措施》，载《信息网络安全》2006年第2期。
② 揭萍、熊美保：《网络化传统型犯罪的侦查》，载《政法学刊》2006年第2期。

纯粹意义上的计算机犯罪，在侵害的客体和对象上，都以计算机数据、程序、系统或者软件等信息作为犯罪对象。

针对传统犯罪的网络化，有学者已经指出，“几乎每一个网络犯罪在本质上都有一个传统犯罪依附于它”[①]。我国《刑法》已经作出一定的响应，在第二百八十七条规定，“利用计算机实施金融诈骗、盗窃、贪污、挪用公款、窃取国家秘密或者其他犯罪的，依照本法有关规定定罪处罚”。然而，由于犯罪态势和行为手段的不断变化，这一概括性的规定已然无法适应日益翻新的技术手段下新的犯罪行为，因此在《刑法》修订的过程中针对传统犯罪的网络化也有专门的应对，如2015年11月1日实施的《刑法修正案（九）》，将一些传统犯罪中的帮助行为、预备行为确立为相关的犯罪，以此解决传统犯罪在网络中出现的新情况。

从目前表现的情况来看，传统犯罪在网络上主要表现为赌博、色情、诈骗、毒品以及非法信息的传播等现象，本报告着重从目前互联网特别是移动互联网中表现最为明显、趋势最为显著的几种犯罪现状入手，分析法律规制的手段与社会综合治理的途径。

二、新型网络赌博的治理与对策建议

随着互联网的兴起，赌博行为也迅速转移和蔓延到互联网上，对社会秩序管理和人民群众财产安全等造成严重危害。传统的网络赌博，主要有两种表现形式，一是在境外特别是赌博合法化的国家和地区开设赌博网站，通过各种形式组织不特定的境内人员参赌；二是设立面向特定人群的赌博网站，通过严密的内部分级制度发展不同级别的会员，邀约参赌。然而无论以何种形式实施网络赌博，一般都存在设立网站、邀约赌博人员、利用特定对象设立赌博规则等过程。这一类的网络赌博犯罪，已经持续了较长时间，公安机关对于此类案件的打击已有类型化的策略与手段。[②]

在传统网络赌博依然猖獗的情形下，近年以来，有关利用移动互联网社交平台和游戏进行赌博犯罪的报道频见报端，这类案件涉案金额巨大，涉案人员众多。根据《新京报》等媒体不完全统计，2016年年初至6月，在不到半年的时间里，警方公布破获以微信红包进行赌博的案件中，涉案金额就已经超过2.5亿元。其中，广东警方于2016年1月宣布破获迄今为止全国最大

---

① ［美］安东尼·雷耶斯等：《网络犯罪侦查：在安全专家、执法人员和检察官之间架起沟通的桥梁》，李娜等译，中国人民公安大学出版社2015年版，第5页。

② 刘为军、张绍武：《移动互联网犯罪侦查对策探析》，载《中国人民公安大学学报》（自然科学版）2016年第3期。

微信红包赌博案件，涉案金额高达1.2亿元。① 这类新型的网络赌博犯罪主要以手机等移动终端和微信等移动客户端作为犯罪载体，具有显著的移动互联网时代特征，与传统网络赌博相比，其行为更加便捷、隐蔽，监管和打击难度更大，行为实施场域更加随意，犯罪线索和证据极不稳定，同时也造成了较大的社会危害，应当引起执法机关的进一步重视，在摸清其行为模式、犯罪特点的基础上，制定相关的工作对策，以遏制这类犯罪的蔓延。

（一）新型网络赌博的主要表现形式及特点

与传统网络赌博不同，新型网络赌博的主要表现形式在于借助移动互联网以及社交软件等手机APP实施违法行为，省去了传统网络赌博建站、发展会员、进行赌博、洗钱等烦琐环节以及经营赌博网站、招募管理人员等开支，其犯罪门槛更低，参与手段更加多样化，因此赌博的泛滥也更为迅速。

1. 新型网络赌博的主要形式

从目前已查获案件来看，利用移动互联网所实施的网络赌博犯罪主要包括两种形式：一是以微信群等通讯群组作为阵地或作案空间。例如，组建微信群，由群主和群成员通过拉好友进群或者摇一摇等方式吸收赌博人员，然后以微信抢红包形式进行赌博，设置发红包与抢红包规则，由群主或少数群成员抽取“头薪”，这种赌博形式的实质是组织赌博并抽头渔利。再如，利用“猜数字”游戏，通过微信红包下注赌博，这一类犯罪甚至有专门的操盘软件对接，可以做到全自动开奖，让赌博人员自行下注，还可配备“电脑托”，在群内自动下注参赌，增加赌局人气，这种赌博形式的实质是将线下赌博的“压数字”和“赌大小”复制到移动互联网之上。

二是以移动互联网游戏作为犯罪载体，作弊欺诈与诱导兑换。以目前查获的利用手机棋牌游戏“天天德州”进行网络赌博的案件为例：在该游戏中，德州币是游戏筹码，在游戏中相当于虚拟资金，是玩家用来玩游戏的必备道具。用户可通过人民币充值获得德州币，为了防止赌博等行为存在，游戏设计方设置了充值限额，而且不能直接交易和变现德州币。因此出现了以游戏输赢为手段转让德州币的“币商”，“币商”利用“官方汇率”和“自行定义汇率”的差价牟利，同时在游戏中通过盗号、外挂、“双簧”作弊欺诈等方式，加大自己在游戏中获胜的概率，盗刷和骗取玩家的德州币。这一类网络赌博实质上兼具赌博与诈骗的特征，是赌博与诈骗的行为结合。

2. 新型网络赌博犯罪的特点

上述新型网络赌博活动具有移动互联网的时代特性：一是赌博人员可随

---

① 《微信称将严打微赌　警方披露半年破获微信赌博金额已超2亿》，http：//tech. sina. com. cn/i/2016－06－16/doc－ifxtfrrf0491588. shtml，访问时间：2017年3月1日。

时随地进行赌博，仅需一部手机就可参与，赌博活动更加隐蔽；二是参与赌博的人数不固定，涉赌人数众多，较易形成较大的赌局；三是赌资全都被数字化，赌博人员对财产损失更加麻木，赌资流失更为迅速；四是犯罪人开设赌局的成本更低更容易，不仅有专业的操盘软件进行自动化管理，还可非实名交易，随意开设、解散赌博群，对不法分子来说更加“便捷”；五是不需要专门的设备、机房以及人员管理，手机 APP 即可成为赌博工具与场所，传统赌博犯罪的组织经营行为被淡化，导致赌博犯罪可以不分地域、时间实施。

（二）新型网络赌博犯罪的打击难点

从公安机关执法侦办的角度看，利用移动互联网的网络赌博犯罪更加难以打击遏制。当前打击新型网络赌博犯罪存在“四大难”问题。一是发现难。此类赌博犯罪的作案工具只有手机，难以被警方主动发现，发现的案件大多来自作为受害人的通讯群组成员举报，但是由于通讯群组成员本身也参与赌博，只有在其受害之时可能会举报犯罪。二是核查难。微信及 QQ 等社交软件具有私密性，利用这些 APP 成立的通讯群组具有更加私密的性质，软件制作人和管理人对其内容进行监控也有一定的限制，公安机关对其进行核查则更为困难。三是取证难。利用移动互联网所进行的赌博活动，都是在数字化、虚拟化的环境中进行的，涉案人员多为非实名参与，调查取证较为困难。四是打击难。这类赌博的涉案人员大多遍布全国各地，且涉案人员之间并不一定具有关联性的社会关系，案发之后只需退群、删除红包或聊天记录，公安机关便无从打击，即使调查到作案人员，也会由于人员分布广阔而导致打击成本增加。

值得注意的是，虽然利用移动互联网平台实施网络赌博行为的现象日趋严重，但相比传统网络赌博案件，前者在发生态势上仍属初级阶段，在案件数量、涉案金额以及侦查难度等方面，较后者来说均不在一个层面。2016 年 6 月下旬，广东省警方“飓风 10 号”行动打掉以黄某贤为首的特大网络赌博犯罪网络。该团伙利用境内注册公司名义非法获取境外赌博网站一级代理权，利用多个按揭代理有限公司和房地产投资公司为掩护，以合股或发展下级代理招募赌博会员，通过六合彩、时时彩、赌球等赌博方式进行网络赌博活动，以赌资抽成等方式从中牟取巨大非法经济利益，网络赌博团伙涉案资金量巨大，警方掌握到该团伙涉案账户多达 2500 多个，团伙的资金流动量超过 100 亿元涉案①，这些危害都不是利用移动互联网的网络赌博所能够企及的。所

---

① 《欧洲杯火爆佛山市多老板网络设赌　资金流量百多亿元》，http：//finance. sina. com. cn/sf/news/2016 - 06 - 29/113135271. html？ domain = finance. sina. com. cn&vt = 4，访问时间：2017 年 3 月 1 日。

以，公安机关一方面应当对新型的网络赌博保持一定的警惕，防止其继续蔓延；另一方面，应当客观看待其发生发展的原因并合理定位。如果夸大其在网络赌博犯罪领域的分量，可能会导致执法机关将执法重心转向加强对移动互联网社交平台的监管，将打击这类赌博犯罪的责任转移给移动互联网网络内容或服务提供商。

（三）打击新型网络赌博犯罪的对策

新型网络赌博犯罪之所以与传统网络赌博案件存在较大的差别，与移动互联网社交平台自身的管控有重要关系。传统的网络赌博犯罪从架设网站、招募人员、吸引参赌人员到下游洗钱等行为，都是为了服务犯罪，因此其所有行为都可能会触及刑法，公安机关的打击线索和手段较多。例如，某网站或论坛本身就是有赌博性质的，且一般建在域外，公安机关甄别核实和介入侦查的条件非常清晰。然而新型的网络赌博，在行为方式上主要以借助具有合法用途的APP，通过建立通讯群组组织和实施赌博行为，因此在打击的对策上与传统网络赌博的治理有较大的区别。面对这些全新的赌博形式，传统的打击方式已难以奏效，若不与时俱进地调整监管方式，恐难以遏制乱象。综合来说，针对新型网络赌博的发展和蔓延，执法机关应当从“内部治理—外部控制—情境预防”等方面来进行应对。

1. 移动互联网服务商内部治理

治理新型网络赌博犯罪，应当优先考虑技术层面的治理。网络内容和服务提供商以及APP的发布人、管理人，应当优先考虑通过技术性手段对网络赌博进行监管、控制或者信息的检索、固定。例如，一些互联网公司近些年配合公安机关侦办了大量涉网案件，积累了许多打击网络违法犯罪的经验。某互联网公司于2016年6月20日对外宣布，微信及QQ平台共计对16500余个涉赌聊天群进行限制群功能处理，并对超过10000个存在严重涉赌行为的社交账号进行限制支付或红包功能处理，对2013个存在“双簧”行为的游戏账号进行封号10年的处理。在刑事打击方面，自2015年以来，“雷霆行动”配合各地警方，打击网络赌博违法案件共14起，抓捕人数129人。[①] 从治理及时性、效率和绩效等角度来看，通过技术性手段实施的内部治理是最为可靠的。在上述打击方案中，移动互联网服务商通过限制群功能、封号、限制支付等方式，遏制赌博行为的蔓延，同时利用监管职责，配合公安机关取证、查证线索与行为人，发挥出较大的作用。

① 《微信与QQ处置上万聊天群和账号》，http：//www.sohu.com/a/84721878_116897，访问时间：2017年3月1日。

目前，对于移动互联网服务商内部治理的障碍在于，出于对用户隐私权以及财产权的保护，软件或网络服务商不能过多监测用户信息、搜集用户数据，因此在涉赌行为的判断、处置上，既存在滞后的现象，也存在遗漏或“误杀”的可能；而且违法行为人对于软件或平台的处置规则了解之后可能随时变更行为方式，转化操作模式，导致对抗不断升级，加大了发现违法行为的难度。应对这一问题，既需要互联网公司在技术上进行升级应对，也应当由国家制定相关的监管规则。

2. 公安机关的外部治理

互联网不是法外之地，互联网企业的生存发展也需要清洁的网络空间，一部分具备一定规模的互联网企业，都会主动向执法机关移交案件线索，并积极配合国家机关打击涉网违法犯罪行为。对于公安机关的打击工作来说，是将“线上”的犯罪“落地”的过程，这一工作需要依靠软件平台以及移动互联网服务商的配合，特别是在发现违法线索、案件移送、调查取证等方面。在这一过程中，公安机关最好的工作状态是与平台形成合作关系，平台积极治理，与公安机关无缝衔接，发现违法信息后积极配合，进行打击。

目前，公安机关对新型网络赌博进行打击的障碍有以下两个方面。一是缺乏实体依据，网络信息传播的多样性导致法律适用存在较大的难度。例如，互联网企业的监管责任应当如何认定，涉赌行为的危害程度以及对应的刑事处罚，这些都是尚待解决的问题。二是案件管辖、证据认定等程序性事项，在目前的案件处理中也存在一定障碍，需要通过立法或者法律解释做进一步明确。①

3. 预防互联网涉赌的犯罪情境

犯罪情境是促成犯罪的一系列客观因素。新型的网络赌博的产生是移动互联网的便捷、快速、无缝衔接等特征所带来的必然现象，犯罪人既可以达到犯罪目的，又可以避免传统网络赌博带来的风险。传统的网络赌博需要场所、设备和人员，而微信群提供了组织、下注管理的场所，打破了地域限制，提高了赌博组织者的效率，增加了打击的难度。所以在移动互联网中消除上述有利于犯罪的因素，破坏犯罪情境，可以达到遏制此类犯罪泛滥的目的。首先，监管部门应建立通畅的群众举报及问题处理流程平台，明确举报条件

---

① 2015 年 11 月 1 日施行的《刑法修正案（九）》可能会提供一定的法律依据。例如，第二百八十七条之一规定，利用信息网络实施下列行为之一，情节严重的，处三年以下有期徒刑或者拘役，并处或者单处罚金：（一）设立用于实施诈骗、传授犯罪方法、制作或者销售违禁物品、管制物品等违法犯罪活动的网站、通讯群组的；（二）发布有关制作或者销售毒品、枪支、淫秽物品等违禁物品、管制物品或者其他违法犯罪信息的；（三）为实施诈骗等违法犯罪活动发布信息的。

及取证材料要求，发动群众的力量，共同解决移动互联网赌博活动发现难的问题。监管部门也应当针对目前的严峻形势，成立专项小组，建立相应的机制，及时处理应对此类举报。其次，企业应配合监管部门尽快完善容易被不法分子利用的漏洞，如推进金融支付账号的实名认证工作，为微信及QQ群等红包设置金额上限及发放次数上限，或为开设群组做一定的条件限制，如非实名账号开设群禁止发放红包等。最后，监管部门应与企业协作，开发顺应时代潮流的技术工具，加强查办赌博活动的工作效率。例如，双方联合设立专门的监管平台，开设移动互联网平台管理后台，方便监管部门查询开群记录、聊天记录，甚至是每一个参与者的ID账号及实名信息，简化调查取证工作。①

三、网络色情违法犯罪的治理对策

色情是人类社会的伴生物，其存在是历史与社会等综合因素所造就的结果。伴随着计算机网络的出现，利用网络进行的淫秽色情违法犯罪活动日渐兴起并泛滥，成为互联网时代色情产生与传播的主要手段与表现形式。利用网络进行淫秽色情内容的传播、散布、储存、贩卖等行为，具有涉及人员众多、影响面大、传播速度快等特点。而移动互联网的发展，使得这一类行为更加灵活和隐蔽，加大了执法部门在打击和治理上的难度。从现有情况看，很多网络色情活动的信息发布和交易系统是分离的，在单一平台上往往只能监测到其部分片段，无法形成有效的全链条监管，且网络色情活动的载体通常为无形的电子数据，容易转移、灭失，不易保存。特别是线上信息勾连、线下交易的网络色情活动，不法分子往往具有较强的反侦查意识，作案后迅速删除用户端信息，导致证据链条难以形成。以上原因决定着网络色情活动将在很长时间内泛滥存在，不会仅存在于某一个网络平台，也不可能经历一段时间的专项打击后马上就能销声匿迹。社会上下要认识到，对于网络色情活动的治理和打击将是一个长期的过程，且需要政府部门和各个互联网企业联合起来，动员全社会的力量，开展综合性、全面性斗争。

---

① 2016年6月28日发布的《移动互联网应用程序信息服务管理规定》，可以提供较多的规范手段。例如，第七条规定，移动互联网应用程序提供者应当严格落实信息安全管理责任，依法履行以下义务：（一）按照“后台实名、前台自愿”的原则，对注册用户进行基于移动电话号码等真实身份信息认证。（二）建立健全用户信息安全保护机制，收集、使用用户个人信息应当遵循合法、正当、必要的原则，明示收集使用信息的目的、方式和范围，并经用户同意。（三）建立健全信息内容审核管理机制，对发布违法违规信息内容的，视情采取警示、限制功能、暂停更新、关闭账号等处置措施，保存记录并向有关主管部门报告。（四）依法保障用户在安装或使用过程中的知情权和选择权，未向用户明示并经用户同意，不得开启收集地理位置、读取通讯录、使用摄像头、启用录音等功能，不得开启与服务无关的功能，不得捆绑安装无关应用程序。（五）尊重和保护知识产权，不得制作、发布侵犯他人知识产权的应用程序。（六）记录用户日志信息，并保存六十日。

（一）网络色情违法犯罪的主要表现形式

网络色情违法犯罪主要是指利用互联网，以牟利为目的，制作、复制、贩卖、传播色情信息，或者虽不以牟利为直接目的，传播淫秽信息情节严重的行为，或者引诱、介绍卖淫等违法犯罪行为。网络色情违法犯罪可以分为两类，一是传统违法犯罪的网络化，即犯罪手段与内容仍旧是传统性质的，但是通过网络来进行中介，其目的在于扩大交易机会、降低交易成本以及减少被发现的可能。这一类网络色情违法犯罪活动仍旧需要通过“落地”才能使违法犯罪活动实施完成，如通过网络卖淫招嫖，行为人在网络上发布招嫖信息，目的是扩大交易范围，达成更多的交易机会，但是卖淫嫖娼本身仍旧需要通过实体的行为才能实施。这一类犯罪虽然属于网络色情违法犯罪，但是实质上是利用网络作为媒介的色情违法犯罪行为。二是网络直接作为色情活动的应用载体。网络是色情活动必不可少的工具或者手段，如网络传播淫秽视频、网络组织淫秽表演等。网络是色情活动开展的场所，以往通过实体行为完成的色情活动，完全被网络所取代，行为人将以往作为淫秽视频载体的光盘等介质转化为虚拟的网络，将组织淫秽表演的现实空间搬到互联网上。这一类犯罪完全可以独立通过网络实施，虽然还保留传统犯罪的性质，但是在行为手段、方式以及行为结果上完全不同。与传统的色情犯罪相比，网络色情犯罪更容易传播、成本更低、传播手法更加隐蔽。根据网络色情犯罪活动不同的表现形式，可以将其分为以下三种：

1. 利用色情网站实施网络色情违法犯罪

从最新的Alexa全球网站排名来看，排名前500名的互联网网站中有近70个色情站点。目前排名第一的色情站点Pornhub. com位于第34名，比Linkedin. com排名还靠前，而另一色情网站Xvideos. com的排名也在第38名。网络色情活动具有成本低、传播快、易接受的特点，不法分子使用计算机、手机等设备接入网络就可以远距离作案。基于庞大的网络用户数量，网络色情活动一般在短期内便可以攫取巨额非法收益。对于很多不法互联网企业来说，其流量的获取时效性强、风险大，而且充满了种种骗术，种种不可预知的风险决定流量迅速变现才是其最终目的。网络色情活动因其上述特点的存在完全契合这一流量快速变现的需求，顺理成章地成为互联网地下产业链赖以生存的重要一环而广泛存在。因此，这一违法行为一般以设置色情网站来进行色情信息的制作、复制、贩卖或传播，这也是网络色情最为常见的形式。行为人通过架设网站，设置不同的板块，从事不同的违法犯罪活动。在此类违法犯罪行为实施的早期，行为人在国内架设网站，通过不同地域的站长、吧主等行为人进行板块管理与维护。

2. 利用社交软件实施网络色情违法犯罪

利用社交软件实施网络色情违法犯罪是近几年新出现的网络色情违法犯罪现象，特别是在移动互联网迅速发展之后，社交软件的便利性让使用者获得了更多线上、线下的接触机会。例如，利用QQ“在线查找”功能，查找在线有摄像头的年轻女性，就会发现有大量的诱惑头像，点击查看签名档一般会有网址等相关介绍，打开这个网址，即可获得一个IP。部分不法分子还会在QQ相册上传大量带有诱惑信息的照片，加上水印，再在各个QQ空间或QQ群内进行宣传，以此散布招嫖信息。再如，利用微信“摇一摇”和“附近的人”功能，通过带有色情信息的头像和签名传播色情信息。在利用社交软件的情形下，网络色情活动的手段与方式产生了巨大的变化，典型的如LBS招嫖，犯罪嫌疑人通过“陌陌”“微信”“QQ”等即时聊天工具发布信息招揽客户，并组织卖淫女上门提供卖淫服务。其具体的分工和流程为：“鸡头”联系键盘手组织者提出招嫖需求，键盘手组织者组织键盘手在该市发布招嫖信息。当客户和键盘手达成意向后，键盘手团队就会将信息通过电话或者其他联系方式同步给“鸡头”，由“鸡头”单线联系卖淫女，并安排卖淫女上门提供卖淫服务，完成交易。卖淫女团伙和键盘手团伙通过互联网单线联系，现实社会互不相识或不知道真实身份，当卖淫女和客户完成线下交易后，卖淫女团伙再与键盘手团伙进行分成。

3. 利用新型APP实施网络色情违法犯罪

当前APP的研发和更新速度很快，在众多不同类型的APP中实施色情活动，或者打擦边球进行准色情活动，都是较为常见的现象。例如，通过直播类APP进行低俗表演吸引粉丝加自己的微信号、QQ号或者QQ群，通过微信或者QQ收费，缴费成功后定期拉人进新的QQ群进行淫秽表演直播；或者直接在直播类APP上传播淫秽视频或者组织淫秽表演，观看者需要购买虚拟道具，一般用微信或者支付宝进行支付，以此达到牟利的目的。

（二）网络色情违法犯罪治理的难点

1. 网站设置于境外，反侦查能力强

由于打击活动的日益严厉，当前主要的色情网站大多将服务器架设在国外，特别是色情业合法的区域。此类网站大多以会员制作为主要的经营模式，以不同的收费额度确定会员级别以及相应的权限，而交易系统与色情活动的信息发布系统一般是分离的，通过单一平台不能形成有效的全链条监管。而且由于网站架设在国外，即使查清了其IP地址，锁定了其所在的具体位置，也无法实施抓捕。此类网站还包括地址寻找系统，一般夹杂在色情信息中，当防火墙屏蔽其网址时，地址寻找系统就会更新新的网址，并且通过色情信息传播出来，使得防火墙屏蔽不能起到有效作用。

2. 载体为电子数据，容易转移灭失

网络色情活动的载体通常为无形的电子数据，容易转移、灭失，不易保存。特别是线上信息勾连、线下交易的网络色情活动，不法分子往往具有较强的反侦查意识，作案后迅速删除用户端信息，导致证据链条难以形成。而且电子证据的固定、出示、认定以及质证等与一般证据不同，需要侦查人员具备专门的知识和技能，在刑事诉讼等程序中，对电子证据的使用还会增加额外的开支。

3. 数据量大，难以进行筛选固定

作为大数据时代的特征，海量的数据通常会给执法或者侦查机关带来巨大的人力成本，同时也会导致案件办理效率的低下。在目前的网络色情活动当中，大多数数据都是个人通过 APP、社交软件或者一般网站、贴吧等载体实施具体行为产生的。由于色情违法犯罪缺乏被害人，因此找到网络色情信息的源头大多只能通过数据筛查来进行，一般缺乏举报、报案等情报信息来源。

4. 行为不断翻新，法律认定困难

网络的一大特征就是创新性，网络行为的不断翻新既改变了人们的生活，也给法律定性带来了新问题。例如"快播案"中快播公司通过 P2P 技术将色情视频分割为碎片，通过用户点播和用户带宽进行缓存和传播，这一行为是否能够认定为传播淫秽物品罪，在法律上遇到了很大的争议。其中，既有这些色情视频碎片是否能够认定为淫秽视频的争议，也有其行为是否符合"传播"定义的问题。互联网色情活动不断推陈出新，而法律相对停滞不前，给执法和司法活动带来障碍。

（三）我国有关网络色情活动的刑事法律规定

目前，国内刑事法律所规制的网络色情犯罪主要包括以牟利为目的，利用互联网制作、复制、贩卖、传播淫秽色情信息，或虽不以牟利为目的，但传播淫秽色情信息情节严重的行为，或者引诱、组织、介绍卖淫等犯罪行为。具体来说，包括以下网络色情犯罪行为：

1. 制作、复制、出版、贩卖、传播淫秽物品牟利罪

我国《刑法》第三百六十三条对制作、复制、出版、贩卖、传播淫秽物品牟利罪作出了明确规定，该罪的对象仅限于淫秽物品，必须具有具体描绘性行为或者露骨宣扬色情的内容，其他黄色物品或色情物品不在该罪的规范范围。要构成该罪，必须要求行为人在主观上具有牟利目的，在客观上实施制作、复制、出版、贩卖、传播淫秽物品的行为，并达到法律规定的定罪量

刑的标准。具体到网络犯罪方面，最高人民法院、最高人民检察院《关于办理利用互联网、移动通讯终端、声讯台制作、复制、出版、贩卖、传播淫秽电子信息刑事案件具体应用法律若干问题的解释》（以下简称《解释》）以及最高人民法院、最高人民检察院《关于办理利用互联网、移动通讯终端、声讯台制作、复制、出版、贩卖、传播淫秽电子信息刑事案件具体应用法律若干问题的解释（二）》［以下简称《解释（二）》］对相关的犯罪标准都有明确规定。

2. 传播淫秽物品罪、组织播放淫秽音像制品罪

《刑法》第三百六十四条对传播淫秽物品罪、组织播放淫秽音像制品罪作出了规定。这两个罪名主观方面均是故意，但必须不以牟利为目的，否则应参照传播淫秽物品牟利罪定罪处罚。该罪客观上表现为传播淫秽物品情节严重的行为，或者组织播放淫秽的电影、录像等音像制品的行为。具体的定罪量刑标准，在《解释》及《解释（二）》中均有明确规定。

3. 组织淫秽表演罪

《刑法》第三百六十五条对组织淫秽表演罪作出了规定。根据规定，该罪是指组织他人进行裸体舞、脱衣舞、性交表演等淫秽表演的行为。该罪主观方面是故意，是否以营利为目的不影响犯罪构成。其客观方面表现为以策划、招募、强迫、雇佣、引诱、提供场地、提供资金等手段，组织一定人员在特定场所或空间进行淫秽表演的行为，行为人本身是否参加表演不影响犯罪构成。在网络犯罪方面，其具体表现方式包括：组织他人在直播平台、网络聊天室、QQ群、微信群等特定网络空间进行淫秽表演，创建专门的色情网站、论坛或聊天室等组织他人进行淫秽表演活动。

4. 组织、强迫、引诱、容留、介绍卖淫罪

组织、强迫、引诱、容留、介绍卖淫罪是一个类罪名，《刑法》第三百五十八条和第三百五十九条分别对组织卖淫罪、强迫卖淫罪和引诱、容留、介绍卖淫罪作出了具体规定。该罪主观方面须为故意，但行为人在实施犯罪过程中是否具有营利目的不影响罪名的成立。随着互联网行业的发展和用户数量激增，部分不法分子开始利用网络实施该类犯罪行为，通过发布招嫖信息、组织卖淫小姐实施该类犯罪，以此获取不正当利益。

（四）网络色情违法犯罪治理的对策建议

1. 加强互联网服务商等主体的监管职能，推动互联网企业内部治理

治理网络色情，应当优先考虑的是技术层面的治理手段。从网络内容和行为来看，互联网服务商是第一道关口，可借助一定的技术手段进行网络色情的治理。例如，通过关键词过滤查找色情信息源头，通过技术手段监管重

点用户的行为性质，既可以遏制色情活动的继续进行，也可以配合公安机关侦查取证、查找和固定线索，从治理的成本和效率来看，互联网服务商的内部治理和技术性治理应当是最为可行的手段。从某种意义上来说，网络色情的传播与蔓延是网络无序发展的必然产物，而网络内容的净化，首先应当依靠行业自律，并引导与培养用户行为，从这个角度来说，互联网企业对于网络色情的遏制应当具有第一主体的地位。

2. 完善相关的法律法规，合理应对网络色情活动

如前所述，网络色情活动随着网络行为的不断变化而更新，滞后的法律规定已经不能合理应对网络色情活动的恶性发展。为了应对这一问题，最高人民法院、最高人民检察院、公安部制定了《关于办理刑事案件收集提取和审查判断电子数据若干问题的规定》（已于2016年10月1日施行），在电子证据的收集、提取和审查、判断上作出了明确的规定，对于网络色情电子证据的固定与认定具有积极的推动作用。而在实体法上，2015年11月1日实施的《刑法修正案（九）》在第二百八十七条增设了非法利用信息网络罪以及帮助网络犯罪活动罪，将“利用信息网络实施下列行为之一，情节严重的：（一）设立用于实施诈骗、传授犯罪方法、制作或者销售违禁物品、管制物品等违法犯罪活动的网站、通讯群组的；（二）发布有关制作或者销售毒品、枪支、淫秽物品等违禁物品、管制物品或者其他违法犯罪信息的；（三）为实施诈骗等违法犯罪活动发布信息的”以及“明知他人利用信息网络实施犯罪，为其犯罪提供互联网接入、服务器托管、网络存储、通讯传输等技术支持，或者提供广告推广、支付结算等帮助，情节严重的”等行为规定为犯罪，扩大了法律的适用空间，对于网络色情活动能够产生积极的预防作用。

四、网络有害信息的法律规制

网络固有的开放、即时与虚拟属性，为网络信息的传播提供了便利，对国家和社会的生产以及人们的生活产生了颠覆性的作用。网络信息传播与传统媒介相比，缺乏有效的甄别、监督和审核，存有失范的现实风险。网络渠道生成的有害信息，在传播速度与危害程度上难以预估，在责任主体和责任认定上难以追溯，在法律适用上也存在难题。对于如何规制网络有害信息，应当在市民自由与社会秩序之间寻求合理的平衡，积极探索技术性手段或较为轻缓的策略，谨慎使用《刑法》等法律法规以应对网络有害信息。

网络技术的发展，使传统的生产生活发生了颠覆性的变化，无论是作为获取信息的手段，还是作为日常使用工具，网络给人们带来生活上的便利以至于生活方式的革新都是显著的。网络不断渗透到社会的各个领域，形成了

新的文化特征，人类在这一背景下逐步迈向全球一体化、信息化和网络化的时代。然而，科学技术的进步总是导致积极因素和消极因素的交替伴生，犯罪同样在信息时代“展现出顽强的生命力和惊人的适应能力，迅速将触角伸入了互联网领域，攫取生存的资源和空间，呈现出不断变异和复杂之势”。[①] 如何应对日渐泛滥的网络犯罪，在法律制度中对其进行清晰的定位与合理的处遇，是当前立法与司法无法回避的问题。网络有害信息的传播是网络消极因素的固有成分，其性质与现实的有害信息传播并无差别，但是在危害程度、传播速度、影响消解等方面呈现出较大的差异，以法律手段应对网络有害信息，应当以多种方式综合作用，而非单独依靠法律；应当审慎适用刑法，以刑法否定评价网络有害信息；更应当限制在保护公民权利的基础之上，将刑法的适用限定在一定的范围之内。

(一) 网络有害信息的法律性质

正如美国学者埃瑟·戴森所说：“数字化的世界是一片崭新的疆土，既可以释放难以形容的生产能量，也可能成为恐怖主义者和江湖巨骗的工具，或者是弥天大谎和恶意中伤的大本营。”[②] 虽然网络在信息传播的便捷、自由、平等和开放等方面发挥巨大作用，但同时也因为缺乏监管与审核，导致虚假、不良以及违法信息通过网络广泛传播，并且形成了较传统有害信息传播更为严重的后果。

1. 网络有害信息的内涵和外延

网络有害信息的内涵可以从“有害”这一概念来界定，若将“有害”理解为包括信息本身对网络的影响，那么含有恶意代码、木马病毒等破坏计算机信息网络的信息可以称为“有害信息”；若将“有害”视为网络信息通过信息的内容造成了法律所不能容忍的影响，则网络有害信息是以网络作为传播载体的不良信息。有学者认为，互联网的转变是传统犯罪网络化的直接诱因与助推力量，一是互联网由“虚拟性”向“现实性”过渡使得网络行为被赋予了社会现实意义，“网络参与者必须为自己在网络上的言行承担相应的法律责任，接受道德评判”，并且认为“传统社会中的法律制度扩展至网络空间具有内在的合理性与必然性”；二是互联网由“信息媒介”向“生活平台”过渡导致了普通上网者参与到网络活动中，扩展了网络空间。[③] 从某种意义上说，这一观念将现实社会与互联网的相似性进行了比较，将现实社会的危害

---

① 于志刚：《网络犯罪与中国刑法应对》，载《中国社会科学》2010年第3期。

② ［美］埃瑟·戴森：《2.0版数字化时代的生活设计》，胡泳、范海燕译，海南出版社1998年版，第17页。

③ 于志刚：《网络犯罪与中国刑法应对》，载《中国社会科学》2010年第3期。

行为放置于网络进行评价，是基于传统法律思维的考量。

在划分网络犯罪类型的问题上，有论者也从相应的观念入手将网络犯罪分为三类：一是借助网络进行的传统犯罪，在这一类犯罪中，网络只起辅助作用，但网络使犯罪变得更加方便；二是传统犯罪与网络结合产生的新型犯罪，网络是犯罪的基础，没有网络就没有犯罪；三是受网络影响而诱发的犯罪。① 其中，第三类被认为是“网络只是犯罪的诱因，犯罪人受网络影响实施了犯罪”，这一类犯罪应当排除在网络之外，因为“诱因”既不是犯罪的场所和空间，也不是直接导致犯罪的原因。网络有害信息应当属于第一类，因为即使脱离网络，有害信息也会存在，只不过在传播速度和规模效应上与在现实空间发生的犯罪存在较大区别。但是网络危害行为的确源于传统社会，网络有害信息就是属于传统危害行为的网络化。然而从实质上看，任何传统行为的网络化都是对这一行为或者事实在物理空间的又一次转化，即使在性质上与传统危害行为有相似之处，也不能排斥网络有害行为的固有特征。从某种意义上说，当前的有害信息传播，有一部分是仅通过网络来进行传播的，传统的渠道反而不再被犯罪分子所利用，从而形成了特有的犯罪现象。②

2. 网络有害信息的类型

网络有害信息并无明确的定义或概念上的界分，在我国已有的法律规范中，对网络有害信息也没有明确的划分。2000 年 12 月 28 日，全国人民代表大会常务委员会发布的《关于维护互联网安全的决定》第二条规定：对“利用互联网造谣、诽谤或者发表、传播其他有害信息”等行为，构成犯罪的，依照刑法有关规定追究刑事责任。这一规定将“互联网造谣、诽谤”作为网络有害信息的一种，但是并未对其囊括的所有对象进行展开。所以，“综观我国现有的互联网安全立法，对网络有害信息尚无权威和准确的界定，对网络有害信息的规制被置于网络安全当中”。③

目前的定义方式大致有列举式和概括式两种，其中概括式的定义是在经验总结并归纳网络有害信息共同特征的基础上得出的结论。例如，“网络有害信息是给某一主体合法、正当利益带来损害的信息”④，这一定义显然比较抽

① 张洋、马永丹：《传统犯罪的网络化及应对措施》，载《信息网络安全》2006 年第 2 期。

② 例如，网络赌博从犯罪意图的产生到实行行为，都可以通过网络实施，如通过微信红包等方式，从而导致“线上”犯罪成为赌博行为的表达样态，但是其并未改变赌博犯罪的行为性质，只是在犯罪的场合和空间上进行了转换，这一类犯罪的网络化，大多是基于犯罪便利性的考虑。另一些犯罪，如网络组织卖淫，则只是将一部分行为网络化，涉及犯罪构成的实行行为仍旧是线下进行的，这一类犯罪的网络化，目的是扩大交易机会，降低交易成本以及减少物理上的暴露，从而逃避公安机关的打击。

③ 张新宝、林钟千：《互联网有害信息的依法综合治理》，载《现代法学》2015 年第 2 期。

④ 时延安：《以刑罚威吓诽谤、诋毁、谣言？——论刑罚权对网络有害信息传播的干预程度》，载《法学论坛》2012 年第 4 期。

象，无法体现网络的特征；而“互联网上出现的违背社会主义精神文明建设要求，违背中华民族优良文化传统和习惯以及其他违背社会公德的信息”[①]，又过于强调信息的道德特征，对于“有害”的定义极其宽泛，不是法律意义上的解读。列举式的定义方式是将我国当前涉及网络有害信息的法律法规等规范条文进行梳理，[②] 将网络有害信息依照具体的行为方式分为“恐怖和恐吓信息、网络谣言、网络诽谤信息、淫秽色情信息、传授犯罪方法信息、网络诈骗信息”等类型。[③] 列举式的定义归纳不足以囊括网络有害信息的内容，而且列举的对象“例如国家安全、党的安全、民族仇恨、社会公德、淫秽、暴力、个人隐私等概念均属于不确定的法律概念，具有多义性和模糊性”，存在着“立法由于留有过宽的解释空间，易于导致适用困难和权力滥用”。[④] 针对概括定义与列举定义的两种方法的优劣，有论者根据网络有害信息的影响范围和侵害对象，将网络有害信息分为网络政治性有害信息、网络社会性有害信息、网络有害私信息。[⑤] 并分别指出，网络政治性有害信息是指涉嫌危害国家政局稳定、国家统一、国家秘密、意识形态安全、国家荣誉等国家利益的网络信息；网络社会性有害信息是指涉嫌危害社会公共利益的网络信息；网络有害私信息是指涉嫌侵犯名誉权、隐私权、商业秘密、知识产权等私益的网络侵权、诽谤、造谣等信息。

（二）规制网络有害信息的法律依据

定义上的差异事实上体现了对于法律管制网络有害信息的矛盾和犹豫，因为从世界范围内看，政府对于传统媒体的控制和监管正从严格管制走向逐步放宽管制，而网络规范环境的发展趋势恰好相反，正从无人管制日益走向增加管制。[⑥] 造成这一现象的因素极其复杂，但其中最为显著的是网络信息的传播速率与效果远胜过传统的媒介，政府在管制的过程中发现网络信息的管理可能收到的实效更加明显，但是如何在公民言论自由与公权力管制之间寻

---

① 林建、张帆：《网络不良信息过滤研究》，载《情报理论与实践》2007年第4期。

② 主要包括全国人大常委会《关于维护互联网安全的决定》第二条至第四条、《中华人民共和国电信条例》第十七条、《互联网信息服务管理办法》第十五条、《互联网新闻信息服务管理规定》第十九条、《互联网文化管理暂行规定》第十七条、《计算机信息网络国际联网安全保护管理办法》第五条、《互联网等信息网络传播视听节目管理办法》第十九条、《互联网电子公告服务管理规定》第九条等。综合上述规定，我国网络有害信息的法定类型主要包括14种。参见辛明《九部门部署网络和手机“扫黄”专项行动》，载《中国青年报》2012年2月28日。

③ 楼伯坤、王静：《网络传播有害信息刑法规制初探》，载《广东行政学院学报》2014年第6期。

④ 尹建国：《我国网络有害信息的范围判定》，载《政治与法律》2015年第1期。

⑤ 尹建国：《何为网络有害信息急需统一解释》，载《检察日报》2015年2月10日第3版。

⑥ 张西明：《从Non - regulation走向Regulation——网络时代如何保障言论自由》，载《法学》2001年第7期。

求合理适度的平衡？毕竟"面对浩如烟海的网络信息，政府如果疏于监管，将令互联网陷入混乱，最终影响并破坏现实世界各项秩序；运用各种手段进行监管，弥足珍贵的言论自由、来之不易的民意表达渠道，又将处于公权侵害的阴影之下"。①

1. 网络有害信息的现实危害

网络有害信息具有的现实危害是法律介入规制的前提条件。互联网上存在着大量传播误导网民、煽动情绪、严重扰乱社会秩序，易引起社会骚乱，甚至导致重大突发性事件产生的煽动性信息；也存在着利用网络辱骂、恐吓他人，扬言实施杀人、放火、爆炸等扰乱公共秩序的信息；还存在着赌博、诈骗、淫秽色情、低俗内容等信息。这些信息在网络上的产生和蔓延，确确实实地侵害了国家所保障的被公民所享有的社会利益，而这些利益正是法律所要保护的。不仅如此，由于传统媒介传播有害信息的波及范围和影响深度不如网络传播有害信息明显，网络有害信息也更不易控制，公法对此进行干预的冲动也就越发强烈。所以，在确认法律应当作为评价网络有害信息的规范之后，法律应当以何种方式介入网络有害信息的管制，介入的程度如何判断，是较为复杂的问题。

有论者从技术的角度来分析网络有害信息的法律规制正当性，认为从国际信息技术安全评估标准（Information Technology Security Evaluation Criteria，ITSEC）的要求来看，有益信息应当具备三大特征（CIA），即保密性（Confidentiality）、完整性（Integrity）和可用性（Availability）。网络有害信息违背了信息安全中的可用性（Availability），无论在合法性和道德、价值观、真实性等方面都存在严重错误，对国家安全、社会秩序以及个人、法人或者其他组织的合法权益均可能造成危害，在法律上应当作出否定性评价。② 显然，网络有害信息所包含的"现实危害"，并不具有普遍意义的一般解释。在现代社会，信息的价值评价受到文化多元性以及国家法律制度和法律习惯的影响，但无论如何，都应当树立这样的标准，即确认网络信息是否存在现实的危害，并不应当以某一特定主体的主观判断作为判断标准，而"是以这种信息是否给该主题为法律所认可和保护的利益，或者虽未被法律规定，但是公序良俗所认可的利益造成可能的或者实际的损害为判断标准"。③ 这种现实的危害，与传统的已经被法律所规制的有害信息并没有本质上的区别，出于法律规制

---

① 尹建国：《我国网络有害信息的范围判定》，载《政治与法律》2015年第1期。

② 张新宝、林钟千：《互联网有害信息的依法综合治理》，载《现代法学》2015年第2期。

③ 时延安：《以刑罚威吓诽谤、诋毁、谣言？——论刑罚权对网络有害信息传播的干预程度》，载《法学论坛》2012年第4期。

方法类型化的考虑，对于网络有害信息的规范是立法的应有之义。

2. 市民的公共秩序需求

在法治状态下，法律应当首先保障个体利益，即使需要介入个体之上的秩序或者安全的考虑，也应以个体利益作为主要的考察目标。在这个问题上，市民的个人权利主张与国家控制网络的政策取向，天生就是矛盾的。从政治学的角度来看，网络管制都是由国家通过政策确立或者立法等“国家层面”的行为来作出的。因此，隐含于管制策略当中以至于依照该策略制定的法律规范和相关制度中的国家立场，并不一定完全适应与之相对的民众价值观念，某一族群乃至于大众很有可能对网络的控制产生相反甚至对抗的情绪。这种情绪的产生，与公民对言论自由的权利所产生的诉求乃至于对某些有害信息的个人需求都有一定关联，如对于色情信息，有一部分公民是需要的，国家管制色情信息，政策上主要也是考虑对未成年人的保护而不是对于秩序的确认。所以，由于公民的诉求与基于国家利益而制定的政策之间产生了冲突，在持续的施政过程中可能会导致政策的实效削减，这就要求国家在确定网络信息管制的方式和程度时，应当充分考虑当时社会发展状况下民众和社会的诉求。

所以，有学者认为网络有害信息中针对公民个人隐私权或者名誉权的侵犯以及对于公司等单位名誉权的侵犯，无须论证法律介入的正当性和必要性，因为“这两种信息所针对的是个体性利益。即使针对社会的有害信息，表现为对社会安全和秩序的扰乱，其后果最终会造成一定范围内公众的反感、忧虑或者恐慌”。[①] 然而对于针对政府的信息，若不具有个人利益的损害，如何判断这一信息的有害性以及法律介入的正当性？若政府以家长主义出发强势介入对于网络信息的管制，必然引发对于公民权利进行侵夺的质疑。在这个问题上，需要将对于政府或者国家的网络有害信息进行一定的限制，以此来证明法律进行规制的正当性。哈耶克认为，“如果一个人不受制于不正当的强制，那么他就是自由的”。也就是说，自由的界定是通过指出“外在强制”（external coercion）而将自由定义为“独立于他人专断意志之外”的状态的。[②] 自由表现为无须受制于他人专断的意志之下，但并不代表不受外在的任何强制；自由可以受到正当的强制，在“确获保障的领域”（protected sphere）对个人权利进行一定的强制是正当的，而所谓“确获保障的领域”在哈耶克看来，意味着“他人是否有权力操纵各种条件以使他本人按照他人的意志而非

① 时延安：《以刑罚威吓诽谤、诋毁、谣言？——论刑罚权对网络有害信息传播的干预程度》，载《法学论坛》2012年第4期。

② 邓正来：《哈耶克法律哲学的研究》，法律出版社2002年版，第18页。

本人的意志行事"[①]。只有"专断的干涉"在保障私权领域的社会中才应当予以排斥。所以，承认个人是自由的，就必须承认他应当从属于"个人行动确获保障的领域"。这种受限的自由观与市民自发的自由观有很大的区别，它认为个体的自由需要受到外在强制，而且只有在外在强制并不关注的场合，个人才能拥有完整而不受限制的自由。所以，国家管理或者规范网络，将网络上的有害信息予以剔除，并非基于对政府权威的树立而排除市民通过言论发表的质疑或者抨击，而是将网络秩序维持在市民社会所接受的范围之内，使得市民阶层能够更好地利用和享受网络所带来的福利，这也并非市民抛弃了对于权利保障的诉求，而是期待国家以秩序的维护作为其权利能够自由行使的基础。市民社会认同国家限制一定"自由"的前提，是这种限制的目的在于建立更好行使自由的环境。

（三）网络有害信息的法律规制策略

以法律规制网络有害信息具有实质正当性，但是在介入程序和介入程度上应当有合理的考量，在对于网络有害信息的规范上应当区别对待，因为前述已经论证了，不同类型的网络有害信息具有不同的法律介入标准。有学者认为，判定网络有害信息时，对于涉及国家安全的网络有害信息，应当遵循行政均衡原则，以公共利益作为主要的考虑目标；而在判断涉及社会秩序的网络有害信息时，应当坚持严格解释原则，将有害信息的解释限制在其产生侵害的范围之内；在判断侵害私权利的网络有害信息时，应当遵循平等对待原则，在执法时应当尽可能保持中立。[②]

1. 综合治理、慎用刑法原则

危害行为是否需要刑法进行规制，涉及具体法域中犯罪圈的范围划分、司法权的合理分配以及法律资源的重构，同时也会影响甚至颠覆公民权利保障与惩罚犯罪之间的复杂关系，因此需要审慎考察和理性判断，才能得出合理的结论。法的性质是人权保障法，刑法非为威慑而生，刑法可能存在的威慑力也仅仅处于诸多刑法功能中的最低位阶，因为"发动国家刑罚权之理由必然属于极端例外之情形，且国家刑罚权发动之范围亦必然局限极端狭隘之场合"[③]。也就是说，刑法介入社会生活领域应当受到诸多限制，其适用的领域应当尽可能地缩小，从而将国家权力控制在适当的范围内，以便在保障公民权利与惩罚犯罪之间达成合理的平衡并在此基础上着重于保障公民权利。

① ［英］弗里德利希·冯·哈耶克：《自由秩序原理》，邓正来译，生活·读书·新知三联书店1997年版，第4页。

② 尹建国：《我国网络有害信息的范围判定》，载《政治与法律》2015年第1期。

③ 余振华：《刑法违法性理论》，台湾元照出版公司2001年版，第3页。

所以刑法在介入社会生活之时，应当保证“国家竭力把刑罚强制限制在最小的范围之内并且不断寻求减少使用它的机会”①。刑法在考虑入刑的标准时，“（入刑的）立法需要考虑三点：（1）行为的反社会伦理程度；（2）行为的社会危险性；（3）有无比较缓和且同样有效的手段可以运用”②。可见，若存有较为缓和且有效的手段，就不应当诉诸刑法来提供解决方案，所以使用刑罚权干预网络有害信息的前提在于“有害”达到一定的程度。有论者提出了以下的标准：“对于针对自然人的网络有害信息，只要在一般人看来，通过侮辱、诽谤形式贬低他人人格行为所造成的影响，已经对受害人的社会评价、社会形象形成损害，并由此使其正常生活、工作等无法进行的，刑罚权出现才具有必要性；对于针对公司、企业等单位的网络有害信息，如果该单位属于经营性企业的，会因该信息的传播而造成信誉和经营上损失的，以造成经济上的重大损失或者造成严重的经营困难作为判断根据；对于针对社会和政府的网络有害信息，则只有对公众安全和社会秩序形成有形的紊乱，且形成较大范围、持续较长时间的，才可以考虑刑罚权干预的可能性。”③

而更多的管制方法和适用更为广泛的法律，应当是行政法和民法，鉴于我国当前治理网络有害信息碎片化突出，法律资源严重不足，应当在整体立法上进行较大规模的修订和增补。当前我国对于网络安全管理、个人数据保护、网络犯罪打击等内容的法律规定，主要限于《互联网信息服务管理办法》《全国人民代表大会常务委员会关于维护互联网安全的决定》《全国人民代表大会常务委员会关于加强网络信息保护的决定》《电信和互联网用户个人信息保护规定》以及散见于《刑法》《消费者权益保护法》等法律中的规定，网络安全立法滞后，特别是缺乏网络安全总法立法。2015年7月6日，全国人大常委会已将《中华人民共和国网络安全法（草案）》公开向社会征求意见，组织专家严谨论证，并广泛吸收社会各方有识之士的意见建议，与我国互联网发展形势相适应，制定出台了内容完善、具有前瞻性和适应性的《网络安全法》，已于2017年6月1日起施行，确定网络信息安全法治的总体框架，成为统领我国网络信息安全的综合性法律。

2. 扩张解释的司法化路径

如前所述，虽然有论者将网络犯罪分为“借助网络进行的传统犯罪、传统犯罪与网络结合而产生的新型犯罪以及受网络影响的传统犯罪”，但从事实

---

① ［英］威廉·葛德文：《政治正义论》（下卷），何慕李译，商务印书馆1980年版，第141页。

② 林东茂：《刑法综览》（修订五版），中国人民大学出版社2009年版，第5页。

③ 时延安：《以刑罚威吓诽谤、诋毁、谣言？——论刑罚权对网络有害信息传播的干预程度》，载《法学论坛》2012年第4期。

上看，大部分的网络犯罪“并没有开创一种新的犯罪潮流，它仅仅改变了较为古老的犯罪形式”[①]。我国当前的做法是，对于网络有害信息的定性遵循的是将其作为传统犯罪进行定性的路径，而并没有考虑其网络参与的要素。在目前主要认定传播网络有害信息追究刑事责任的《关于维护互联网安全的决定》中，第二条规定，为了维护国家安全和社会稳定，对有下列行为之一，构成犯罪的，依照刑法有关规定追究刑事责任：（1）利用互联网造谣、诽谤或者发表、传播其他有害信息，煽动颠覆国家政权、推翻社会主义制度，或者煽动分裂国家、破坏国家统一；（2）通过互联网窃取、泄露国家秘密、情报或者军事秘密；（3）利用互联网煽动民族仇恨、民族歧视，破坏民族团结；（4）利用互联网组织邪教组织、联络邪教组织成员，破坏国家法律、行政法规实施。第三条规定，为了维护社会主义市场经济秩序和社会管理秩序，对有下列行为之一，构成犯罪的，依照刑法有关规定追究刑事责任：（1）利用互联网销售伪劣产品或者对商品、服务作虚假宣传；（2）利用互联网损害他人商业信誉和商品声誉；（3）利用互联网侵犯他人知识产权；（4）利用互联网编造并传播影响证券、期货交易或者其他扰乱金融秩序的虚假信息；（5）在互联网上建立淫秽网站、网页，提供淫秽站点链接服务，或者传播淫秽书刊、影片、音像、图片。第四条规定，为了保护个人、法人和其他组织的人身、财产等合法权利，对有下列行为之一，构成犯罪的，依照刑法有关规定追究刑事责任：（1）利用互联网侮辱他人或者捏造事实诽谤他人；（2）非法截获、篡改、删除他人电子邮件或者其他数据资料，侵犯公民通信自由和通信秘密；（3）利用互联网进行盗窃、诈骗、敲诈勒索。在这一规范性文件中，除了第二条第二款、第三条第一款之一部分，以及第三条第三款、第四条第二款、第三款之一部分不属于网络有害信息，[②] 其他属于网络有害信息的都是按照传统的犯罪来定性的。在这个问题上，立法者选择解释刑法以适应网络化的犯罪行为，而非设置单独罪名的应对路径。因为“即使需要对新的危害行为增设新的罪刑规范，刑法也应避免落入‘为现象立法’的窠臼，而是应当在纷繁复杂的生活事实中提炼最一般的类型化行为，这样才能更好发挥刑

---

① ［美］G. 杰克·波罗格纳、［加］罗伯特·J. 林德奎斯特：《查处舞弊技巧与案例》，张玉译，中国审计出版社1999年版，第221页。

② 第二条第二款的国家秘密、情报和军事机密不是有害信息，“有害”的是泄密行为；第三条第一款利用互联网销售伪劣产品不属于有害信息，但是对商品、服务作虚假宣传属于有害信息；第三条第三款利用互联网侵犯知识产权不属于典型的有害信息，因为它只侵犯知识产权权利人的权利；第四条第二款属于侵犯公民通信自由和通信秘密；第四条第三款中进行盗窃、诈骗、敲诈勒索可以利用有害信息，也可以只通过网络技术手段。

法的规范技能，节约立法成本”[①]。

最近的立法仍旧秉持了这一态度。2016年4月11日施行的《最高人民法院关于审理毒品犯罪案件适用法律若干问题的解释》第十四条规定：“利用信息网络，设立用于实施传授制造毒品、非法生产制毒物品的方法，贩卖毒品，非法买卖制毒物品或者组织他人吸食、注射毒品等违法犯罪活动的网站、通讯群组，或者发布实施前述违法犯罪活动的信息，情节严重的，应当依照刑法第二百八十七条之一的规定，以非法利用信息网络罪定罪处罚。”在现实中，如对网络容留吸毒等行为的定性一直没有法律依据，而这一司法解释将公安机关所谓的“网络吸贩毒、网络容留吸毒”都定性为非法利用信息网络罪，事实上剥离了行为本身的实体属性。

依靠法律治理网络有害信息是法治社会的必然要求，也是市民对于社会秩序的基本诉求，在依靠法律规制网络有害信息时，应当尽可能平衡市民基本权利与社会秩序之间的关系，保障公民的言论自由。同时在治理手段上，应当穷尽较为轻缓的手段和法律资源，将刑法的介入置于最末位的选择，以符合刑法收缩和谦抑的机能。在以刑法治理网络有害信息时，应保持刑法体系的完整性和一致性，尽可能通过解释现有的法律条文来达到对网络有害信息的有效和合理规制。

① 于志刚：《网络犯罪与中国刑法应对》，载《中国社会科学》2010年第3期。

┃专题二┃

网络恐怖主义犯罪的最新趋势*

引言

近年来，随着科学技术飞速发展，以互联网为代表的新应用日新月异，引领了社会生产的新变革、创造了人类生活的新空间、拓展了社会治理的新领域，极大提高了人类认识世界、改造世界的能力。互联网已经渗透到各个领域，成为人类工作和生活不可或缺的平台、社会发展和进步不可或缺的基础。与此同时，由于具有跨越地区、隐匿身份、传输快速、信息海量等特征，互联网也日益成为违法犯罪人员实施犯罪行为的工具和空间。

世界各国政府历来重视打击恐怖主义。近年来严峻的恐怖主义活动形势促使各国政府结成了反恐联盟并出台了更加有力的反恐措施。经过多年的持续打击，现实社会中的恐怖主义活动已经受到了重创。2017 年 10 月 17 日，耗时 11 个月零 11 天的拉卡战役结束，“伊斯兰国”首都拉卡被解放。拉卡战役的结束标志着位于叙利亚东北部和伊拉克西北部的“伊斯兰国”“领土”完全被解放。丧失了实地的“伊斯兰国”实力受到了重创，残余力量开始四处转移。“伊斯兰国”的处境反映了世界上数量众多的恐怖组织的现状，即在现实社会中由于持续受到打击而导致领导人不断被击毙、成员不断被抓获以及组织不断被破坏。

现实社会中持续受到的打击导致恐怖组织生存空间被挤压，促使其极力谋求新的活动空间以降低行动的风险，而网络社会的持续发展和日益普及为其提供了一个新的舞台。在这个舞台上，行动的成本更低、风险更小，成效却有可能极大。现实社会中生存空间不断缩小与网络社会中无限机会的诱惑使得恐怖主义向网络社会转移的趋势逐渐清晰，并变得不可遏止。在此背景下，以网络为工具或者以网络为目标的网络恐怖主义日益兴起。

---

* 本报告是中央高校基本科研业务费“网络犯罪的立法及司法应对研究”（2016JKF01201）的阶段性成果，并得到了中国人民公安大学信息技术与网络安全学院学科建设经费支持。执笔人：吴绍忠。

本报告旨在对近年来网络恐怖主义的总体态势进行研究分析，提炼网络恐怖主义的主要表现形式，对主要特点进行阐述，预测未来网络恐怖主义的趋势并提出相应的政策建议。

一、网络恐怖主义的兴起

（一）持续反恐挤压了恐怖主义的现实生存空间

“9·11”事件后，联合国先后采取了一系列措施反对恐怖主义。2001年9月29日，联合国安理会通过第1373号决议。2002年4月，联合国大会通过的《制止向恐怖主义提供资助的国际公约》生效。2005年9月14日，联合国安理会通过第1624号决议，要求各国立法禁止煽动恐怖活动的做法。为巩固和加强成员国的反恐活动，2006年9月联合国大会一致通过《全球反恐战略》，这项战略标志着联合国全体成员国第一次就一项打击恐怖主义的共同战略和行动框架达成一致。2013年12月17日，联合国安理会通过第2129号决议，对恐怖组织或恐怖分子利用互联网实施恐怖行为，包括煽动、招募、资助或策划等活动表示严重关切，明确要求联合国反恐机构会同各国和有关国际组织加强对上述行为的打击力度。2014年6月，第六十八届联合国大会第四次评审并通过了《联合国全球反恐战略》，根据中国提出的修改意见，这份决议首次写入打击网络恐怖主义的内容。[①] 目前联合国正在推动形成一个全面的反恐公约。

美国历来重视反恐工作，“9·11”事件之后更是把反恐提到了国家战略的高度，并连续出台了一系列有针对性的法律与措施。2001年10月26日，时任美国总统布什签署颁布《爱国者法案》，以维护国家安全的名义，赋予有关当局更多的侦查和搜查权，并加强了对移民和外国留学生的跟踪和控制。2002年4月，美国防部宣布组建新的“北方司令部”，负责美国本土防御。2002年9月，美国公布了布什总统上台后的第一份《美国国家安全战略》报告，首次正式提出了向恐怖分子和敌对国家发动主动进攻的“先发制人”战略。2001年10月通过了《反恐怖主义法案》，2002年11月国土安全部成立。2003年2月，布什政府又公布了《打击恐怖主义国家战略》，表示美国将把战斗引到恐怖分子所在之处，并且在必要的时候单独行动。奥巴马政府上台后，继续对恐怖主义进行大力打击。[②] 2011年5月，本·拉登被美军击毙。特朗普执政之后，“让美国再度安全”成为了其执政的重要口号和目标。

---

① 联合国反恐措施的相关内容根据专题“联合国反对恐怖主义”（http：//www. un. org/terrorism）整理汇总而成。

② “National Strategy for Counterterrorism”，http：//www. whitehouse. gov/sites/default/files/counterterrorism_ strategy. pdf.

欧盟历来重视反恐工作，欧洲理事会早在1977年就通过了《关于制止恐怖主义的欧洲公约》。20世纪90年代，欧盟通过了一系列反恐决定、决议，其中较有代表性的包括：1994年《关于恐怖主义及其对欧洲安全影响的决议》；1995年《关于起草简化欧盟成员国间引渡程序的决定》《关于恐怖主义的声明》《关于恐怖主义的宣言》；1996年《关于从委员会到理事会和欧洲议会就非法运输放射性物质和核材料信息交流的决定》；1997年《关于欧盟打击恐怖主义的协定》；1999年《关于在打击恐怖组织中合作的建议案》等。“9·11”事件发生后，英国议会于同年12月通过了新的紧急反恐法案。德国在2001年年底发布报告称，城市基础设施与全国通信网络系统可能成为恐怖袭击的目标，提出要尽快采取措施加以防范。2002年6月，欧盟塞维利亚首脑会议达成框架决议，对恐怖主义作出明确的定义，形成了统一的反恐法律框架即《关于欧洲逮捕令和欧盟成员国之间移交程序的框架决定》。2005年5月，欧盟签署《惩治恐怖主义的欧洲公约》。马德里与伦敦爆炸案后，欧洲大陆真切地感受到了恐怖主义的威胁，对恐怖主义的打击力度进一步加大。总部设在荷兰海牙的欧洲刑警组织公布的统计数据显示，2008年共有7个欧盟成员国成为恐怖组织的目标，这些国家上报的各类恐怖袭击和未遂袭击多达515起。为了进一步有效地打击恐怖主义，2009年欧盟委员会公布了一项反恐和防止大规模杀伤性武器扩散的三年（2009—2011年）计划，该计划约耗资2.25亿欧元（约合2.95亿美元）。2015年巴黎“11·13”、2016年布鲁塞尔“3·22”恐怖袭击案发生之后，为了应对日益严峻的形势，欧洲各国都加大了反恐领域的投入。

中国政府也一贯重视反恐工作。2003年，我国第一次在北京举行代号为“长城2003”的中国武警特战队反恐怖综合演习。之后，中国国家层面上的反恐体系，从无到有，发展迅速。2008年7月，中国公安部反恐怖局印发了《公民防范恐怖袭击手册》，指导公民如何及时发现和规避恐怖袭击带来的危害。与此同时，中国还非常重视与周边国家合作共同反恐。中国已经与上海合作组织各成员国缔结了《打击恐怖主义、分裂主义和极端主义上海公约》，共同组建起上海合作组织地区反恐机构，有效地开展反恐合作，并在上海合作组织框架内进行了多次“和平使命”反恐联合军事演习。中国与巴基斯坦也进行了卓有成效的反恐联合军事演习。2015年，《刑法修正案（九）》对于涉及恐怖主义犯罪的条款进行了进一步优化。同年，《中华人民共和国反恐怖主义法》正式通过，于2016年1月1日开始生效实施。

深受恐怖主义困扰的诸多第三世界国家也非常重视反恐工作。印度国家反恐中心于2012年3月1日正式运转，这是印度在国家层面设立的首个专司反恐事宜的机构。该中心统一领导反恐情报的搜集和研判，直接或协调指挥反恐行动的实施，以便提高反恐的成功率和效率。印度于2013年1月与斯里兰卡签订了打击国际恐怖主义协议。为了提高反恐效果，印度政府多年来一直与美国和俄罗斯情报机构合作，并与中国及巴基斯坦多次展开反恐磋商。巴基斯坦政府于2012年11月批准通过了国家反恐局法案（National Counter Terrorism Authority Bill of 2012）。巴基斯坦政府希望国家反恐局的成立将为不同执法机构之间的协作提供一个平台，并有助于制定打击恐怖主义的政策。2013年6月，孟加拉国议会修订并通过了该国有史以来最强硬的《反恐怖主义法》，重新定义了“恐怖主义”。根据该法案，孟加拉国政府将通过与周边国家的合作，针对恐怖主义及恐怖组织开展有效打击。同时，该法案向孟加拉中央银行授权，可以冻结可疑的账户。

经过各国政府的共同努力，现实世界中的反恐怖行动取得了明显成效，大批恐怖分子训练营地被摧毁，大量恐怖分子被逮捕，大量恐怖组织资金被冻结，恐怖主义在现实社会中的蔓延受到了遏制。

（二）恐怖活动向网络空间的转移

互联网的发展推动形成了一个虚拟的空间，既消除了国境线，也打破了社会和空间界限，使得双向性、多向性交流传播成为可能。这个虚拟空间的时空跨度超过了传统的限制，人们可以在其中匿名进行操作，这种使用行为具有长距离、跨地域、易修改、难追踪等特点。这些特点在为人们提供便利的同时，也吸引了恐怖主义组织的注意。以“基地”为代表的恐怖组织很早就开始“触网”，但是恐怖组织早期对网络的利用形式主要是开设网站进行自我宣传，利用形式简单、网站数量较少。在现实社会中受到挤压之后，恐怖组织开始积极主动地“拥抱”互联网提供的机遇。

借助互联网，恐怖组织可以宣传恐怖主义思想、招募恐怖活动人员、策划恐怖活动、开展恐怖活动培训、进行恐怖主义融资。网络空间匿名、跨时空的特性使恐怖分子易于藏匿其中，边界和距离的“终结”，理论上能让恐怖分子在任何地方实施行动。借助于网络社会的种种便利，恐怖分子可以较为容易地逃脱政府的审查和封堵。恐怖分子可以同时注册很多网站，并且将网站的服务器分布在很多个国家，每次使用其中一个，待各国情报部门发现后再启用新的域名，同时可以通过RSS或者其他方式将网站的变更及时通知用户。恐怖分子还可以利用知名的网络服务平台，建立多个账号开展活动。在与各国执法机构的对抗中，恐怖分子也逐步采用新的技术或思路来对传递的信息进行包装、加密，或者利用各国互联网管理制度的差异，让一条信息经过多国的服务器。巨大的工作量使得执法机构抽丝剥茧、耗费时日找到源头后，恐怖分子早就逃窜多时了。

美国和平学院研究恐怖主义网站的加布里尔·魏曼教授指出，他刚刚开始追踪恐怖主义网站时，在他的数据库中只有 12 家此类网站。但美国军队将“基地”分子从训练营中赶出来后，他们就都转移到互联网上。恐怖主义网站的数量开始直线上升，几乎每天都有 2 家新网站诞生。联合国一项研究表明，截至 2014 年全球恐怖主义网站达到了约 1 万个。[①]

网络恐怖主义既是恐怖主义发展的产物，也是互联网发展的衍生品。早期的网络恐怖主义属于平台型恐怖主义阶段，主要表现为利用网络进行宣传、招募、培训、融资、策划。随着恐怖分子对互联网技术了解的深入，攻击型网络恐怖主义的风险在不断提升。攻击型网络恐怖主义不仅仅是利用计算机网络，而是将目标指向了网络基础设施或网络信息系统。随着各国执法部门对网络恐怖主义犯罪的打击力度不断提高，恐怖组织为确保恐怖活动的安全顺利，开始转向监管强度较弱、匿名性更强的网络世界——暗网。暗网是指那些存储在网络数据库里，但不能通过超链接访问而需要通过动态网页技术访问的资源集合，不属于可以被标准搜索引擎索引的隐匿网络。暗网技术允许用户匿名浏览网站而不会暴露隐私，互联网服务提供商、执法部门甚至软件的开发者都不能监控路由信息，无法得知服务器的位置以及操作者的真实身份。暗网的这些特点吸引着恐怖分子进入，而在其中恐怖分子和恐怖活动均处于隐蔽状态，增加了执法部门发现处置的难度（如图 2－1 所示）。

图 2－1　暗网中的恐怖主义网站

二、网络恐怖主义犯罪形态

（一）网络宣传

现代恐怖组织利用互联网访问的自由性和传播的便捷性，将其作为最主

① 盘冠员、章德彪：《网络反恐大策略：如何应对网络恐怖主义》，时事出版社 2016 年版，第 118 页。

要的宣传平台。近年来，“伊斯兰国”“东伊运”都设立了专门的互联网宣传机构，“伊斯兰国”设立了“阿尔·哈亚特媒体中心”“网络哈里发”等机构，“东伊运”设立了“伊斯兰之声宣传中心”等机构开展互联网宣传。恐怖组织还建立了专门的宣传网站，如“基地”组织通过Al－Neda网站，专门发布特色新闻、教令、书籍以及组织领导人的视频，通过Al－sahab专门发布制作精良、纪录片式的原创视频，并用阿拉伯语、英语、法语等发布。此外，恐怖组织还利用各种社交平台、公共网站进行传播。例如，“基地”组织在Twitter、YouTube、Facebook等社交媒体上注册了大量的账号。据报道，仅推特（Twitter）平台封停的恐怖主义相关账号就达36万个之多。[①] 社交媒体公司虽然采取不断封号措施，但恐怖主义账号仍是“野火烧不尽，春风吹又生”。

网络恐怖主义宣传的形式主要包括：第一，宣传恐怖主义思想。恐怖组织歪曲宗教教义、散布恐怖主义和极端主义思想，进而对受众进行洗脑。近年来在我国境内实施恐怖袭击的恐怖分子都是因为多次观看境外“东伊运”等恐怖组织宣扬“圣战”的恐怖视频，在播放器上传播、收听“圣战”音频资料，逐渐产生宗教极端思想，进而实施恐怖主义犯罪。第二，发布暴恐音视频，渲染恐怖氛围。近年来，“伊斯兰国”多次在YouTube网站上公布人质被斩首的视频，另外一些恐怖照片也会出现在社交平台中。第三，发布各种攻击政府的信息，利用宗教和民族问题挑起人们对政府的不满，对政府施加压力和影响。

案例：美国纽约“10·31”恐袭案[②]

美国纽约市曼哈顿下城2017年10月31日发生小型卡车撞人恐怖袭击事件。当天下午3时05分左右，恐怖袭击者赛富洛·赛普夫驾驶一辆小型卡车在世贸中心附近道路上连撞多人，随后该卡车撞上一辆校车。在撞上校车后，赛普夫下车开枪再向另外两人射击，警察随后开枪将其击伤。有目击者称，在撞击发生后，现场听到至少15次枪声。此次恐怖袭击事件导致8人丧生、10多人受伤。被捕后赛普夫承认自己被恐怖组织“伊斯兰国”（IS）的视频所影响。执法部门在赛普夫的一部手机里发现有约90个视频和4000余张照片，“很大一部分都是与‘伊斯兰国’有关的宣传”。

案例：《查理周刊》杂志社恐袭案[③]

2015年1月7日，法国巴黎《查理周刊》总部发生一起恐怖袭击事件。

---

① 《社交网站推特一年间关闭36万涉恐怖主义账号》，http：//news. xinhuanet. com/world/2016－08/19/c－129242833. htm，访问时间：2017年10月25日。

② 《纽约卡车撞人恐击案：华人学生家长目击现场引担忧》，http：//news. sina. com. cn/o/2017－11－01/doc－ifynmnae0995293. shtml，访问时间：2017年10月26日。

③ 《法国查理周刊事件升级》，http：//world. huanqiu. com/special/faguoqiangji/index. html，访问时间：2017年10月2日。

三名恐怖分子高喊着"我们为先知复仇"的口号，手持 AK47 进入《查理周刊》杂志社，看见人就进行扫射，导致包括 10 名《查理周刊》的工作人员和 2 名警察在内的 12 人死亡，另外还有多人重伤。据调查，主犯赛义德·库阿希和谢里夫·库阿希兄弟就是在网络上接受恐怖极端思想并参与恐怖组织培训之后返回法国潜伏下来，"基地"组织阿拉伯半岛分支称通过网络远程指导了此次袭击。

不过，必须要指出的是，不仅是恐怖分子要利用网络进行恐怖主义的传播，网络媒体和平台其实也很乐意通过传播恐怖分子的资料而赢得在行业竞争中的优势地位。温卡特·艾伊尔指出："具有讽刺意味的是，越是在自由的社会，恐怖分子越是容易获得巨大的影响。2013 年 3 月，伊斯兰马格里布基地组织（AQIM）在推特上注册了一个账户，目前已经拥有了 5500 个粉丝。该账户关注了包括索马里反政府武装青年党在内的 7 个激进组织，而这些组织本身也在关注其他的反叛组织。[①] 正如保罗·威尔金森（Paul Wilkinson）所说的那样，'开放社会的自由媒体尤其容易被残酷的恐怖组织所操纵和利用'。"对于网络媒体和平台而言，恐怖活动的资料是它们非常希望获取的新闻素材，因为可以吸引大众的关注。并且，网络媒体和平台也非常乐于把这些资料和素材公之于众，而这也正是恐怖组织所希望的。这样一来，恐怖组织就借他人之手完成了恐怖主义的宣传。

（二）网络招募

互联网为恐怖组织招募人员提供了新的途径，扩展了招募的空间，使其可以在全球范围内进行招募。相比于传统的招募渠道，在互联网上恐怖组织可以更便捷地寻找自己需要的专业人才，极端分子和恐怖主义支持者也可以很容易获取恐怖组织信息。恐怖组织对于那些在社交平台上比较活跃或者发表极端言论的人特别关注，并重点从这些群体中招募自己的成员。

2011 年之后，已经有 3 万多外国人，从世界上 100 多个国家不远万里辗转到达伊拉克和叙利亚，加入"伊斯兰国"。据统计，向极端组织输出人员最多的 5 个国家分别是俄罗斯、沙特阿拉伯、约旦、突尼斯、英国。截至 2017 年，有 3417 名俄罗斯人前去为"伊斯兰国"作战。"伊斯兰国"的沙特籍武装分子人数现在估计为 3244 人。约旦约有 3000 人前往伊拉克和叙利亚参加恐怖主义，突尼斯籍恐怖分子约有 1910 人，法国籍恐怖分子有 1400 多人。至少有 1500 名英国穆斯林裔青年遭"伊斯兰国"洗脑，前往中东参加"圣

① 《美媒：社交网络或已经成为滋生恐怖主义的温床》，http：//world. huanqiu. com/regions/2013 - 04/3887134. html，访问时间：2017 年 10 月 2 日。

战”。比利时近几年有500多人离开比利时去往叙利亚和伊拉克的极端组织，瑞典也有267人前往叙利亚和伊拉克，加入“伊斯兰国”或“基地”等恐怖组织。[①] 这些“圣战”者多数是在网络上被恐怖组织招募，其他的是在网络上接触了恐怖组织的宣传资料被洗脑，从而心甘情愿地加入恐怖组织，投身于“圣战”（如图2－2所示）。

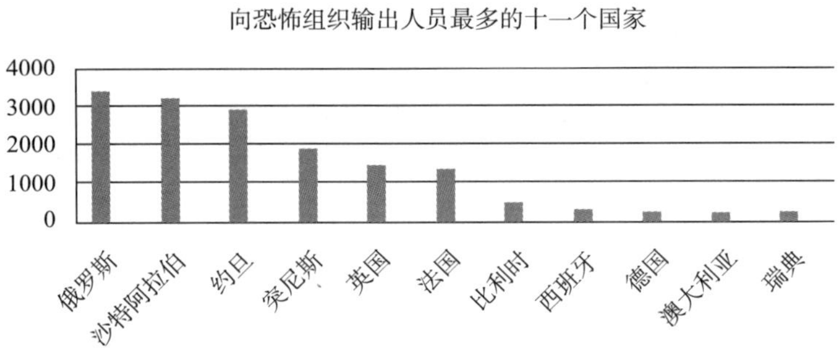

图2－2 向恐怖组织输出人员最多的十一个国家

案例：圣战者约翰[②]

“伊斯兰国”的蒙面武装分子“圣战约翰”原名穆罕默德·恩瓦济，效力于“伊斯兰国”，是一个不折不扣的杀人狂魔，多部“斩首视频”的主人公。穆罕默德·恩瓦济出生于科威特，六岁时随父母搬到了伦敦西区。他的人生看起来十分普通，经过努力学习，于2009年从威斯敏斯特大学计算机科学专业毕业。2007年，个别极端分子开始进入英国校园传播极端思想，恩瓦济深受影响。毕业后，恩瓦济的人生道路并不顺利，后来受到拉巴·塔哈瑞的社交网络上的招募，蒙上黑色面纱，举起沾满鲜血的刀具，成为一名坚定的恐怖分子。

（三）网络培训

恐怖分子实施暴恐行动需要具备特殊的技能和较高的素质，而网络培训既可以不受时间空间的限制，又可以逃避各国政府的打击。恐怖组织经常定期在互联网上发布如何组建恐怖团伙、实施恐怖袭击，如何制作使用爆炸装置、危险物品，如何实施网络攻击、进行网络勾连等方面方法和技巧的培训资料。网络聊天室、在线培训网为恐怖分子培训提供了技术便利，而且网络培训方便互动交流、相互传授经验。一些恐怖分子可以在网络聊天室、论坛上实时回答问题，答疑解惑。对于新生的恐怖分子而言，互联网已经成为他

① 《俄成极端组织最大“兵源地” 去年数千人加入IS》，http：//toutiao. china. com/js/yw/13000108/20171102/31626321. html，访问时间：2017年10月4日。

② 《IS刽子手“圣战约翰”身份曝光：出身英国富裕家庭》，http：//world. huanqiu. com/hot/2015－02/5766052. html，访问时间：2017年10月12日。

们首选的“课堂”。只要接入网络，就可以登录恐怖组织网站，学习组织各种恐怖活动的方法与技巧。一个名叫“利剑”（Al Battar）的“基地”网站上，“基地”分子们免费提供了如何在私下和公开场合绑架人质的方法，内容包括：确定目标和隐藏人质所必需的步骤、应该如何对待人质（如强迫人质品尝食物）、如何进行谈判（如果对方在谈判中拖延就一个个地杀害人质），以及释放人质时要注意哪些细节（小心赎金里可能被安上追踪装置）等。

案例：Gaza Hacker 网络论坛

Gaza Hacker 网络论坛是一个专门针对恐怖分子进行黑客培训的网络论坛，经常被包括亲“伊斯兰国”网络分子在内的各种“圣战者”访问。该论坛提供各种各样的黑客课程和手册。论坛成员曾发布盗窃来的信用卡信息，以及有关黑客工具和黑客方法的手册。该论坛向圣战者提供了学习如何侵入计算机系统、如何提高黑客技巧、如何获得特定的黑客软件等各种事物的一站式服务（如图 2 –3 所示）。

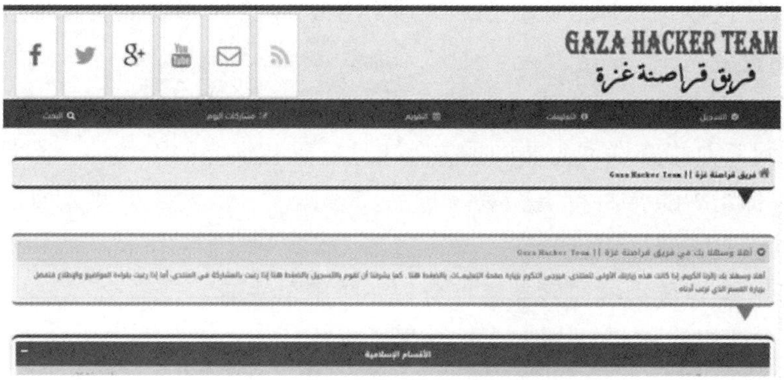

图 2 –3　Gaza Hacker 网络论坛

根据美国网络安全智库关键基础设施技术研究所的报告《解剖网络“圣战士”》指出，有恐怖分子经常访问深网（Deep Web）的论坛，能够获得涉及初学者和高级黑客课程的讨论板块内容、黑客工具和手册，以及与有类似想法的论坛长期访问者的交流方式。除了论坛这一培训途径之外，制作发布暴恐音视频也是恐怖组织进行网络培训的手段之一。

案例：“10·28”天安门暴力恐怖事件①

2013 年 10 月 28 日，乌斯曼·艾山及其妻子母亲 3 人驾驶一辆吉普车由南池子南口闯入长安街便道，由东向西行驶撞向金水桥护栏，并点燃车内汽油致使车辆起火燃烧。此次事件导致 3 人死亡，40 余人受伤。据调查，以乌

---

① 《北京警方破获天安门金水桥暴力恐怖事件》，http：//www. bjnews. com. cn/news/2013/10/30/290047. html，访问时间：2017 年 10 月 17 日。

斯曼·艾山为首的恐怖分子多次观看有关“圣战”暴恐音视频，从中学习制造恐怖活动的方法和技能，为实施恐怖活动做前期准备。

（四）网络融资

恐怖组织的生存发展需要财力支持，其正常的运作、人员的招募和活动的实施都需要大量资金。融资能力在很大程度上决定了恐怖组织的发展规模。目前互联网已经成为恐怖组织一个极其重要而秘密的筹集资金渠道，具体的实现方式包括以下类型：

1. 在网络上发布筹资公告，利用电子支付系统接受捐赠

恐怖组织在网上发布筹资的信息号召支持者提供支持。那些支持恐怖组织的富商会通过恐怖组织发布的途径或者其他途径为恐怖组织捐款。但是这种方式容易被安全机构发现从而暴露。美国国务院指出：“私人捐助网络越来越依赖社交媒体获取资金，并且可以让捐助者和接收者、恐怖组织建立联系。”[①] 许多恐怖组织募集者明确表示，募集到的资金正被极端组织用于购买武器和其他设备，恐怖组织会在网上发布视频和照片用以证明恐怖分子收到了捐助的资金。

2. 通过网络犯罪方式来筹集资金

“暗网”是指互联网犯罪的重要聚集地，具有很好的隐秘性，不易被追踪打击，恐怖组织通常将枪支交易、毒品交易、人口贩卖、绑架人质这类与金钱有关的交易在暗网中进行。

案例：全球最大的暗网交易平台——“阿尔法湾”[②]

“阿尔法湾”曾经是全球最大的暗网交易平台，平台上卖家达到4万人，客户超过20万人。网站上非法药品和有毒化学品的交易条目超过25万条，失窃身份证件和信用卡数据、恶意软件等的交易条目超过10万条，上面还有贩卖人口、枪支弹药等信息。一切交易都通过执法人员监管不到的数字货币隐秘进行。2017年7月，美国司法部长杰夫·塞申斯宣布已铲除这个全球最大非法物品交易的暗网平台。

3. 通过网络经营方式筹集资金

恐怖组织通过开办在线商品店，借公司名义拓展全球商务，通过网络经营洗钱活动。

---

① 盘冠员、章德彪：《网络反恐大策略：如何应对网络恐怖主义》，时事出版社2016年版，第127页。

② 《全球最大暗网黑市平台被打掉：充斥毒品、枪支》，https：//news. qq. com/a/20170723/013197. htm，访问时间：2017年10月17日。

案例："伊斯兰国"利用比特币融资[①]

2015年年末，一个叫作Ghost Security Group的黑客组织宣称，其已经锁定了"伊斯兰国"其中一个关键的资金筹集渠道——比特币账户。该组织披露，在被锁定的数个账号中，有一个账号拥有价值300万美元的比特币。Ghost Security Group成员透露，"伊斯兰国"手上持有的虚拟货币总额在470万美元至1560万美元，占总资金的1%至3%。

（五）网络策划

互联网使恐怖分子间的沟通更容易，这为恐怖活动的策划提供了便利条件。恐怖组织的每项行动都经过严密的计划和安排，至少经过几个月甚至数年的谋划。对于身处世界各地的恐怖分子而言，互联网作为策划和协调行动最便捷有效的工具，是他们沟通的首选。随着技术的进步，网络交流工具的功能也不断丰富，通过网络会使策划实施的恐怖活动更隐蔽。随着技术的进步和通信标准的更新换代，网络交流工具的功能不断丰富，实时视频、语音、电子文件传输功能均已实现。借助于互联网提供的便利，恐怖分子一般采用两步走的策略：先在互联网上跨时空进行联系，然后再私下密谋。以"伊斯兰国"为例：他们先是由身处叙利亚或伊拉克的"伊斯兰国""圣战者"制订出一个计划，然后在欧洲或美国寻找可能的合作伙伴；接着，他们就转入加密聊天软件进行直接的私人对话，直到完全策划好行动方案。恐怖组织和恐怖分子会经常更换邮件地址、社交网络账号，以增加执法部门发现的难度。

案例：雅加达恐怖袭击案[②]

2016年1月14日，一名自杀式袭击者在位于印度尼西亚首都雅加达市萨里娜购物中心的一家星巴克咖啡店外引爆炸弹，随后2名埋伏在店外的恐怖分子朝惊慌逃散的人群开枪扫射并劫持了人质。几分钟后，又有3名骑摩托车的自杀式恐怖分子冲向萨里娜购物中心附近的一处治安岗亭，并引爆了身上的炸弹。此次连环爆炸和枪击事件，导致2名平民和5名袭击者在内的7人死亡，20人受伤，伤者包括5名警察。这是雅加达自2009年以来发生的最大规模的恐怖袭击事件。事后据印度尼西亚情报官员称，早在2015年，政府就在网络社交聊天室捕捉到印度尼西亚即将遭到恐怖袭击的言论，并指出此次袭击案的幕后策划人纳伊姆在叙利亚城市拉卡通过网络进行策划，在激进网站、Facebook、Telegram等平台指挥恐怖分子具体实施。

---

① 张伟伟、王万：《暗网恐怖主义犯罪研究》，载《中国人民公安大学学报》（社会科学版）2016年第4期。

② 《印尼警方逮捕18名涉恐嫌犯　6人涉及雅加达恐袭案》，http://news.sohu.com/20160124/n435647367.shtml，访问时间：2017年10月18日。

（六）网络攻击

网络攻击是指恐怖分子试图通过网络破坏攻击，使关键信息基础设施、公共服务系统等涉及国计民生的系统丧失功能，从而破坏正常的社会秩序，造成社会动荡和恐慌。网络恐怖攻击的手段与黑客攻击的手段并没有明显区别。常见的网络攻击方式有分布式拒绝服务攻击（DDoS）、高级持续性威胁（APT）水坑攻击、跨站脚本攻击、SQL 注入攻击、中间人攻击、DNS 污染、零日漏洞攻击、缓冲区溢出、跳板攻击、社会工程学攻击以及网页篡改等。

表1　2007年以来恐怖主义网络攻击典型事例

时间	事件
2007年3月	英国情报部门破获“基地”组织一起尚未实施的恐怖袭击，袭击目标是英国的网络数据中心，目的是使英国的互联网和金融业彻底瘫痪
2007年4月	爱沙尼亚连续遭到网络攻击，政府和大型企业的服务器遭受黑客袭击，使得爱沙尼亚与外界失去联络，严重影响了国家正常的工作生活
2008年12月	美军计算机系统密码受到攻击，各大战区的信息网络尤其是中东的军事指挥网络受到影响，军事信息安全受到挑战
2009年7月	美、韩政府官网及传媒集团受到大规模的网络攻击，目标涵盖行政中心、纽约证交所等地方
2010年12月	法国财政部多次遭受黑客袭击，大量涉及法国经济政治的机密信息被盗取
2013年4月	美国全国水坝数据库遭网络入侵
2015年1月	“伊斯兰国”的黑客入侵美国中央司令部的官方推特账号和视频网站，发布“伊斯兰国”意识形态的视频并发布威胁美军的留言
2015年3月	多个国家和地区的网站遭到了“伊斯兰国”的网络袭击，爱尔兰都柏林的网站遭到了“伊斯兰国”组织黑客攻击破坏，出现“伊斯兰国攻入，我们无所不在”的字样，同时播放与“伊斯兰国”有关的音乐。美国的纽约、明尼苏达州、俄亥俄州以及加拿大的一些网站都被“伊斯兰国”黑旗覆盖
2015年9月	英国内阁邮件系统遭到“伊斯兰国”的黑客攻击，恐怖分子获得了访问和查看邮件的权限，获取了部分国家秘密
2015年10月	“伊斯兰国”极端组织部分成员网络攻击法国国防部、外交部和文化部网站，窃取了部分法国工作人员邮箱地址和联系电话，包括部分法国军方资料
2016年3月	“伊斯兰国”下属机构“网络哈里发”攻击了美国明尼苏达州警局，窃取信息并威胁警员，同时该组织还发布了一份包含3000名美国公民信息的袭击名单，号召恐怖分子锁定这些人
2017年3月	“伊斯兰国”下属机构“网络哈里发”宣称，仅2017年3月就对超过100个推特账号进行了黑客攻击

“伊斯兰国”是网络空间里最为活跃的恐怖组织，其下有专门负责网络攻击的网络力量。“网络哈里发”是2014年“伊斯兰国”宣布其“哈里发”国家成立后出现的第一个亲“伊斯兰国”黑客组织。“网络哈里发”曾经劫持新闻周刊和美国中央司令部的推特账户，声称对一系列引起全球关注的网络攻击负责。“伊斯兰国”自己的黑客技术部门出现于2015年年初，松散地隶属于“网络哈里发”，得到了科索沃黑客的支持。随着黑客能力与规模的提升，“伊斯兰国”的网络力量自2014年起陆续发起标志性的黑客行动：篡改各类官方机构的网页，发布“圣战”信息，进而扩大影响。“伊斯兰国”组织攻击网站涂改其网页时，通常会展示一面该组织的旗帜，并留下“伊斯兰国黑客攻击（Hacked by Islamic State）”字样。值得警惕的是，一些网络安全公司开发的商用黑客工具和恶意软件，极有可能会被恐怖组织和恐怖分子用来实施网络攻击。

三、网络恐怖主义犯罪特点

（一）网络恐怖主义具有跨国性

互联网是一个几乎完全开放的世界，“信息疆域”和“信息边界”的概念在互联网难以实现。每一台计算机终端都是网络信息疆域的国门，边界可以是在世界的每一个角落里，一个人可以在一个国家发起针对另一个国家的网络袭击。利用网络，恐怖分子不需要体能训练和心理投资，也很少需要冒死亡的危险，也不需要长途跋涉，就可以去实施恐怖活动。由于互联网无国界，而网络恐怖主义通常都具有跨国犯罪的特征，打击网络恐怖主义正在成为世界各国面临的共同挑战。

（二）网络恐怖活动具有隐蔽性

网络传播信息方式的多样性和复杂性，使得恐怖分子能更好地隐藏自己的行踪，不容易被人发现。随着恐怖分子知识和技术水平的进一步提高，其运用先进网络技术的能力更强，执法部门要捕捉到恐怖分子踪影的难度会更大。对于网络恐怖袭击而言，由于硬件设备和软件程序的各种设计缺陷、网络代理技术、网络域名的可更改性和IP技术存在的不足，致使执法机构即便发现了展开攻击的计算机也不易追踪到其真实的IP地址，这就使得执法人员很难追查到恐怖分子的真实身份，即使追踪到结果往往也难辨真伪，除非攻击者留下可供追踪的证据。为了逃避追踪，恐怖组织不断向成员散发防御指南和说明，并独立制作有关恶意软件的在线课程、指导手册和说明。同时，恐怖组织在“暗网”中的活动越发活跃，他们认为“暗网”可以确保在各国安全机关的追踪和打击下恐怖组织间以及恐怖主义支持者之间的联系不受破坏、行动不被发现，这样可以将自己隐藏得更深、更隐蔽。

（三）网络恐怖活动攻击范围具有广泛性

网络恐怖袭击的目标可以是国家、政府和企业的官方网站，也可以是基础设施和个人的计算机系统，只要是联网的计算机系统都可能成为攻击目标。正是由于信息时代可攻击目标的潜在数量之大和种类之多，才使得恐怖分子有大量机会来寻找目标网络的弱点进行攻击。同时，网络恐怖主义的攻击范围将突破传统的恐怖活动在地域上的局限性和关联性，恐怖活动的触角可以通过互联网向全球任何领域、任何角落拓展。

（四）网络恐怖活动实施成本低廉

与传统的恐怖主义行动相比，网络恐怖主义行动的成本更加低廉。网络作为手段参与到恐怖活动中，使其发生了质的变化。它有别于爆炸、袭击、劫机等传统恐怖主义行为，运用网络进行恐怖主义活动，不需要高昂的武器成本，不需要大量的恐怖袭击准备工作，这使得网络恐怖主义具有低成本、低风险的特点。这种不对称的“优势”使得网络恐怖主义分子能够以极少的资源和极低的风险对拥有巨大资源的对手进行袭击，并造成巨大破坏。

四、网络恐怖主义犯罪的发展趋势

（一）恐怖组织活动能力进一步增强

以“伊斯兰国”为代表的恐怖组织非常善于利用网络，宣传恐怖主义、传播极端思想、招募组织成员、策划恐怖活动。美国联邦调查局和国土安全局曾公开声明，“伊斯兰国”在网络上进行大规模的宣传、利用社交媒体进行招募的活动已经影响到了美国青少年。“伊斯兰国”早已建立了自己的“恐怖主义传播体系”，并于2014年5月建立了“哈耶特媒体中心”①，出版有电子杂志“DABIQ”，并定期、不定期地发布各种视频。网络宣传、网络招募、网络培训、网络融资、网络联络、网络策划、信息收集等以互联网为工具的网络恐怖活动已经越来越成为恐怖组织的“最爱”。除此之外，由于现实世界对恐怖主义的打压，恐怖组织越发注重网络技术的运用，以互联网为攻击对象的网络攻击、网页篡改、网络控制等恐怖活动成为恐怖组织发动攻击的又一

① Olivia Becker: ISIS Has a Really Slick and Sophisticated Media Department, https://news.vice.com/article/isis-has-a-really-slick-and-sophisticated-media-department，访问时间：2017年10月23日。

重要途径。美国国务院发布的《2016 年反恐形势国别报告》[①] 指出，发动网络恐怖袭击正变得越来越容易。

1. 恐怖组织加大利用网络的力度对各国政府信息进行收集

当前，互联网已经成为人们日常生活中不可或缺的重要平台，互联网不仅为人们提供了便捷的信息获取途径，也为恐怖组织提供了丰富的可供利用的资源。网上内容包罗万象，恐怖分子既能获取有关国家的政治、经济和军事信息，也可掌握武器制造、黑客攻击的技术。有网络安全机构发现，以“伊斯兰国”为首的恐怖组织积极招募黑客提升自己的网络攻击能力。恐怖组织成员要求雇佣黑客入侵政府网站窃取秘密文件并向黑客支付大量的报酬，据称成功侵入政府官网的黑客最高能收到每次 1 万美元的奖励。有数据显示，恐怖组织的黑客数量呈增长趋势，各组织间相互合作将目标放在西方国家政府网站上，针对政府网站的攻击活动日益增多。[②]

案例：英美政府遭受恐怖组织黑客攻击[③]

2015 年 1 月，“伊斯兰国”支持者入侵美国中央司令部的 YouTube 和 Twitter 账户，并从其移动设备上窃取了大量内部文件并将其发布到网上。黑客控制美国中央司令部 Twitter 账户长达 1 个小时，并把美国中央司令部的 LOGO换成了“I love you isis”。

2015 年 9 月，根据英国政府通信总部（GCHQ）披露，“伊斯兰国”劫持了英国政府的机密邮件。内阁中多名部长的邮箱均遭到了攻击，包括时任内阁大臣的特蕾莎（Theresa May）。恐怖分子获得了访问和查看邮件的权限。英国政府相关的机密信息和皇室家族成员信息可能已被暴露。

2. 网络融资能力进一步提升

恐怖组织网络融资一般采取两种方式，一是在网站上发布筹资公告，利用电子支付系统接受在线捐赠；二是网络犯罪方式，一些恐怖组织利用各种网络非法活动获得资助，网络犯罪正日益成为恐怖主义获得资助的方法之一。例如，号称“网络 007”的网络恐怖主义领袖特苏里曾盗取 3.7 万张信用卡，总额达 350 万美元。又如，恐怖分子在幕后操纵网上赌球、博彩业，利用网上博彩洗钱，筹资达数亿美元。恐怖组织还打着“慈善”的幌子骗取钱财，如利用与“基地”及塔利班联系密切的“全球救援基金会”，打着人道救援

---

① U. S. Department of state：Country Reports on Terrorism 2016，http：//www. state. gov/documents/organization/272488. pdf，访问时间：2017 年 11 月 23 日。

② 盘冠员、章德彪：《网络反恐大策略　如何应对网络恐怖主义》，时事出版社 2016 年版，第 136 页。

③ 《巴黎恐怖袭击震惊全球　网络战场硝烟从未停止》，http：//www. sohu. com/a/41825374_114877，访问时间：2017 年 10 月 25 日。

旗号的非政府组织网站等骗取不知情民众的资金。

3. 社交媒体逐步成为恐怖组织宣传利用的重要平台

Facebook、Twitter、Instagram等社交媒体成了恐怖分子的“战略工具”，使恐怖分子可以直接“敲开”目标受众的大门，而无须等待访客上门。各大“圣战”论坛号召开展“脸谱（Facebook）入侵”行动，“推特（Twitter）恐怖”“优兔（YouTube）恐怖”等屡见不鲜。2016年8月，兰德智库发布报告《考察推特上“伊斯兰国”的支持和反对网络》，表示推特上的“伊斯兰国”支持账户数目约76000个，这一数字相对于前一年的布鲁金斯学会的研究结果增长了65%。

案例：詹姆斯·弗利斩首案

2014年8月，“伊斯兰国”在YouTube上公布了美国记者詹姆斯·弗利被斩首的视频，通过精心设置的标签，视频短时间内获得大量用户转发评论，几乎立即就登上了全球各大媒体的头条。这种利用公众可以轻易接触到的社交媒体进行网络宣传造势的行为往往可以达到意想不到的宣传效果，影响到更广泛的社会公众，为宣传和制造恐怖气氛奠定了基础。

4. 网络已成为孕育“独狼”式恐怖分子的温床

2013年2月，美政治风险评估公司总裁杰弗里·西蒙在《“独狼”式恐怖主义：了解它日益增长的威胁》一书中指出，科技进步，尤其是网络技术革命助长“独狼”式恐怖主义，人类即将面临第五次“恐怖浪潮”，即“科技恐怖浪潮”。“独狼”无须现身就可通过网站和社交媒体等工具获取各地信息，甚至直接实施网络恐袭。

案例：奥兰多枪击案①

2016年6月12日凌晨，美国佛罗里达州奥兰多市中心的一家同性恋夜总会发生枪击案，造成49人死亡、53人受伤，此案是继“9·11”事件后美国本土发生的最为严重的恐怖袭击之一。“伊斯兰国”下属的“阿玛克通讯社”通过网络发布声明称，“针对奥兰多同性夜店的武装袭击由‘伊斯兰国’一名战士实施”。一匿名官员透露，犯罪嫌疑人在此次枪击案前，在网上浏览激进主义资料长达两年或更长时间。

案例：法国尼斯国庆节恐袭案②

2016年7月14日，法国国庆日当晚，法国尼斯发生恐袭事件，恐怖分子

---

① 《美国奥兰多枪击事件，已至少50人死亡，美国白宫降半旗》，http：//news. sina. com. cn/o/2016－06－13/doc－ifxszfak3686330. shtml，访问时间：2017年10月26日。

② 《法国尼斯发生恐怖袭击　至少84人死亡》，http：//SC. sina. com. cn/news/z/2016－07－16/detail－ifxuapvs 8576619. shtml，访问时间：2017年10月26日。

穆罕默德·拉豪杰·布哈勒驾驶一辆货车撞向在法国尼斯盎格鲁街庆祝国庆日的人群，随后又向民众开枪，此次事件造成84人遇难，200多人受伤。袭击者在袭击期间曾高喊“真主至大”。“伊斯兰国”通过其媒体渠道发表声明，称对当地时间14日晚发生在尼斯的卡车袭击人群事件负责。

5. 网络恐怖活动类型更加全面

当前网络恐怖主义活动既包括信息类网络恐怖活动，也包括攻击类网络恐怖活动。信息类网络恐怖活动主要是指以网络为信息工具进行恐怖活动宣传造势等，攻击类网络恐怖活动则主要是指以网络为攻击对象进行网络恐怖活动。近几年，“伊斯兰国”在招募恐怖分子的过程中越来越重视其电脑技术运用能力，“技术型人才”成为“伊斯兰国”重点招募对象。这一举动的主要目的是实现对国家内部甚至国际组织的重要部门网站进行网络攻击，使其瘫痪或从中获取秘密信息。网络上出售攻击程序、系统漏洞和用户信息的黑市遍布全球，甚至还可通过掮客牵线“买凶”，实施网络攻击的门槛大大降低。例如，名声赫赫的黑客组织“叙利亚电子军”，越来越多地插手国际国内事务，影响恶劣。

（二）网络恐怖活动趋于专业化、去中心化

2008年，一些涉极端主义网站先后被关闭，但恐怖主义势力很快转战其他网站，如“Al Faloja”，之后更是加大了对Twitter和Facebook等新型社交、视频分享媒体网络的利用。此外，大规模的极端主义网站被取缔、屏蔽之后，各种小的极端主义网站将获得更多机会，而这些小网站相对来说更加隐蔽，也更加“专业化”。“伊斯兰国”社交网络工作人员对互联网使用习惯非常熟悉，在传播信息过程中，他们常常运用标签功能，用类似“病毒营销”的办法传播相关信息并引起网民关注，如会在相关信息中加入带有“#”的热门标签，或者“@”名人，这样当人们搜索这些热点的时候，就有可能看到“伊斯兰国”的相关信息。

1. 恐怖组织通过网络形成规模化传播

曾有美国反恐专家说过：“拉登的武器是枪支弹药，他后代的武器很可能会变为鼠标键盘。”① 网络恐怖分子充分利用互联网平台进行多渠道的恐怖主义宣传，扩大组织和非法集资。一方面，网络恐怖分子建立了大量网站，通过各种通信工具和通信网络将本组织的政治目标和宣言进行广泛传播，吸引可能的支持者。这其中大量的图片和视频信息会给网民造成极大的视觉和思

① 苏北：《“网络恐怖主义”：挑战国家安全“信息边疆”》，载《环球时报》2004年12月3日第19版。

想冲击，诸如各种人质斩首的画面就多次在网络传播。另一方面，为了扩大影响力，网络恐怖组织会不断吸收新成员，一些好奇心强和持极端主义思想的人成为潜在招募目标。这些宣传推动网络恐怖组织聚集大量反社会与极端闲杂人员并引诱大量缺乏自控力的青年，使恐怖组织呈规模化增长。

2. 恐怖组织网络宣传的内容和手法趋于专业化

"伊斯兰国"会定期发布"季报"或"年报"，对于自己在社交媒体上的表现也有专门的总结报告，而这些报告会长达数百页，可见"伊斯兰国"对社交媒体宣传的重视程度。美国西点军校反恐作战中心还在"伊斯兰国"的论坛中发现"伊斯兰国"有自己的"网络安全行为手册"。这本手册被"业内人士"评价为"最出色的安全行为手册之一"。该手册提供了大量建议，比如如何保持通信和定位数据的私密性等，还列出了在他们看来能够保证"伊斯兰国"成员隐私的聊天工具、电子邮件平台、云存储平台等，并建议远离一些隐私保护较差的平台。该手册还介绍了如何取消移动电话的GPS标记功能以避免泄露位置信息甚至伪造位置数据来迷惑情报机构。[①] 可见，"伊斯兰国"成员不仅了解应用软件中最新发现的隐私与安全漏洞，还十分关注科技领域的新动向，以及时更新策略。

"伊斯兰国"在网络上成功地笼络人心、美化"圣战"，与其制作精良的宣传材料紧密相关。这些材料涵盖了电子杂志、海报、视频乃至报告等常见的宣传工具。令人感到可怕的是，从这些宣传材料的成品中不难看出其制作团队具有相当的专业性，甚至有业内人士称"伊斯兰国"的宣传十分具有"媒介素养"，与以往恐怖组织常采用的老旧宣传手段有着天壤之别。

3. 网络心理战逐渐成为恐怖分子惯用手段

恐怖组织越来越多地将危害国家机构运转，致使政府机构网站以及社会主流网站瘫痪作为目标，采取阻塞网站运行或修改网站内容，以及散布虚假消息，抛出"信息恐怖炸弹"等破坏手段，制造社会恐慌和混乱。例如，美国《今日美国报》网站遭到袭击，其新闻首页全部被换成"爆炸性"的假新闻，引起极大混乱。恐怖组织还将全球金融网及各国政府网等存储的信息，包括社会信用卡、社会保险号码及其交易记录、银行信贷记录、国家敏感资料及保密数据等作为攻击目标，采取使这些主流网络阻塞或瘫痪的破坏手段，以引发全球性电子商务、金融、股票、交通、能源供应系统混乱，扰乱政府管理运行和社会经济、生活秩序，大肆制造恐怖气氛。

---

① 《ISIS有一本网络操作安全手册　教他们逃避追踪》，http：//tech.qq.com/a/20151122/007461.htm，访问时间：2017年10月1日。

4. 网络恐怖主义的危害性日益增强

恐怖组织把网络作为输出、传播恐怖主义的重要媒介。恐怖分子利用网络与其同伙、支持者联结起来，使原来分散在世界各地的一些零散组织，很快地结成跨地区、跨国界的大组织，推动恐怖组织战略目标和战术的实现。其中包括恐怖宣传、征募新成员、筹措资金，组织相互交流合作、搜集情报信息，实现资源消费和全球范围进攻行动。特别是把网络作为获取恐怖活动工具的重要资源渠道，通过网络掌握武器制造技术、黑客技术等。目前全球多个网站刊登各种炸弹的制作、使用方法，现有的上万个黑客网站也可随意下载各种网络攻击程序，网络已成为恐怖分子名副其实的“武器库”，使其能够随时获取实施实体性恐怖犯罪或网络攻击的技术资源，加剧全球性恐怖活动扩张威胁。

（三）恐怖组织在网络上与其他势力开始合流

1. 恐怖组织与黑客联手，组建网络部队

在当今物质至上的年代，有大批的黑客精神空虚，思想叛逆极端，各种社会矛盾使他们成为反人类、反社会的代表，这些因素会很容易促使黑客与恐怖主义的结合。网络恐怖组织使用不同的方式来招募黑客，让他们为恐怖主义服务。黑客攻击是网络恐怖袭击的一个重要类型，其中高水平的网络攻击多数来自有恐怖主义思想的黑客。从一定程度上讲，恐怖组织雇佣大批黑客组建网军并不是危言耸听。恐怖组织一直尝试将大量黑客根据等级进行军事划分，形成庞大的网络大军，这个网络部队一旦形成，其破坏力将是惊人的。试想，一个黑客就可以攻击一个国家的信息基础设施，那么一个有组织、成规模的网络恐怖组织部队将可以同时攻击全世界的国家基础设施系统，入侵国家安全网络，盗取国家机密。

2. 网络恐怖主义与民族分裂主义、宗教极端主义的结合越加紧密

近年来，多个国家民族分裂主义问题日益严重。较知名的俄罗斯车臣组织、北爱尔兰共和军、西班牙埃塔组织等经常制造恐怖袭击，而且暴力性明显增强。为了造成更大的破坏，他们很有可能选择从网络发动进攻。一方面，由于民族分裂分子最终的目标是建立独立的国家，那么利用网络实施攻击还可以进行网络宣传，实施网络心理战，吸收新成员，扩大组织；另一方面，自“9·11”之后，由极端分子所发起的恐怖活动日益增多，基地组织、塔利班、哈马斯等极端组织所制造的恐怖袭击已造成无法估量的人员和财产损失。基地组织在发动“9·11”袭击之前，就已经雇佣一批网络恐怖分子。此外，比起网络袭击，网络恐怖主义宗教化的最可怕之处便是“传教”，利用网络来美化极端思想和丑化正义将对民众产生深远的影响。

在我国，通过网络宣传的手段宣扬宗教极端主义已经越发常见。通过检

索“煽动分裂国家”“煽动民族仇恨、民族歧视”等关键词，可以在裁判文书网上查找到近20个关于此类犯罪的判决书和裁定书，恐怖分子通常运用QQ、微信甚至百度网盘等网络媒介，上传、散播、宣扬宗教极端主义和民族分裂主义，对我国网民和网络环境造成了严重的影响和破坏。此外，恐怖分子还擅长运用需要翻墙技术的APP进行交流沟通，如TalkBox、Voxer、WhatsApp等，用来招募恐怖分子以及宣传极端思想。近年来，“伊斯兰国”发布的涉恐音视频中，近三分之一是通过维吾尔语发布的，针对我国穆斯林的意图明显。因此，网络恐怖主义对我国的影响已经十分巨大，恐怖分子歪曲宗教教义、鼓吹圣战进天堂，利用宗教极端主义和民族分裂主义的趋势越发明显。

（四）网络恐怖主义的政治化趋势越发明显

网络恐怖主义的一大特征是其具有明确的政治目的性，而政治化则是指网络恐怖主义被工具化，并具有一定的国家背景。一方面，“9·11”事件之后，以美国为首的西方国家实行双重标准，将特定的国家、民族组织邪恶化、恐怖化的倾向越来越明显，他们借用反恐来侵犯其他国家的主权或干预内政的现象屡见不鲜，随着网络恐怖主义日益成为西方大国的“眼中钉”，借打击网络恐怖主义来推行霸权政治将成为新的可能；另一方面，由于不满一些发达国家的强权与霸道又束手无策时，一些弱小国家则可能采取极端的方式进行反抗，他们会暗地甚至是明确地提供资金来支持网络恐怖主义的发展，以一种铤而走险的方式来反击。最为典型的例子便是近些年中东地区的动乱局势，可以说美国等国在中东地区推行的标准虽然以“和平”“人权”为口号，但是却以强权和武力为实施方法，而其结果则起到了反作用。当网络恐怖主义具备越来越多的国家背景，日益凸显政治化之后，国际反恐局势将会更加复杂。

（五）网络恐怖活动的防范预测难度加大

由于网络无国界、开放性、隐蔽性等特点，网络恐怖活动的时间、地点、目标、范围更加广泛、更加灵活，难以防范和预测。现实世界对网络的依赖性以及网络本身的脆弱性，导致对网络恐怖袭击防不胜防。网络的匿名性，使执法机构很难发现并追踪恐怖组织的行踪轨迹；网络的开放性，使恐怖组织可以随时随地，采用任何方式开展恐怖活动；网络的发散性，使恐怖组织发布的宣传内容可以快速地在全球范围内扩散，获得意想不到的宣传效果。随着物联网的普及，恐怖分子更容易找到系统的“脆弱环节”发起攻击，只要有互联网的地方，恐怖分子都可以为所欲为地进行网络恐怖活动。这为执法部门的防范预测工作带来了很大挑战。

五、打击网络恐怖主义犯罪的应对策略

（一）完善网络反恐的相关立法

要具有针对性地打击和防范网络恐怖主义，需要相关法律予以保障。近年来，我国发布了《刑法修正案（九）》，出台了《中华人民共和国网络安全法》和《中华人民共和国反恐怖主义法》，为防范恐怖主义活动、严惩恐怖主义犯罪提供了基础法律的支撑和保障。《反恐怖主义法》规定电信业务经营者、互联网服务提供者负有协助公安机关、国家安全机关防范和调查恐怖活动的义务，体现出国家对网络反恐的特别关注和重视。《网络安全法》规范了我国网络空间安全的管理。虽然从相关立法上可以看出我国对于预防和打击网络恐怖主义的决心，但从网络恐怖主义的发展趋势来看，我国的相关立法仍需进一步的完善。我国《反恐怖主义法》第十九条规定，电信业务经营者、互联网服务提供者应当依照法律、行政法规规定，落实网络安全、信息内容监督制度和安全技术防范措施，防止含有恐怖主义、极端主义内容的信息传播；发现含有恐怖主义、极端主义内容的信息的，应当立即停止传输，保存相关记录，删除相关信息，并向公安机关或者有关部门报告。从实践情况来，法律规定仍需进一步细化，明确责任追究制度，从预防到打击的整个环节从法律上予以明确。进一步出台相关的配套规定，对互联网服务提供者提出更明确的要求和标准，对于预防网络恐怖主义的工作要求互联网服务提供者实施责任人负责制，明确主管部门及人员，同时在执法领域明确监督及定期检查、应急处置等内容。

（二）加强国际合作，构建网络反恐同盟

网络把全世界连成了一体，在世界上任何一个角落，只要有设备任何人都可以接入互联网，进入网络社会。网络社会的无国界性决定了网络恐怖主义是跨国界的。在网络社会中，恐怖分子可以自由地在各个网站之间穿梭。但是现实社会中的恐怖分子是属于不同国家的，网站服务器位于不同国家，恐怖活动留下的痕迹归不同国家管辖。恐怖分子为了逃避制裁也有意地利用这一点。这种虚拟与现实的差异使得反网络恐怖主义必须要通过国际间的合作。

1998 年 11 月，俄罗斯提出了《在国际安全背景下信息和通信领域的发展》的倡议，并由联合国大会通过。倡议指出，“考虑到有必要阻止为犯罪或恐怖主义目的错误使用或开发信息资源或技术”，“呼吁各会员国在多边层面

促进对信息安全领域现有的和潜在的威胁的关注”。2000年年底，欧洲委员会制定的《打击计算机犯罪公约草案》正式出台，共有40多个国家加入了这个公约。

“9·11”事件爆发后，形成了以美国为首的反恐同盟。联合国出台了关于反对与打击恐怖主义的1373号决议指导国际联合反恐。但是在后来的反恐实践中，美国以反恐画线，把反恐作为谋求自身利益的一根大棒，先后打了阿富汗和伊拉克两场战争，并且在反恐中执行双重标准，对全球反恐合作造成了不利影响。在现实社会中，美国和巴基斯坦两个国家合作就可以打击阿巴边境塔利班和“基地”组织势力，这种情况在网络社会中难以重现。网络恐怖主义的特点决定了一个恐怖组织、一起恐怖活动一定是涉及很多个国家与地区的，各种情报线索散布于数量众多的服务器上。或者说，恐怖分子可以轻易地把自己留下的痕迹和线索尽最大可能地分散化、碎片化，并分布于尽可能多的国家，从而降低自己被发现的风险。例如，恐怖分子可以控制一个分布于全球的僵尸网络，并通过代理迂回地发起攻击。面对这种情况，现实世界中一个国家，或少数国家合作反恐的模式很难奏效。因此，必须建立网络社会中的反恐同盟。各国应通过协商，制定在网络社会中联合攻防、电子取证、法律衔接、执法合作的一整套机制。

（三）研发先进网络技术，保证技术优势

1. 研发高水平的网络对抗技术

在目前的国际格局下，即使发现了恐怖主义网站也不一定能将其关闭。一是因为各国的信息政策不同；二是各国对于恐怖主义与恐怖组织的认定不同，在此国为恐怖组织，但在彼国可能是合法机构。对于不能通过国际合作关闭的网站，可以采用技术手段进行封锁与干扰，阻止其正常运转与传播恐怖主义。

2. 研发针对小语种的搜索引擎技术

目前世界上针对使用人数众多的语言，如英语、汉语、法语、德语等的搜索引擎技术非常成熟，可以极为便利地寻找互联网上的各种信息。为了躲避执法机构的查找，有的恐怖主义网站采用使用人数非常少的小语种，使得搜索引擎无法很好地切词和分词，从而难以被发现。这就要求执法机构加强技术研发，研究特殊语言的切词、分词技术，及时发现隐藏在互联网上的恐怖主义网站。

3. 研发高水平的信息过滤技术

网络社会中信息的急剧增加在为我们带来了大量潜在情报的同时，也带来了困扰——信息量太大导致筛选困难。通过研发高水平的信息过滤技术，可以使得系统智能化地学习执法人员的偏好，并逐步使之最优，形成一个文件，在执法人员与海量信息之间形成一个渠道，过滤掉无关信息，保留最符合实际需求的信息，保障信息质量，从而使执法人员免受“信息超载”之苦，提高效率。

4. 研发高水平的 Web 信息挖掘技术

Web 信息挖掘由传统数据库领域的数据挖掘技术演变而来，是指对目标样本进行分析提取特征，以此为依据从 Web 文档和 Web 活动中抽取人们感兴趣、潜在的有用模式和隐藏的信息。恐怖分子只要在网络社会中活动，就一定会留下痕迹。通过研发高水平的信息挖掘技术，可以获取恐怖分子登录的时间、地点，网络的访问日志，在各种论坛、社区活动的轨迹，并从中发现带有规律性的行为特点，从而为根据网络社会中的痕迹确定现实社会中的真实的人提供有价值的线索。

5. 研发高水平的电子取证技术

由于技术原因，搜索引擎难以遍历互联网上所有的资源，总会有相当比例的网站或网页无法通过搜索引擎的数据库查到。“看不见的网站”，也就是通用搜索引擎及网络指南所无法涵盖的那部分内容，由于种种原因，人们很难从网上直接获得。目前，网上有专门帮助查找“看不见的网站”的工具，如 Complete Planet（www. completeplanet. com）、Direct Search（www. freepint. com/gary/direct. htm）和 The Invisible Web Catalog（www. invisibleweb. com）。有的恐怖主义网站，为了防止被搜索引擎找到，故意在网站上很少设链接和不设链接，恐怖分子都是直接利用网址或 IP 地址登录。由于没有链接，搜索引擎的网络蜘蛛就不可能爬到网站上，这些网站也就成了互联网中的一个个“孤岛”。为此，执法机构需要不断研发新的电子取证技术，从恐怖分子计算机或者上网痕迹中发现这些网络社会中的恐怖主义“孤岛”，从而对其实施关闭或者封锁。

（四）加强对重点关键信息基础设施的保护

关键信息基础设施与国家安全、国计民生息息相关，一旦遭到攻击造成数据泄露、破坏或者丧失功能，必将严重危害国家安全和公共利益，所以，对关键信息基础设施实行重点保护是国际通行的惯例，有的国家甚至对此进行专门立法。如前所述，虽然目前恐怖分子针对关键信息基础设施发起网络攻击的能力不足，但并不意味着未来发生此类威胁的可能性较小，对此我国必须有清醒的认识和高度的警惕。必须尽快出台有关制度，明确关键信息基础设施的具体范围和安全保护办法，强化国家安全审查、重要数据强制本地存储等法律措施，同时鼓励其他网络运营者以自愿为原则参与到关键信息基础设施安全保护体系中来，实现对关键信息基础设施的严加防范和重点保护。

（五）推进行业自律，加强政企合作

互联网企业应当是网络反恐的第一道防线，要与政府在网络反恐的过程中密切合作，承担相应的法律与社会责任，进一步提高自己的注意义务和审查义务，发挥协助执法部门执法的功能。一方面，要求社交媒体公司加强自律。欧盟于2016年5月与微软等美网络巨头达成协议，要求后者加强网络管理，及时删除涉恐信息。美参议院于2016年7月审议了《打击恐怖分子使用社交网络法案》要求强化社交媒体反恐。面对各国的不断施压，推特等公司开始软化最初强烈抵制的立场，加强网络服务内容管理，配合政府反恐要求。另一方面，要与社交媒体、企业合作。美国于2016年1月两次召集苹果、脸谱等公司开会共商反恐，探讨如何限制恐怖组织使用社交媒体以及反击极端宣传。在中国，新浪、腾讯、百度、360等25家互联网企业在京参加“打击暴恐音视频、清理涉恐违法有害信息专项行动”阶段工作会议并签署《承诺书》。在互联网企业的参与和协助下，专项行动效果显著，据统计，共铲除暴恐音视频存量4000多部，打掉涉恐用户账号200余个。①

（六）形成全民网络反恐格局

网络的开放性和普及性使得网络恐怖主义治理仅仅依靠专门队伍是不够的，还需要网络企业、技术社群、社会组织和全体网民的共同参与，因此必须重视加强网络反恐的社会力量建设。目前，网络恐怖主义的主要危害集中于暴恐音视频的传播，而广大网民是阻断这些暴恐音视频蔓延的主要力量。此外，应进一步强化网络企业和技术精英的反恐责任意识，增进网络反恐行为的相互支持和配合；广泛发动网民，调动和引导广大网民参与网络反恐的积极性，及时发现涉恐活动线索，完善涉恐信息的报告和奖励制度，巩固和扩大网络反恐的群众基础；充分发挥村委会、居委会等社会组织的基础性作用，落实对网络涉恐信息及涉恐人员的落地排查、线索报告等具体工作，让恐怖分子无隙可乘、无处可藏，形成全民反恐、全网反恐的态势。

（七）提升发现网络攻击源头与预防的能力

1. 通过网络战先发制敌

2016年，美、英两国先后承认其网络部队对“伊斯兰国”实施网络攻击，中断其指挥控制系统，有效限制“伊斯兰国”控制区与外部的网络联系，有力配合地面和空中打击行动，同时未产生严重附带损伤，凸显网络战手段的作战优势。

---

① 方楠：《“守门员”的反恐使命》，http：//www. cac. gov. cn/2016 –08/15/c_ 1119331259. htm，访问时间：2018年1月3日。

2. 促进民间反恐

多个黑客组织展开与“伊斯兰国”等恐怖组织的“网络混战”。例如，黑客组织“匿名者”关闭149个恐怖主义网站、10万余个相关推特账号，删除近6000部恐怖主义宣传视频，有效地打击了恐怖组织的网络活动。

3. 发动网络“攻心”

2017年3月23日，英国外交大臣鲍里斯·约翰逊在联合国总部发布会上表示，打击“伊斯兰国”不能仅靠战场上的军事行动，还要挽救那些被极端组织洗脑的人。为此，美、英、法等国均在脸谱、推特、优兔等平台开设官方账号，发布反恐视频和文章，鼓励个人、团体自建网站抵制和批驳极端思想，开展预防性正面宣传。美国国务院利用“战略反恐通信中心”和“全球接触中心”，使用多语种实时反击网络恐怖言论，收效明显。

| 专题三 |

网络虚拟财产犯罪新发展*

引言

2017 年 6 月，玛丽·米克尔（Mary Meeker）在美国 Code 大会上发布的 2017 年《互联网趋势报告》中，互联网“游戏化”等亮点备受关注。而在国内，中国互联网络信息中心（CNNIC）在京发布第 40 次《中国互联网络发展状况统计报告》显示，截至 2017 年 6 月，中国网民规模达到 7.51 亿人，互联网普及率为 54.3%，其中网络游戏用户规模达到 4.22 亿人，较 2016 年年底增长 460 万人。无论从全球视野还是本土范围来看，2017 年度网络虚拟财产随着游戏产业的崛起及其新发展、新问题而重新成为热议主题。游戏装备、虚拟货币等虚拟财产已经成为网络世界的主要衍生产品。

近年来，虚拟财产和其他财产之间的交易已经相当普遍且日益盛行。面对千亿级以上的虚拟财产市场，相关法律法规之体系化规定未到位、取证困难、相应鉴权机制缺失、黑灰产盗号、洗信等不法行为相威胁，使虚拟财产相关行业一度乱象丛生、风险积聚。

在司法实践层面，2017 年 11 月 24 日，扬中市检察院、法院召开打击网络侵财犯罪新闻发布会，通报了 2014 年至 2017 年度扬中市检察院、法院依法惩治各类网络侵财犯罪的情况。该通报中呈现的情况可以展现虚拟财产犯罪的总体趋势。通报的 61 名被告人包括无业人员、公司职员等，平均犯罪年龄仅为 24.2 岁，其中未成年人 8 名，占总人数的 13.11%。犯罪手段包括发送木马程序、利用伪基站群发诈骗短信等。① 网络虚拟财产犯罪的趋势，即其犯罪主体年轻化，犯罪方式团队化、专业化，犯罪对象不特定化、非本地化，

* 本报告是中央高校基本科研业务费“网络犯罪的立法及司法应对研究”（2016JKF01201）的阶段性成果，并得到了中国人民公安大学信息技术与网络安全学院学科建设经费支持。执笔人：吴才毓。

① 《以低价出售 Q 币作诱饵　团伙靠植入木马窃取 27.7 万元》，http://jsnews.jschina.com.cn/zj/a/201711/t20171124_1215277.shtml?from=singlemessage&isappinstalled=0，访问时间：2017 年 12 月 1 日。

犯罪手段多样化。

2017 年是《中华人民共和国民法总则》历史性载入“网络虚拟财产”的年度，点明法律保护网络虚拟财产的要旨。在刑事意义上，网络虚拟财产犯罪议题已然走过“罪与非罪”的第一阶段，业已突破网络虚拟财产犯罪之计算机犯罪的绝对评价。2017 年，在日益丰满的判例与学说揭示中，这一年度应当意味着研究历程中第三阶段的踏入。本报告重新梳理并总结网络虚拟财产犯罪的刑法评价路径，在实证数据基础上，探明司法裁判界的观点变化，区分财产犯罪、计算机犯罪的“此罪与彼罪”关系，尝试说明网络虚拟财产黑灰产业链中的部分环节与情境。

一、网络虚拟财产犯罪的现状与趋势

（一）网络虚拟财产犯罪的定义

传统意义上的网络虚拟财产指向狭义的数字化、非物化的财产形式，主要包括网络游戏、电子邮件、网络寻呼等一系列信息类产品。近年来，就新发展而言，理解网络虚拟财产的视角发生扩展，虚拟财产可以指向网络空间存在的财物，包括网络游戏账号及其权益、游戏虚拟货币、域名等。相较于文化部、公安部、原信息产业部等十四个部委于 2007 年联合印发的《关于进一步加强网吧及网络游戏管理工作的通知》指明，网络游戏服务商不得提供以虚拟货币等方式变相兑换现金、财物的服务，以规范性文件形式表明“包括虚拟货币在内的网络游戏虚拟财产只能在网络游戏中使用，不能用来交易，也不能变相兑换现金、财物”[①]，多门类的交易平台、日趋丰富的网络虚拟财产形式已然使变通渠道更加扩展。各类虚拟财产部分或全部突破了有体性、期限性、稳定性、流通交易性等传统财物的界定界限，犯罪分子选择网络虚拟财产作为财产犯罪对象时，旨在控制虚拟财产，达到管理可能性、转移可能性，通过网络犯罪的层级分工实现虚拟财产的价值性。[②] 网络虚拟财产与真实财产之间的交易大量存在，并存在一整套自发的换算机制。[③]

梳理虚拟财产规则史，在法律层级上，“网络虚拟财产”的概念在《民法总则》第一百二十七条首次明文规定，即“法律对数据、网络虚拟财产的保护有规定的，依照其规定”。但该条文始终没有针对网络虚拟财产的性质作出

---

① 刘明祥：《窃取网络虚拟财产行为定性探究》，载《法学》2016 年第 1 期。

② 张明楷：《非法获取虚拟财产的行为性质》，载《中国检察官》2015 年第 3 期。

③ 刘为军：《木马盗号地下产业链的打防对策》，载中国法学会编《中国法学会部级课题成果要报汇编 2015 年卷（下卷）》，中国法制出版社 2016 年版，第 539 页。通过 5173 网（中国网络游戏服务网）、淘宝网、魔游游网、VV881 网、DD373 网等平台，可以将虚拟财产进行变现。

判定。[①] 在《刑法》条文中，可能适用于网络虚拟财产犯罪情形的罪名包括盗窃罪、诈骗罪、职务侵占罪、非法获取计算机信息系统数据罪、非法控制计算机信息系统罪、破坏计算机信息系统罪、敲诈勒索罪等。

在网络虚拟财产犯罪新发展的议题中，关注焦点已然从十年以前的“罪与非罪”问题过渡至“此罪与彼罪”问题，并且已经细分到具体的虚拟财产类型的处置方式。实践中受到威胁影响的虚拟财产类型主要包括账号类虚拟财产、物品类虚拟财产、货币类虚拟财产等。直接侵害账号类虚拟财产的犯罪在数量上占少数，实践中多以非法获取账号、密码为手段，实为侵害账号内的游戏装备、游戏币等虚拟财产。邮箱账号、QQ 账号、微博账号等权利人大都可以通过密保问题、申诉等途径找回[②]，出现了以非法找回为手段的勒索案件。值得注意的是，账号类虚拟财产犯罪与其他类型虚拟财产侵害往往是产业链上下游关系，将账号类网络虚拟财产排除在《刑法》之外，对于黑灰产业链中的部分环节之评价，可能造成产业链上下游的“上游”脱罪化。在账号类虚拟财产盗窃案件中，本文将呈现若干盗窃账号型案件的新型营利模式。

（二）网络虚拟财产犯罪的产生、发展及趋势

典型账号类虚拟财产犯罪第一次进入司法视野，为虚拟财产第一案（2006）深南法刑初字第 56 号[③]，被告曾某某等盗取用户 QQ 账号，直接出售牟利，检察院以盗窃罪提起公诉，法院判决侵犯通信自由罪。在曾某某等侵犯通信自由案之前[④]，相关虚拟财产犯罪行为如利用电信渠道盗取 Q 币等已经存在多年。

虚拟财产第一案“曾某某等侵犯通信自由案”时间轴在前，《刑法修正案（九）》增设第二百八十五条第二款“非法获取计算机信息系统数据罪”在

---

① 最高人民法院在长期审判过程中的倾向性意见认为，网络虚拟财产是在一定条件下可以进行交易的财产，具有财产利益的属性，可以根据《中华人民共和国侵权责任法》第二条中“民事利益”对其进行保护。参见马军、姚宝华《最高人民法院民一庭——网络游戏中虚拟财产的认定与保护》，载奚晓明主编《民事审判指导与参考》总第 42 辑，法律出版社 2011 年版。此种换算机制应局限于“网络服务代币”，即腾讯 Q 币用以购买腾讯服务，Q 币的交易只能卖回腾讯，Q 币发行量不衰减，购买价格稳定，用户之间不能通过 Q 币直接结算，但可通过其他 C2C 平台换算。而新近迅雷币、天涯钻因在用户之间直接可以通过该虚拟币种结算，触及“证券化”之 ICO（Initial Coin Offerings），即首次代币出售。

② 在早期找回账号技术未普及时，存在侵犯微博皇冠、QQ 会员等以账号为主的虚拟财产的行为。

③ 其他虚拟财产案件，如 2003 年 12 月至 2004 年 1 月间朱某某盗窃游戏充值卡案，朱某某使用口令获取超级管理员权限，利用漏洞无限盗取游戏充值卡牟利，被判处盗窃罪。参见刘会霞等编著《网络犯罪与信息安全》，电子工业出版社 2014 年版，第 314 页。

④ 陈兴良：《虚拟财产的刑法属性及其保护路径》，载《中国法学》2017 年第 2 期。文中观点认为，侵犯通信自由罪的实质是阻断公民之间的通信或者偷窥信件内容，但在盗取 QQ 号的情况下并不符合侵犯通信自由罪的构成要件，因此，不能就此而直接得出虚拟财产属于刑法中财物的结论。

后。因此，该案裁判所采罪名“侵犯通信自由罪”，在目前不再适用，而多认定为“非法获取计算机信息系统数据罪”。

而后，实务界、学界关注到更多值得采用虚拟财产概念保护的对象，以对现实世界不同形态的财产的模拟为标准，虚拟财产可以分为虚拟“有形”财产（如网络游戏中的游戏装备）、虚拟“无形”财产（如域名、游戏等级、论坛上的分值、QQ 黄钻等权益、手机流量）、虚拟集合性财产（如由服务器、软件、域名、网页及其提供的内容等共同构成的网站）。[①] 学界一度主要争议集中在虚拟财产的属性是作为财产（物权），抑或财产性利益（债权）进行保护。[②]《民法总则》第一百二十七条规定有数据、网络虚拟财产的保护，该条文位于第五章“民事权利”章节，确认网络虚拟财产相关权益属于民事主体所享有，并没有确认虚拟财产的物权抑或债权保护路径。目前实务中多数观点认为应在合同关系框架下进行解释。网络服务提供商所提供的虚拟财产产品隶属于 EULA，即应在最终用户许可协议（End User License Agreement）框架下理解双方的权利义务关系。网络产品的最终用户许可协议中比较常见的如“禁止让与特约”，即在某些虚拟环境中禁止转让虚拟财产，账号所有权归属于运营商[③]，等等。

虚拟财产是具有以电磁数据为载体、以财产价值为内容、以互联网为空间的一种特殊财物。[④] 网络虚拟财产在民法上是作为物权保护还是作为债权保护，并不影响将窃取虚拟财产的行为评价为财产类犯罪。

基于虚拟财产的有用性、稀缺性、可转让性界定方式，虚拟财产可以在论证上归结于刑法上“财物”，这是网络虚拟财产犯罪议题发展脉络中的第一道门槛。虽然有观念认为，虚拟财产在部分群体中难以流通，但虚拟财产具

---

① 林旭霞：《虚拟财产解析——以虚拟有形财产为主要研究对象》，载《东南学术》2006 年第 6 期。在民法上，由于涉及网络虚拟财产的分割、继承等问题，主要的网络虚拟财产类型包括网店等。虚拟财产的内在特征还包括竞争性、持续性、交易市场互联性、用户增值性等。

② 如果将网络虚拟财产一律定型为物权保护模式，将无法规避以下问题的讨论，如游戏厂家根据市场经营情况对游戏中的部分参数进行调控，以确保用户体验。调控行为本身对玩家的虚拟财产价值产生影响，玩家是否有权要求游戏厂家停止此种调控措施或承担损害赔偿责任。参见 Lawrence D E.，It Really is Just a Game：The Impracticability of Common Law Property Rights in Virtual Property，47 Washburn Law Journal，518 – 519（2008）.

③ 《微博服务使用协议》第 4.7 条中，“由于微博服务的存在前提是用户在申请开通微博服务的过程中所提供的账号，则用户不应将其账号、密码转让或出借予他人使用。如用户发现其账号或微博服务遭他人非法使用，应立即通知微博平台。因黑客行为或用户的保管疏忽等非微博平台原因导致账号、密码及微博服务遭他人非法使用，微博平台有权拒绝承担任何责任”。另参见《新浪微博强制收回大量特殊微博账号》，http：//tech.163.com/11/0421/22/726QF6U5000915BF.html，访问时间：2017 年 11 月 30 日。新浪微博在未有任何告知的情况下收回了大量微博账号，这些账号包括“微支付”“微招聘”“微币”“微公益”等。

④ 陈兴良：《虚拟财产的刑法属性及其保护路径》，载《中国法学》2017 年第 2 期。

有价值属性是可以明确的，即其存在使用价值和交换价值。[①] 第二道门槛出现在最高人民法院研究意见中，“对于盗窃虚拟财产的行为，如确需刑法规制，可以按照非法获取计算机信息系统数据等计算机犯罪定罪处罚，不应按盗窃罪处理”[②]。基于此认定，在网络虚拟财产犯罪网络游戏中的虚拟财产，不属于盗窃罪所能侵害的“财物”，窃取网络游戏中的虚拟财产，侵犯的也不是财产所有权，不符合盗窃罪的构成要件。[③] 而收集 2016 年、2017 年相关司法判例，明显得见，以盗窃罪定罪的裁判样本开始上升，并且在有限数据统计中，财产犯罪的定罪案例数量与计算机犯罪等量齐观。并且，多位刑法学家从罪刑法定等角度认为，将虚拟财产解释为刑法意义上的财物，不会侵害国民的预测可能性，没有违反罪刑法定原则。[④] 在财产犯罪问题上，由于法益为财产权益，即便账号、网店的所有权归属于网络服务提供商，用户仅享有使用权，但账号仍然具有财产属性，用户可以对账户进行管理，具体权能可能包括占有、使用、收益等，即便处分权能基于最终用户许可协议受到限制，但部分账号类虚拟财产仍在用户使用过程中体现用户增值性，符合虚拟财产的内部特征。该第三次观点的转化，无疑与网络财产犯罪实践中出现的罪刑不相适应现象相契合。随着虚拟财产产业链的扩大化、规模化，在计算机犯罪罪名下，网络虚拟财产侵害行为呈现一本万利之势。

（三）网络虚拟财产犯罪的对象类型

虚拟财产可以分为网络游戏相关的虚拟财产（如游戏账号、武器装备、角色属性、身份、等级、宠物、道具等）、虚拟货币（如 Q 币、百度币等）、网络账号（如 QQ 账号、Email 账号、BBS 论坛账号、微博账号等）以及域名等。[⑤] 电子邮箱账户中的邮件内容、QQ 账号中的聊天记录、微博账号中的微

---

① 陈兴良：《虚拟财产的刑法属性及其保护路径》，载《中国法学》2017 年第 2 期。

② 胡云腾、周加海、周海洋：《〈关于办理盗窃刑事案件适用法律若干问题的解释〉的理解与适用》，载《人民司法》2014 年第 15 期。

③ 刘明祥：《窃取网络虚拟财产行为定性探究》，载《法学》2016 年第 1 期。还有学者从法益侵害性来源、法益侵害的程度和大小以及法益保护的均衡性等否定虚拟财产以盗窃罪进行刑法评价，认为“以本人娱乐为目的窃取网络虚拟财产的行为不构成犯罪”。参见张弛《窃取虚拟财产行为的法益审视》，载《政治与法律》2017 年第 8 期。

④ 张明楷：《非法获取虚拟财产的行为性质》，载《中国检察官》2015 年第 3 期。

⑤ 张明楷：《非法获取虚拟财产的行为性质》，载《中国检察官》2015 年第 3 期。张明楷教授认为没有必要定义虚拟财产的概念，而应在个案中判断行为人所侵害的虚拟财产是否具有管理可能性、转移可能性与价值性。普通的 QQ 号码、Email 账号虽然具有管理可能性与转移可能性，但不具有价值性，故不能认定为刑法上的财物。许多相关文献中指出网络虚拟财产包括网络游戏账号和 QQ 账号的财产类的虚拟财产，也包括网络游戏装备、网络游戏角色/化身的装饰品的物品类虚拟财产和 Q 币、金币在内的货币类虚拟财产。参见江波《虚拟财产司法保护研究》，北京大学出版社 2016 年版，第 31 ~ 33 页。

博内容、网店中所使用的商业标识、商品简介等可以通过隐私权、知识产权等路径予以保护，通常不认为是网络虚拟财产犯罪议题中的讨论内容。

1. 游戏装备

游戏装备具体包括狭义装备道具、游戏角色、游戏宠物等。广东省“飓风2017”专项行动中，破获一起侵犯游戏装备虚拟财产案件，为游戏装备类侵财案件的典型模式。犯罪分子利用QQ平台传播带病毒图片，受害者点击图片即中木马病毒，随后犯罪分子同伙控制受害者显示器强行将其游戏装备交易至犯罪分子账户中，犯罪分子集中将游戏装备挂在DD373游戏交易网上变卖。①

在另一则案例中，买卖游戏装备时，买卖双方约定好买卖成交价格为2500金，而买方使用恶性插件短时间内修改了游戏交易系统，在仅支付250金的情况下，使卖方端显示成交金额为2500金，按照即时网络售价，卖方损失人民币2000余元。②

2. 虚拟货币

当Q币等虚拟货币作为虚拟财产犯罪对象时，虚拟财产呈现其价值性质，从而成为刑法上财产型犯罪的侵害对象，其逻辑图景十分清晰。Q币并非毫无成本，可以由腾讯任意发行，Q币与流通现金货币的交换关系，建立在Q币为腾讯负债的逻辑前提上，即Q币为腾讯发行的债券。与此同理，在我国ICO监管红线之下，各类游戏币、充值币应当属于预付消费形式，对盗窃超市购物卡、公交储值卡成立盗窃罪，盗窃Q币等虚拟货币成立财产犯罪，并无疑问。

在具体作案手段上，从个人作案发展到团伙作案，从全程参与作案发展至犯罪产业链，分工明确。十余年前盗取方式多采用盗取Q币实物点卡；或伪装电信人员修理电话接线口，修理电话实为给犯罪分子账户充值Q币，或自制设备，于电信电话交换箱处，窃取他人电话号码及电话密码，使用盗得的电话号码及密码注册、充值“互联星空”网站账号，用账号购买Q币或直接使用盗得电话号码及密码购买Q币进行转卖。在近年来的产业链犯罪中，各地互不相识的不法分子利用虚拟身份集结网络，依照制作木马程序、研制开发辅助软件等软件制作端、挂马、盗号等钓鱼端、贩卖Q币等销售获利端进行分工。在钓鱼端犯罪分子通过在电子邮件中伪造发件人邮箱地址、虚构

① 《湛江市廉江公安局破获盗窃网络游戏装备案件》，http：//gd. sina. com. cn/zj/2017 -06 -02/city -zj -ifyfuzny2608093. shtml，访问时间：2017年12月11日。

② 《八成游戏玩家有账号被盗经历　网上被盗为何无能为力》，http：//news. cjn. cn/sywh/201411/t2563638. htm，访问时间：2017年12月12日。

钓鱼信息发送QQ群、发布“腾讯漏洞Q币激活器”、“内购Q币充值破解器”、“暴力Q币刷取器”等方式发送木马。例如，“5折充Q币”木马中，木马病毒将篡改充值QQ号，使受害人所充值流入黑客账户内。

虚拟货币之中还存在与区块链紧密相关的一类虚拟货币币种，以比特币（BTC）为代表。[①] 近年来，币贝网、数字货币交易所Gatecoin、ShapeShift以及比特币交易平台AllCrypt均发生比特币盗窃案件。为此，“比特币的交易记录全网公开，各比特币交易平台均在升级，开户时需要验证姓名、身份证、电话、银行卡号等个人信息，并且通过与公民信息库进行比对，核实用户提交信息的真实性，”[②] 目前的监管方向使每一个虚拟地址对应真实用户。比特币交易平台有着独有性的特点，通过点对点的IP地址显示交易主体的交易状况，以至任一交易方均无法便捷、有效地确认交易另一方的身份、性别、国籍等个人信息。[③] 交易存在记录并不意味着回溯该历史记录无须权限与执法能力。通过黑客手段或其他各种方法获取密钥，破解比特币地址匿名性，比特币仍然有可能被盗。比特币交易除了在比特币交易机构外，还有场外交易，监管部门难以追踪与监管。作为黑客采取将赃物分别存储不同地址、连环转账、合并地址等方式增加追踪难度与成本。在比特儿交易平台比特币盗窃案件中，黑客则利用比特儿平台从冷钱包填充热钱包的瞬间，盗取交易平台中冷钱包7170比特币。[④]

3. 域名

最高人民检察院通报检察机关打击计算机网络犯罪工作情况并发布第九批涉网络犯罪指导性案例，其中张四毛盗窃案中肯定了盗窃域名构成盗窃罪。[⑤] 全面实行电子交易的域名领域，依靠域名注册者的用户密码与注册登记

---

① 2017年9月4日，中国人民银行等七部门联合发布了《关于防范代币发行融资风险的公告》，将首次代币发行（ICO）定性为“一种未经批准非法公开融资的行为”，代币发行融资是指融资主体通过代币的违规发售、流通，向投资者筹集比特币、以太币等所谓“虚拟货币”，本质上是一种未经批准非法公开融资的行为，涉嫌非法发售代币票券、非法发行证券以及非法集资、金融诈骗、传销等违法犯罪活动。参见《央行叫停ICO但搏傻游戏并没有结束》，http://www.cs.com.cn/xwzx/201709/t20170906_5459826.html，访问时间：2017年12月14日。

② 《央视报道：比特币监管再升级 开启实名认证》，http://www.huobi.com/news/article_14547.html，访问时间：2017年12月15日。

③ 张凌、陈辐宽、严励主编：《犯罪防控与法治中国建设——中国犯罪学学会年会论文集（2015年）》，中国检察出版社2015年版，第366页。

④ 《盘点近些年比较著名的比特币被盗事件》，http://www.bitcoin86.com/news/11457.html，访问时间：2017年12月15日。

⑤ 张四毛盗窃案中，被告人张四毛盗窃被害人陈某拥有的域名后，出售牟利12.5万元，此案被大连市西岗区人民检察院提起公诉后，人民法院认定被告人张四毛的行为构成盗窃罪，判处有期徒刑四年七个月，并处罚金人民币五万元。该案的指导意义在于明确了网络域名具备法律意义上的财产属性，盗窃网络域名可以认定为盗窃行为。

的个人信息对域名进行占有、管理。在我国，转移域名需要提供相关账户名、密码以及域名所有者的身份证复印件。然而，由于各域名注册代理商的审查宽严程度不一，不法分子可以利用各类渠道泄露域名权利人姓名、住址、身份证号码等信息，生成伪身份证复印件，甚至通过域名权利人邮箱获取身份证扫描原件。

目前，盗窃域名主要分为两类，盗取未建站待营运域名、盗取知名度大的已运营域名（如大众点评网、土豆网、前瞻网等域名曾被盗[①]），以勒索赎金。具体手段主要呈现为：以黑客手段，利用域名 whois 查询工具查询目标域名的登记邮箱，检索邮箱所有者的个人资料，联系网站邮箱客服以密码找回，以邮箱中信息申请找回域名托管机构域名转移密码，利用域名申诉进行反劫持。

在域名盗窃案件中，域名服务商安全、认证、找回漏洞导致部分网站出现域名被盗、转向赌博类不法网站等。部分黑客的目的旨在将赌博、色情等违法信息注入被盗域名，供搜索引擎爬取收录，以此牟利。不法分子获取域名后可能通过贱卖、无偿赠送等方式，令域名迅速转换多手，以逃避侦查。

4. 流量

就盗窃“流量包”类型虚拟财产如何适用法律，司法观点亦先后产生变化。[②] 2011 年，有法官认为，网络流量作为互联网虚拟资源，无法计算其价值，因此在定罪时首先考虑破坏计算机信息系统罪，而非盗窃罪。而自 2015 年之后，认为可以构成盗窃罪的观点占据主流。[③]

例如，联通公司某员工骗用同事工号和操作密码，违规开通低价流量包套餐，于淘宝网上销售牟利，或使用黑客手段，获取通信公司员工账号修改权限，开通免费流量套餐自行或供亲友使用。《最高人民法院研究室关于盗窃互联网上网流量如何认定盗窃数额的研究意见》[④] 中阐明，盗窃互联网上网流量的，可以按照销赃数额认定盗窃数额。

---

① 2013 年 6 月 17 日，大众点评官网及 APP 出现异常，打开官网后出现错误提示并跳转至天猫“6·18”大促页面。2015 年 5 月 14 日，前瞻网域名“www. qianzhan. com”被人通过域名注册服务商盗走，原网站流量均跳转至 www1. qianzhan. com，造成前瞻网重大损失。参见《土豆网前瞻网大众点评网域名皆被盗　域名注册服务商间接助长犯罪行为》，https：//www. qianzhan. com/indynews/detail/150/140516－889a7080. html，访问时间：2017 年 12 月 15 日。

② 朱闯、夏冰：《互联网带宽和流量不宜作为盗窃罪的犯罪对象》，载《人民司法》2011 年第 18 期。

③ 彭智刚、徐志豪：《窃取并倒卖上网流量构成盗窃罪》，载《人民司法》2015 年第 18 期；赵文胜、梁根林、曲新久等：《盗窃“流量包”等虚拟财产如何适用法律》，载《人民检察》2014 年第 4 期。

④ 喻海松：《最高人民法院研究室关于盗窃互联网上网流量如何认定盗窃数额的研究意见》，载《司法研究与指导》总第 5 辑。

5. 电子邮箱

常用电子邮箱往往关联各网站账号密码，作为登录网站忘记密码后取回密码的途径。因此，电子邮箱被盗不仅关乎个人隐私，还涉及技术勒索。例如，黑客使用撞库、脱库等手段获取电子邮箱（Apple ID）账户数据信息，修改 Apple ID 账号、密码、密保、验证邮箱等账户信息，远程劫持手机、iPad、Macbook 笔记本等，要求机主支付赎金，机主如不支付赎金则手机无法解锁。网购邮箱信息盗取 Apple ID，盗卖个人信息的模式已构成黑色产业链。除技术勒索外，还可能利用苹果平台退款诈骗产业链中“做号人”下线向退款人进行派单，或冒充苹果用户，虚构“道具没到账”“小孩乱点误购”等各种理由，[①] 利用退款政策，向苹果公司申请退款获利，涉嫌诈骗罪规制。

账号类虚拟财产纠纷的常见情景，还包括购买高等级游戏账号，但持有后短时间内，游戏账号被卖家恶意找回，或原账号即为赃号，被原权利人找回。

6. 积分

积分具有兑换功能，具有经济价值，属于财产性利益，可以成为财产性犯罪侵犯的客体。黑客往往利用积分系统漏洞，编写程序，规避真实身份验证环节，盗取积分，并联系下家进行转卖牟利。例如，犯罪分子利用通信公司代理商身份，获取手机用户积分信息，冒充工作人员，持廉价“礼品”上门给客户进行积分兑换；或利用用户手机将积分兑换码发送至同伙手机上，兑换高价值购物卡并据为己有，从中非法牟利。[②]

另外，虚拟财产的类型还包括网店，其既存在账号型虚拟财产的属性，淘宝体系内皇冠级相当于微博账号体系内的“大V”，兼具电子空间的财产属性，类似于聊天室、BBS 等。网店的争议焦点不在于犯罪，而在于离婚财产分割、继承等情形。文献中提及的虚拟财产类型，如电子动产契据（electronic chattel paper）[③]、统一资源定位符（uniform resource locator）等常常不涉及犯罪情景[④]，不再赘述。

二、网络虚拟财产犯罪的实现方式：违法犯罪产业链描述

自虚拟财产犯罪规模化起，“病毒盗号→C2C 网站销赃→获取非法利润”

---

① 张璇、夏震：《新型网络犯罪取证的困境与对策——以全国首例利用苹果平台退款诈骗案件为例》，360 互联网安全中心编：《互联网安全的 40 个智慧洞见》，人民邮电出版社 2017 年版，第 108 页。

② 张媛媛、张力民：《骗取积分兑奖，盗窃还是诈骗》，载《检察日报》2014 年 3 月 16 日。

③ 电子证书类案件如 2008 年江西卫生厅考试中心数据库被非法操作事件，犯罪分子非法操作数据库，修改数据库内容并制作虚假《医师资格证书》牟利。参见刘会霞等编著《网络犯罪与信息安全》，电子工业出版社 2014 年版，第 1 ~ 2 页。

④ Fairfield JAT. , Virtual Property, Boston University Law Review, 2005, p. 1055.

即成为主要的产业链形式。因此，2007 年即有网易、盛大、第九城市、金山、腾讯发出《关于联合打击网络盗窃维护游戏产业健康发展的声明》，呼吁相关管理部门加快对 C2C 平台交易虚拟财产的监管和立法，杜绝不法分子利用 C2C 个人电子商务平台销赃。彼时，C2C 平台中 ebay 网为规避虚拟财产纠纷，禁止一切有关游戏角色、游戏货币、游戏物品、武器和账号的交易，而淘宝网则保留虚拟物品交易板块直至今日。虚拟财产犯罪中最主要的犯罪对象是网络游戏产业。虚拟财产盗窃产业链规模有文献保守估计为 14.2 亿元。

（一）虚拟财产犯罪的相关黑灰产术语

虚拟财产犯罪存在如下黑灰产术语：1. "信"或"信封"，指网络游戏、社交软件账户的账号密码，根据价值不同，"信"的收购价为人民币 1 元至 3 元不等或打包出售 1000 条账户密码信息 300 元至 500 元[①]；2. "出信"，指盗取网络虚拟财产的账号信息，其方式包括撞库、拖库、钓鱼、种马（木马）等手段[②]，其中"信使"负责利用伪基站设备大量发送恶意短信，或利用其他通信工具、网络平台扩散不法诱导；3. "箱子"，指犯罪分子接受"信"或"信封"的电子邮箱、在线 Web 应用程序等；4. "洗信"，指犯罪分子批量购买账户信息，通过自动化工具或手工输入登录账户，转移账户中网络虚拟资产或修改账户密码，从而对本身有价值的账号实施控制，该阶段中的不法分子称为"洗信人"；5. "鱼站程序包开发者"，指负责开发诱导用户钩的钓鱼网站[③]，还可以指加强版免杀木马的制作者；6. "木马代理"或"包马人"，指从木马编写者处购买盗号木马，植入受害者系统窃取账户信息，其中，木马分发渠道包括网站挂马、邮件木马、短信木马、二维码等；7. "包销商"，指"洗信"后销赃的下游不法分子，其淘取有财产价值的网络虚拟财

---

① 其中，QQ 账号的账户密码信息要价较高，基于部分游戏玩家总是通过同一 QQ 账号登录多个不同网络游戏系统。

② "出信"的方式包含许多常见的黑客手段，是用户信息泄露的常见方式，例如：撞库，是指黑客在搜集大量用户信息后形成基于庞大数据的账户密码池，使用代码工具对用户在各个平台上的用户名与密码进行配对，将配对成功的账户、密码收集为"信"或"信封"；"拖库"或"脱库"，是指黑客通过远程下载 web 目录中数据库文件或开源程序中默认数据库，利用 web 应用漏洞（如初创公司直接引入开源开发框架，黑客分析目标代码后发现漏洞），入侵目标站点，将有价值的用户数据库信息整体窃取；钓鱼，是指黑客使用邮件、社交软件等通信方式将包装好的免杀木马寄送给管理员，管理员打开信息导致服务器植入木马；种马，种植木马的简称，是指黑客通过自定义文件夹种植木马、网页种植木马、CHM 电子书种植木马等方式修改图表或进行文件合并，诱使他人点击，将木马植入对象系统。参见总政治部宣传部编《网络新词语选编（修订本）》，解放军出版社 2014 年版，第 176 页；杜文才主编《计算机网络安全基础》，清华大学出版社 2016 年版，第 65 页；张齐编著《黑客工具全程揭秘》，中国铁道出版社 2013 年版，第 167～169 页。

③ 高媛：《以电信诈骗为例，浅谈网络犯罪的治理和打击》，360 互联网安全中心编：《互联网安全的 40 个智慧洞见》，人民邮电出版社 2017 年版，第 127 页。

产后，通过各种渠道分销给其他不法分子分支或游戏玩家，从中套利。[①]

（二）产业链的基本模式

针对虚拟财产犯罪产业链的套利方式，可以分为“出信”（盗取游戏账号信息）、“洗信”（转移账号内虚拟财产）、“卖号”三个层面。

“出信”过程中，开发病毒木马的盗号者、流量商在“明知”的前提下进行挂马推广等行为，目的仅指向盗号，其行为与后续的洗号行为具有极强的连续性，互不可少，缺一则犯意不能实现。地下产业链已经形成一套需求提出机制，即犯罪集团盯上某款游戏或者发现某种牟利渠道，从而倒逼产业链下游向上游提出需求，要求黑客们开发病毒、木马等非法工具进行犯罪行为。[②] 产业链中具备明码标价的分赃模式，包括篡改浏览器弹出广告（计价标准一般为6～6.5元/千IP/次）、修改电脑主页（1元/IP）、下载安装盗号木马窃取虚拟物品等。[③]

“洗信”的过程中存在“过桥账号”，不法分子通过一个或者若干个中间过桥账号转移所窃取网络虚拟财产，在多账号间转移有助于躲避追查。通过“洗信”程序之后，被窃取网络虚拟财产的空账号，经常被不法分子以免费送号形式在贴吧、论坛等地发布信息，或响应网民送号需求，更多网民登录空账号，可以增加警方侦破的难度。

对于部分单纯从账号而言存在交易价值的账号，不乏不法分子将其在网购平台上公开出售或通过特定线下渠道进行交易。然而，由于账号本身可能被原主人找回，或有可能被洗信人恶意找回，实践中的“卖号”型虚拟财产犯罪较产业链中其他两种形式鲜见。空号可以用以群发垃圾短信、诈骗短信，流入犯罪暗网中，逃避侦查。

除以上典型黑灰产业链的环节外，一部分窃取虚拟财产犯罪是通过个人黑客全程完成，或利用职务便利侵占网络虚拟财产，或网络服务提供商利用自己的交易优势地位侵害用户财产。

在行为表象上，主要体现为内部入侵、网站渗透、木马控制、频繁开服务器圈钱后直接停服等。[④] 其中内部入侵是职务侵占、非法侵入计算机信息系统行为的典型行为特征。非法侵入计算机信息系统案件目标特定，其非法侵

---

① 诸葛建伟、谷亮、段海新：《中国互联网信息安全地下产业链调查》，载《信息安全与通信保密》2012年第9期，第54～71页。

② 刘为军：《木马盗号地下产业链的打防对策》，载中国法学会编《中国法学会部级课题成果要报汇编2015年卷（下卷）》，中国法制出版社2015年版，第537页。

③ 于冲：《网络刑法的体系构建》，中国法制出版社2016年版，第309页。

④ 有些网络服务提供商在雇佣员工做托，达到圈钱目的后，即停止对服务器的维护与更新。参见张弛《窃取虚拟财产行为的法益审视》，载《政治与法律》2017年第8期，第39页。

入是行为，而非结果，犯罪的隐蔽性强、犯罪动机逐利化。①

（三）相关盗号与辅助工具的传播途径

与身份信息、凭证窃取相关的黑灰产网络犯罪活动，其利润不断扩大，引发一系列攻击服务的壮大，如 DDoS 攻击、黑帽培训、出售恶意软件、漏洞利用工具、APT 攻击（高级持续性攻击）服务、开源软件代写、网站攻击、垃圾邮件攻击、流量出售、钓鱼网站攻击、数据库入侵等。在技术层面，《2017 年 Mcafee 中国地区网络犯罪调查报告》指出，黑灰产业链衍生了更高级化的黑客工具，如僵尸网络、控制服务器基础设施、远程访问工具以及有针对性的漏洞利用工具、恶意软件开发服务、有偿开源代码编写等。②

其中，与虚拟财产犯罪关联密切的主要为恶意软件、漏洞利用工具、钓鱼网站、垃圾邮件攻击、数据库入侵等，旨在盗取虚拟财产载体账号，其传播方式多为不特定群体中进行“招生”以形成“师徒”机制，交定金后从而展示黑客技术、演示“如何钓鱼盗号”等攻击，练习盗窃虚拟财产等，出师后缴纳尾款（如图 3 - 1 所示）。列举初级教程中主要几种模式如下：

1. 通过物色网络平台上消费额大的用户，冒充客服管理员，以充值优惠为名，诱使用户登录其提供的钓鱼网站以盗号。盗取账号及密码后，密切留意账户，待大额充值后再盗走游戏币，以官方网站价格的 6 折至 7 折转售牟利。③

2. 在游戏系统内公告系统（大喇叭面向所有同区玩家可见，小喇叭面向同频道玩家可见）发布抽奖活动信息，链接到钓鱼网站要求输入用户账号与密码，从而遭遇洗号；同样在公告系统，悬赏寻找游戏级别较高的“师傅”带练，在沟通中发送木马邮件给“师傅”，名为拜师费，实为木马病毒。

3. 通过 QQ、YY 语音等通信软件，基于咨询游戏问题、购买游戏装备等事由，联络发送木马文件、图片链接等。④

---

① 刘浩阳编著：《网络犯罪侦查》，清华大学出版社 2016 年版，第 380 ~ 381 页。

② Anne An, Chinese Cybercriminals Develop Lucrative Hacking Services, https://securingtomorrow.mcafee.com/mcafee-labs/chinese-cybercriminals-develop-lucrative-hacking-services/，访问时间：2017 年 12 月 15 日。

③ 《疯狂盗号少年：盗取千余网游账号终被抓》，http://games.qq.com/a/20141215/030593.htm，访问时间：2017 年 12 月 15 日。

④ 《玩家现身说法　游戏里最常见的盗号方法》，http://wangyou.pcgames.com.cn/420/4208408.html，访问时间：2017 年 12 月 15 日。

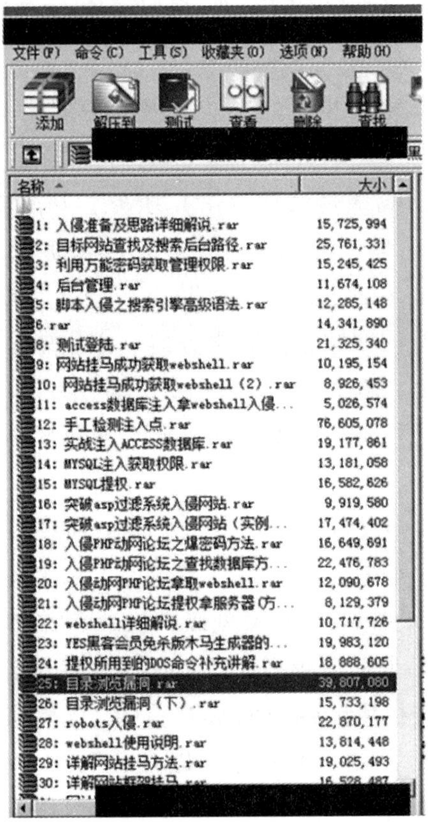

图 3-1 地下黑客提供的培训目录①

三、应对网络虚拟财产犯罪的中国法律规制体系

(一) 我国相关规则文件体系

我国应对网络虚拟财产犯罪相关规则文件见表 1。

---

① Anne An, Chinese Cybercriminals Develop Lucrative Hacking Services, https://securingtomorrow.mcafee.com/mcafee-labs/chinese-cybercriminals-develop-lucrative-hacking-services/, 访问时间: 2017 年 12 月 15 日。

表 1 虚拟财产犯罪相关规范文件汇总

性质	法律法规名称	条文序号	条文原文	罪名	颁布时间	有关单位
法律	中华人民共和国民法总则	第一百二十七条	法律对数据、网络虚拟财产的保护有规定的，依照其规定		2017 年 3 月 15 日	
	中华人民共和国刑法	第九十二条	本法所称公民私人所有的财产，是指下列财产： （一）公民的合法收入、储蓄、房屋和其他生活资料 （二）依法归个人、家庭所有的生产资料 （三）个体户和私营企业的合法财产 （四）依法归个人所有的股份、股票、债券和其他财产	公民私人所有财产的范围	2015 年 8 月 29 日	
		第二百五十三条之一	违反国家有关规定，向他人出售或者提供公民个人信息，情节严重的，处三年以下有期徒刑或者拘役，并处或者单处罚金；情节特别严重的，处三年以上七年以下有期徒刑，并处罚金 违反国家有关规定，将在履行职责或者提供服务过程中获得的公民个人信息，出售或者提供给他人的，依照前款的规定从重处罚。 窃取或者以其他方法非法获取公民个人信息的，依照第一款的规定处罚 单位犯前三款罪的，对单位判处罚金，并对其直接负责的主管人员和其他直接责任人员，依照各该款的规定处罚	非法获取公民个人信息罪		
		第二百六十四条	盗窃公私财物，数额较大的，或者多次盗窃、入户盗窃、携带凶器盗窃、扒窃的，处三年以下有期徒刑、拘役或者管制，并处或者单处罚金；数额巨大或者有其他严重情节的，处三年以上十年以下有期徒刑，并处罚金；数额特别巨大或者有其他特别严重情节的，处十年以上有期徒刑或者无期徒刑，并处罚金或者没收财产	盗窃罪		

（续表）

性质	法律法规名称	条文序号	条文原文	罪名	颁布时间	有关单位
法律	中华人民共和国刑法	第二百六十五条	以牟利为目的，盗接他人通信线路、复制他人电信码号或者明知是盗接、复制的电信设备、设施而使用的，依照本法第二百六十四条的规定定罪处罚	盗窃罪	2015年8月29日	
		第二百六十六条	诈骗公私财物，数额较大的，处三年以下有期徒刑、拘役或者管制，并处或者单处罚金；数额巨大或者有其他严重情节的，处三年以上十年以下有期徒刑，并处罚金；数额特别巨大或者有其他特别严重情节的，处十年以上有期徒刑或者无期徒刑，并处罚金或者没收财产。本法另有规定的，依照规定	诈骗罪		
		第二百七十一条	公司、企业或者其他单位的人员，利用职务上的便利，将本单位财物非法占为己有，数额较大的，处五年以下有期徒刑或者拘役；数额巨大的，处五年以上有期徒刑，可以并处没收财产	职务侵占罪		
		第二百八十五条第二款	违反国家规定，侵入前款规定以外的计算机信息系统或者采用其他技术手段，获取该计算机信息系统中存储、处理或者传输的数据，或者对该计算机信息系统实施非法控制，情节严重的，处三年以下有期徒刑或者拘役，并处或者单处罚金；情节特别严重的，处三年以上七年以下有期徒刑，并处罚金	非法获取计算机信息系统数据、非法控制计算机信息系统罪		
		第二百八十六条	违反国家规定，对计算机信息系统功能进行删除、修改、增加、干扰，造成计算机信息系统不能正常运行，后果严重的，处五年以下有期徒刑或者拘役；后果特别严重的，处五年以上有期徒刑	破坏计算机信息系统罪		

（续表）

性质	法律法规名称	条文序号	条文原文	罪名	颁布时间	有关单位
法律	中华人民共和国刑法	第二百七十四条	敲诈勒索公私财物，数额较大或者多次敲诈勒索的，处三年以下有期徒刑、拘役或者管制，并处或者单处罚金；数额巨大或者有其他严重情节的，处三年以上十年以下有期徒刑，并处罚金；数额特别巨大或者有其他特别严重情节的，处十年以上有期徒刑，并处罚金	敲诈勒索罪	2015年8月29日	
		第二百八十七条	利用计算机实施金融诈骗、盗窃、贪污、挪用公款、窃取国家秘密或者其他犯罪的，依照本法有关规定定罪处罚	利用计算机实施犯罪的提示性规定		
	全国人民代表大会常务委员会关于维护互联网安全的决定	第四条第（二）项	非法截获、篡改、删除他人电子邮件或者其他数据资料，侵犯公民通信自由和通信秘密		2000年12月28日	全国人民代表大会常务委员会
司法解释	最高人民法院、最高人民检察院关于办理危害计算机信息系统安全刑事案件应用法律若干问题的解释	第十一条	本解释所称“身份认证信息”，是指用于确认用户在计算机信息系统上操作权限的数据，包括账号、口令、密码、数字证书等		2011年8月1日	最高人民法院、最高人民检察院

（续表）

性质	法律法规名称	条文序号	条文原文	罪名	颁布时间	有关单位
司法解释	最高人民法院研究室关于利用计算机窃取他人游戏币非法销售获利如何定性问题的研究意见		综上所述，对盗窃网络游戏虚拟货币的行为应以非法获取计算机信息系统数据罪定罪量刑。本案中，被告人周某通过控制他人计算机信息系统，进而非法获取他人网络游戏虚拟货币，对其应以非法获取计算机信息系统数据罪定罪量刑		2012年10月前	最高人民法院研究室
	最高人民法院研究室关于盗窃互联网上网流量如何认定盗窃数额的研究意见		经认真研究，并征求院内有关部门意见，最高人民法院研究室认为，可以按照销赃数额认定盗窃数额。主要考虑如下：1. 盗窃互联网上网流量的盗窃数额认定，应当遵循盗窃罪司法解释关于盗窃数额认定的一般方法，即“被盗财物有有效价格证明的，根据有效价格证明认定；无有效价格证明，或者根据价格证明认定盗窃数额明显不合理的，应当按照有关规定委托估价机构估价”。就本案而言，如果按照“0元1G”或者“8元1.9G”的价格认定盗窃数额明显不合理，因此，对盗窃数额的认定应当有特殊考虑。如前所述，互联网上网流上网流量的价格存在较大的价格区间，因此，也无法通过估价的方式对盗窃数额作出准确认定。2. 经了解，本案行为人在售卖免费或者低价流量包时并未限制服务时间，购买者甚至认为可以持续使用（只是案发使得该预期落空）。换言之，盗窃者及购买者在交易时，对于流量包的使用时间和使用量并无明确的预期，实际上类似于“盗接他人通信线路、复制他人电信码号出售”行为。这也就是以联通公司面向社会出售的普通流量包中的最低价格计算的盗窃数额远低于销赃数额的原因所在。而且，此种情况下，由于难以查明被害单位的实际损失数额，而以销赃数额认定盗窃数额实际上对被告人有利，且符合诉讼经济原则。基于此，我们倾向于按照销赃数额认定盗窃数额的意见		现行有效	最高人民法院研究室

（续表）

性质	法律法规名称	条文序号	条文原文	罪名	颁布时间	有关单位
司法解释	工业和信息化部关于印发防范治理黑客地下产业链专项行动方案的通知	第五条	加强对网上贩卖“肉鸡”、虚拟财产、用户个人信息以及提供攻击服务的信息监测，对黑客活动受益主体进行关联分析，建立相关举报机制。（国家计算机网络应急技术处理协调中心，中国互联网协会）		2013年7月30日	工业和信息化部
部门规章	网络游戏管理暂行办法	第二十六条	网络游戏经营单位在网络游戏用户合法权益受到侵害或者与网络游戏用户发生纠纷时，可以要求网络游戏用户出示与所注册的身份信息相一致的个人有效身份证件。审核真实的，应当协助网络游戏用户进行取证。对经审核真实的实名注册用户，网络游戏经营单位负有向其依法举证的责任		2010年8月1日	文化部
	关于保护未成年人身心健康实施网络游戏防沉迷系统的通知	附件：《网络游戏防沉迷系统开发标准》2.2.2.2	由于不同的游戏有不同范畴，游戏收益定义为：“游戏收益=游戏中与游戏角色成长升级相关的所有数据（包括但不限于经验值、荣誉值、声望值、称号等）的提升+获得的包括道具、装备、虚拟货币等在内的虚拟财产” 收益为50%，指游戏中与游戏角色成长升级相关的所有数据和获得的包括道具、装备、虚拟货币等在内的虚拟财产均减半。 收益为0，指无法获得游戏中与游戏角色成长升级相关的所有数据和包括道具、装备、虚拟货币等在内的虚拟财产			新闻出版总署、中央文明办、教育部等
	共青团中央办公厅关于印发《青少年网络伤害课题调研报告》的通知		有相当比例的青少年遭遇过以下事件：62.3%遇到过QQ号码被盗、虚拟财产被盗、个人信息被侵犯的情况；48.3%接触过黄色网站；43.4%收到过含有暴力、色情、恐吓、教唆、引诱等内容的电子邮件或电子贺卡；14.5%因为相信了网上的虚假信息造成了财物或身心的伤害		2009年12月8日	共青团中央办公厅

（续表）

性质	法律法规名称	条文序号	条文原文	罪名	颁布时间	有关单位
团体规定	律师办理常见网络犯罪案件业务操作指引	第二章　常见网络犯罪行为的认定	二、利用网络实施的侵犯财产犯罪 （一）盗窃虚拟财产行为涉嫌罪名的认定 虚拟财产属于刑法保护的财产的范围，严重的盗窃虚拟财产的行为是一种犯罪行为。年满16周岁以上的，具有辨认和控制能力的自然人故意实施盗窃网络虚拟财产的行为就能构成盗窃罪。关于盗窃虚拟财产认定“盗窃罪”的问题，还有以下两个问题 1. 盗窃虚拟财产的秘密性 盗窃虚拟财产主要是通过技术手段来窃取他人的网络游戏帐号和密码，从而实现占有他人的装备、经验值等虚拟财产的目的。常见的盗窃网络游戏中虚拟财产的方式主要有利用游戏外挂程序、利用木马程序、远程控制和入侵服务器等。但不论采用以上何种形式，其与传统的盗窃罪的行为方式在本质上都是相同的，即秘密窃取 2. 虚拟财产价值的认定 因盗窃是数额犯，在盗窃虚拟财产的犯罪中确定虚拟财产的价值，学界有以下几种关于如何确定虚拟财产价值大小认定的方法： 一是由游戏运营公司来对具体的网络虚拟财产的价值进行定价 二是根据玩家的投入成本计算具体虚拟财产的价值 三是根据行业交易惯例所定价格来确定具体的虚拟财产的价值 四是依销赃价来认定 （二）网游公司工作人员职务侵占行为涉嫌罪名的认定 网络游戏公司职员利用工作的便利条件通过特定技术手段将他人		2011年5月18日	上海市律师协会

（续表）

性质	法律法规名称	条文序号	条文原文	罪名	颁布时间	有关单位
团体规定	律师办理常见网络犯罪案件业务操作指引	第二章　常见网络犯罪行为的认定 二、利用网络实施的侵犯财产犯罪	的虚拟财产据为己有或人为修改代码直接获取虚拟财产的行为。实际上网络游戏中的虚拟财产，在没有被玩家或其他用户所有前，部分归公司所有。因此，网络游戏公司职员的这种行为符合了《刑法》第271条规定的职务侵占罪的构成，即公司、企业或者其他单位的人员，利用职务上的便利，将本单位财物非法占为己有当然，在职务侵占罪的认定中也同样存在侵占财产数额认定的问题，参照最高人民法院颁布的解释，侵占公司财产“5000～20000元”构成“数额较大” 对此类行为也有观点认为，由于犯罪嫌疑人通过特定技术手段制造的虚拟财产并不属于网络公司所有，因此网络公司的损失也很难认定。故，网络游戏公司职员利用工作便利条件直接获取虚拟财产牟取利益的行为不应认定为职务侵占罪		2011年5月18日	上海市律师协会
地方规范性文件	深圳市公安局2011年度公共服务白皮书	（八）	提供虚拟财产（装备）丢失、被盗找回服务，全力保障网民虚拟财产的权益。在日常受理审核工作中牢固树立“把网民的事情当自己的事”的服务理念，积极协调各大游戏运营商，完善虚拟财产（装备）找回流程，从中不断发现、解决问题，全力维护网民的合法权益。推出跨区域的虚拟财产（装备）找回服务，已建立外地游戏报备流程，其间不断加强与外地游戏运营商沟通，完善其报备流程		2011年6月14日	深圳市公安局

（续表）

性质	法律法规名称	条文序号	条文原文	罪名	颁布时间	有关单位
地方规范性文件	全国人民代表大会财政经济委员会关于第十一届全国人民代表大会第四次会议主席团交付审议的代表提出的议案审议结果的报告	第32件	张庆伟等31名代表（第169号议案）提出，随着网络游戏产业的快速发展，针对虚拟财产的法律纠纷及犯罪现象日益增多，建议制定虚拟财产保护法。财经委员会认为，从国际国内经验看，对网络游戏，特别是虚拟财产方面都还没有成熟的立法模式。网络游戏业发达的国家和地区，如美国、日本、欧盟和香港等，大都从加大互联网知识产权、网络安全保护力度等方面保护虚拟财产。制定专门的虚拟财产保护法需要进一步研究、积累经验。目前国务院正在组织修改的电信法草案，已包括网络与信息安全及虚拟财产保护等内容，建议加快进度，争取早日提请审议		2011年10月10日	全国人民代表大会

（二）网络虚拟财产犯罪司法裁判

司法裁判中梳理网络虚拟财产犯罪的行为模式，基于“无讼案例”“北大法宝”“中国裁判文书网”等案例平台，分别以“游戏装备”“游戏道具”“Q币”“网络店铺”“盗窃域名”“充值卡”“优惠券”“游戏币”“比特币”等为关键词进行检索2017年刑法案例，加之2015年和2016年以“虚拟财产”为关键词筛选的26份案例，初步筛选得到167份案例，删去内容重复及欠缺相关性的案件，总结69份虚拟财产犯罪的刑事判决如下（见表2）。

表2　网络虚拟财产犯罪司法裁判

可能罪名	裁判文书号	控诉罪名	行为类型	被告人	被害人
非法获取计算机信息系统数据罪	（2016）苏0612刑初722号	非法获取计算机信息系统数据罪	以网络入侵手段、非网络入侵手段非法获取他人账号，盗取他人游戏账号内装备、游戏币转售牟利	第三人	用户

（续表）

可能罪名	裁判文书号	控诉罪名	行为类型	被告人	被害人
职务侵占罪	（2017）粤 01 刑终 302 号	职务侵占罪	行为人作为工作人员利用工作权限或便利，修改游戏数据，越权生成虚拟财产，转售牟利	工作人员	用户
职务侵占罪	（2015）穗天法刑初字第 972 号	盗窃罪	行为人作为工作人员利用工作权限或便利，修改游戏数据，越权生成虚拟财产，转售牟利	工作人员	运营商
职务侵占罪	（2015）茂南法刑初字第 298 号	职务侵占罪	行为人作为工作人员利用工作权限或便利，修改游戏数据，越权生成虚拟财产，转售牟利	工作人员	游戏开发单位
非法获取计算机信息系统数据罪	（2017）京 0107 刑初 96 号	非法控制计算机信息系统数据罪	行为人作为工作人员利用工作权限或便利，修改游戏数据，越权生成虚拟财产，转售牟利	工作人员	运营商
盗窃罪	（2015）浦刑初字第 1882 号	破坏计算机信息系统罪	行为人作为工作人员利用工作权限或便利，修改游戏数据，越权生成虚拟财产，转售牟利	工作人员	运营商
破坏计算机信息系统罪	（2017）沪 02 刑终 113 号	破坏计算机信息系统罪	行为人作为工作人员利用工作权限或便利，修改游戏数据，越权生成虚拟财产，转售牟利	工作人员	运营商
非法获取计算机信息系统数据罪	（2017）京 0105 刑初 25 号	盗窃罪	行为人作为工作人员利用工作权限或便利，窃取用户账号密码，直接转售牟利	工作人员	用户
破坏计算机信息系统罪	（2017）皖 0406 刑初 49 号	破坏计算机信息系统罪（因敲诈勒索刑事拘留）	行为人通过欺骗手段，获取并修改他人账号数据，以恢复为由索要钱财	第三人	用户
破坏计算机信息系统罪	（2017）苏 1002 刑初 173 号	盗窃罪	行为人侵入运营商计算机系统非法获取虚拟财产，转售牟利	第三人	运营商

（续表）

可能罪名	裁判文书号	控诉罪名	行为类型	被告人	被害人
非法获取计算机信息系统数据罪	（2015）扬广刑初字第00360号	诈骗罪（涉嫌非法获取计算机信息系统数据罪被取保候审）	行为人利用网络系统漏洞，非法获取虚拟财产，转售牟利	第三人	经销商
非法获取计算机信息系统数据罪	（2017）京01刑终80号	非法获取计算机信息系统数据罪	行为人利用网络系统漏洞，非法获取虚拟财产，转售牟利	第三人	运营商
盗窃罪	（2017）黑01刑终181号	盗窃罪	行为人利用网络系统漏洞，非法获取虚拟财产，转售牟利	第三人	运营商
破坏计算机信息系统罪	（2015）珠香法刑初字第2040号	破坏计算机系统罪	行为人利用网络系统漏洞，非法获取虚拟财产，转售牟利	第三人	运营商
诈骗罪	（2015）乌中刑初字第60号	诈骗罪	行为人利用欺骗手段，用户陷入认识错误而处分自己账户内的虚拟财产	第三人	用户
盗窃罪	（2016）浙0604刑初1084号	盗窃罪	行为人将自己的游戏账号及装备出售后，通过密码找回，重新获取账号及装备	第三人	用户
非法获取计算机信息系统数据罪	（2017）京01刑终80号	非法获取计算机信息系统数据罪	行为人非法侵入运营商计算机系统非法获取虚拟财产，转售牟利	第三人	运营商
非法获取计算机信息系统数据罪	（2017）赣0702刑初87号	非法获取计算机信息系统数据罪	行为人非法侵入运营商计算机系统非法获取虚拟财产，转售牟利	第三人	运营商
盗窃罪	（2016）浙0602刑初1205号	盗窃罪	行为人非法侵入运营商计算机系统非法获取虚拟财产，转售牟利	第三人	运营商

（续表）

可能罪名	裁判文书号	控诉罪名	行为类型	被告人	被害人
破坏计算机信息系统罪	（2015）珠中法刑一终字第46号	破坏计算机信息系统罪	行为人非法侵入运营商计算机系统非法获取虚拟财产，转售牟利	第三人	运营商
非法获取计算机信息系统数据罪	（2017）苏1324刑初26号	非法获取计算机信息系统数据罪	行为人非法获取他人账号密码，直接转售或利用其牟利	第三人	用户
非法获取计算机信息系统数据罪	（2017）粤02刑终25号	非法获取计算机信息系统数据罪	行为人非法获取他人账号密码，直接转售或利用其牟利	第三人	用户
破坏计算机信息系统罪	（2016）苏0205刑初382号	非法获取计算机信息系统数据罪	行为人非法获取他人账号密码，直接转售或利用其牟利	第三人	用户
非法获取计算机信息系统数据罪	（2017）浙06刑终43号	侵犯公民个人信息罪	行为人非法获取他人账号密码，直接转售或利用其牟利	第三人	用户
非法获取计算机信息系统数据罪	（2017）苏1002刑初113号	非法获取计算机信息系统数据罪	行为人非法获取他人账号密码，盗取他人账号内虚拟财产转售牟利	第三人	用户
非法获取计算机信息系统数据罪	（2017）苏1002刑初4号	非法获取计算机信息系统数据罪	行为人非法获取他人账号密码，盗取他人账号内虚拟财产转售牟利	第三人	用户
非法获取计算机信息系统数据罪	（2017）苏0322刑初18号	盗窃罪、非法获取计算机信息系统数据罪数罪并罚	行为人非法获取他人账号密码，盗取他人账号内虚拟财产转售牟利	第三人	用户
非法获取计算机信息系统数据罪	（2015）包刑初字第00094号	盗窃罪	行为人非法获取他人账号密码，盗取他人账号内虚拟财产转售牟利	第三人	运营商

（续表）

可能罪名	裁判文书号	控诉罪名	行为类型	被告人	被害人
非法获取计算机信息系统数据罪	（2016）闽0602刑初295号	盗窃罪	行为人非法获取他人账号密码，盗取他人账号内虚拟财产转售牟利	第三人	用户
非法获取计算机信息系统数据罪	（2015）涟刑初字第00119号	非法获取计算机信息系统数据罪	行为人非法获取他人账号密码，盗取他人账号内虚拟财产转售牟利	第三人	用户
非法获取计算机信息系统数据罪	（2015）台临刑初字第1155号	非法获取计算机信息系统数据罪、非法获取公民个人信息罪	行为人非法获取他人账号密码，盗取他人账号内虚拟财产转售牟利	第三人	用户
非法获取计算机信息系统数据罪	（2015）姑苏刑初字第00284号	非法获取计算机信息系统数据罪	行为人非法获取他人账号密码，盗取他人账号内虚拟财产转售牟利	第三人	用户
非法获取计算机信息系统数据罪	（2016）苏1002刑初440号	非法获取计算机信息系统数据罪	行为人非法获取他人账号密码，盗取他人账号内虚拟财产转售牟利	第三人	用户
非法获取计算机信息系统数据罪	（2017）京01刑终364号	非法获取计算机信息系统数据罪	行为人非法获取他人账号密码，盗取他人账号内虚拟财产转售牟利	第三人	用户
非法获取计算机信息系统数据罪	（2017）苏1291刑初56号	非法获取计算机信息系统数据罪	行为人非法获取他人账号密码，盗取他人账号内虚拟财产转售牟利	第三人	用户
盗窃罪	（2017）苏0508刑初339号	盗窃罪	行为人非法获取他人账号密码，盗取他人账号内虚拟财产转售牟利	第三人	用户
盗窃罪	（2017）苏1181刑初326号	盗窃罪	行为人非法获取他人账号密码，盗取他人账号内虚拟财产转售牟利	第三人	用户

（续表）

可能罪名	裁判文书号	控诉罪名	行为类型	被告人	被害人
盗窃罪	（2017）粤 0823 刑初 53 号	盗窃罪	行为人非法获取他人账号密码，盗取他人账号内虚拟财产转售牟利	第三人	用户
盗窃罪	（2017）豫 0822 刑初 251 号	盗窃罪	行为人非法获取他人账号密码，盗取他人账号内虚拟财产转售牟利	第三人	用户
盗窃罪	（2017）豫 05 刑终 100 号	盗窃罪	行为人非法获取他人账号密码，盗取他人账号内虚拟财产转售牟利	第三人	用户
盗窃罪	（2017）川 0107 刑初 470 号	盗窃罪	行为人非法获取他人账号密码，盗取他人账号内虚拟财产转售牟利	第三人	用户
盗窃罪	（2016）豫 0822 刑初 293 号	盗窃罪（涉嫌非法控制计算机信息系统犯罪，取保候审）	行为人非法获取他人账号密码，盗取他人账号内虚拟财产转售牟利	第三人	用户
盗窃罪	（2017）豫 05 刑终 100 号	盗窃罪、诈骗罪	行为人非法获取他人账号密码，盗取他人账号内虚拟财产转售牟利	第三人	用户
盗窃罪	（2016）豫 0727 刑初 186 号	盗窃罪	行为人非法获取他人账号密码，盗取他人账号内虚拟财产转售牟利	第三人	用户
盗窃罪	（2015）邓刑一初字第 297 号	盗窃罪	行为人非法获取他人账号密码，盗取他人账号内虚拟财产转售牟利	第三人	用户
盗窃罪	（2016）川 0704 刑初 232 号	非法获取计算机信息系统数据罪	行为人非法获取他人账号密码，盗取他人账号内虚拟财产转售牟利	第三人	用户

综合表1、表2，网络虚拟财产犯罪的侵害对象既可能是用户，亦可能为运营商（如图3-2所示）。第三人针对用户的侵害行为，案情主要包括：第一，行为人非法获取他人账号密码，盗取他人账号内虚拟财产转售牟利（非法获取计算机信息系统数据罪、盗窃罪、侵犯公民个人信息罪仅一例）；[①] 第二，行为人非法获取他人账号密码，直接转售或利用其牟利（非法获取计算机信息系统数据罪、破坏计算机信息系统罪），其中包括非法获取他人淘宝账号密码并利用淘宝账号进行刷单的行为；第三，行为人将自己的游戏账号及装备出售后，通过密码找回，重新获取账号及装备（盗窃罪）；第四，行为人通过欺骗手段，获取并修改他人账号数据，以恢复为由索要钱财（破坏计算机信息系统罪，因敲诈勒索罪被刑事拘留）；第五，行为人利用欺骗手段，用户陷入认识错误而处分自己账户内的虚拟财产（诈骗罪）。[②] 工作人员针对用户的侵害方式主要为行为人作为工作人员利用工作权限或便利，窃取用户账号密码，直接转售牟利，仅发现一例，以非法获取计算机信息系统数据罪进行裁判。

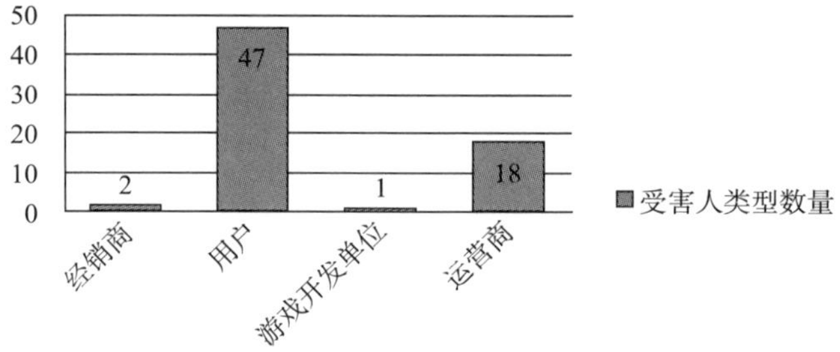

图3-2 虚拟财产犯罪受害人类型

① 通过“洗信”，将他人账号内的虚拟财产转移至自身控制下，予以转售牟利，是最常见的虚拟财产犯罪行为。虚拟财产犯罪行为在2004年进入司法审判，直至2009年《刑法修正案（七）》设立了非法获取计算机信息罪之前，实务多以盗窃罪、诈骗罪或其他财产犯罪类型处理。在2009年非法获取计算机信息罪之后，执法发生争议，即虚拟财产的保护模式是财物还是电磁数据。参见陈兴良《虚拟财产的当代命运》，http：//www. cssn. cn/fx/fx_ rdty/201701/t20170131_ 3400573. shtml，访问时间：2017年12月21日。从2014年下半年到2015年期间以非法获取计算机信息系统数据罪定罪的判决不断增加，显示出司法实践对于这类行为方式的态度转向。参见徐凌波《虚拟财产犯罪的教义学展开》，载《法学家》2017年第4期，第153~155页。

② 在某些游戏副本活动中，玩家可以自由约定分配团队内的游戏虚拟物品，存在团队副本欺诈现象。团队副本欺诈指团长或战利品分配者在组织团队副本活动时或组队后作出虚假承诺，在获得战利品后未经队员同意，以实际违背原定分配规则的方式，将全部或部分战利品据为己有或故意改变战利品的获得者的行为。包括但不限于以下行为：第一，战利品拍卖所得归为己有或仅分配给少数团员；第二，战利品不经正常竞拍分配给自己或他人（或竞拍结束收取金币后不将物品分配给竞拍获胜者）；第三，其他违反分配约定的行为。此类行为多涉及民事欺诈，并不与犯罪直接关联。参见《魔兽封停大批黑装者账号》，http：//money. 163. com/11/0409/00/715IP07D00253B0H. html，访问时间：2017年12月23日。

1. 案件中的侵害方式

第三人针对运营商的侵害方式主要为：第一，行为人非法侵入运营商计算机系统非法获取虚拟财产，转售牟利（非法获取计算机信息系统数据罪、破坏计算机信息系统罪）；[①] 第二，行为人利用网络系统漏洞，非法获取虚拟财产，转售牟利（盗窃罪、破坏计算机信息系统罪）。在行为上，针对网络游戏制作并销售具有多种功能的外挂，构成提供侵入、非法控制计算机信息系统的程序、工具罪。[②]

第三人针对经销商的侵害方式主要为：行为人利用网络系统漏洞，非法获取虚拟财产，转售牟利（非法获取计算机信息系统数据罪）。运营商工作人员针对运营商的侵害方式主要为利用管理员权限等工作权限或便利修改游戏数据、越权生成虚拟财产转售牟利的行为，对于此类案件实务中存在以侵犯财产罪（职务侵占罪、盗窃罪）[③] 或者妨碍社会管理秩序罪（非法获取计算机信息系统数据罪、破坏计算机信息系统罪）定性的分歧，未能形成统一意见。

2. 裁判理由梳理

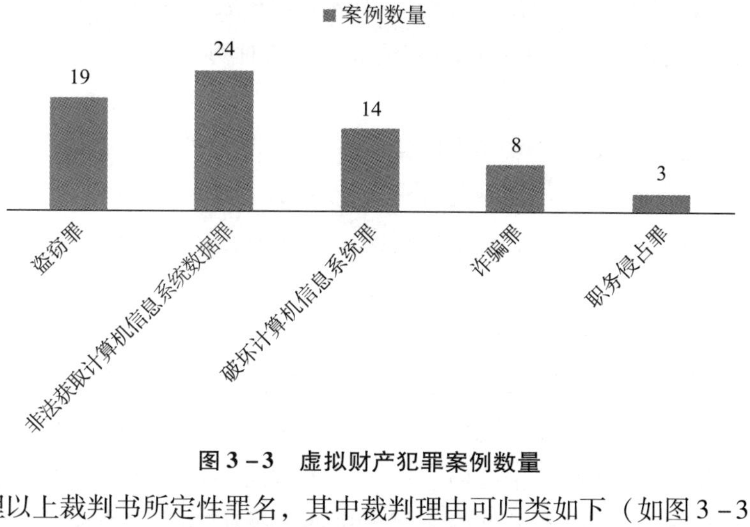

图 3－3　虚拟财产犯罪案例数量

梳理以上裁判书所定性罪名，其中裁判理由可归类如下（如图 3－3 所示）。

第一类为妨碍社会管理秩序罪：（1）游戏币、游戏装备材料作为一种虚

---

① 2016 年至 2017 年的案例梳理与先前案件的裁判结论比较类似。利用技术手段侵入运营商计算机系统生成虚拟财产予以出售，从有限个案观察，此类案件的裁判观点先后发生变化，发生于 2013 年至 2014 年的 3 起案件以盗窃罪定罪处罚，而 2015 年发生的两起案件则分别被认定为破坏计算机信息系统罪与非法获取计算机信息系统数据罪。参见徐凌波《虚拟财产犯罪的教义学展开》，载《法学家》2017 年第 4 期。

② 《黄某、卢某等非法获取计算机信息系统数据、非法控制计算机信息系统罪二审刑事裁定书》（2017）苏 04 刑终 44 号裁定书中，针对网络游戏制作并销售具有多种功能的外挂，构成提供侵入、非法控制计算机信息系统的程序、工具罪。

③ 例如：上海市浦东新区人民法院顾某盗窃一审刑事判决书（2015）浦刑初字第 1882 号判决书。

拟的电子数据在游戏平台上进行交易，交易对象是“地下城与勇士”特定游戏玩家，对社会上不特定公众没有实际的市场交易价值。（2）账号充值额由网站运营商自行确定，不是根据市场交易规定形成的，不能用于自由流通交易，不具有财物的交换属性，不属于刑法盗窃罪中的“财物”。（3）网络或游戏中的虚拟“财产”和“货币”缺乏现实财物的一般属性，不符合公众认知的一般意义上的公私财物，故在当前司法实践中，将虚拟财物作为盗窃犯罪的对象，缺乏事实和法律依据。（4）诈骗罪犯罪对象是公私财物，我国《刑法》第九十一条、第九十二条及相关司法解释对公私财物的含义及其种类有明确的规定，对刑法意义上的财物的认定只能建立在现有的法律规定的基础上，本案涉及的网络游戏点卡系虚拟财产，不属于刑法意义上的财物。（5）虚拟财产的价值数额的认定缺乏能够被普遍接受的计算方式。（6）行为人通过窃取或者购买的手段获取他人的游戏账号和密码，并利用该游戏账号和密码获取他人游戏装备和游戏币的行为，属于非法获取计算机信息系统数据的行为。

第二类为财产类犯罪：（1）为打击刑事犯罪，保护公民财产所有权不受侵害。（2）网络虚拟财产是游戏玩家在网络游戏账号中积累的“货币”“装备”“宠物”等财产，其为游戏玩家投入一定的时间、精力、金钱所取得，可通过网上出售、转让等方式进行交易，具有使用价值、交换价值，具备财产性属性，应受法律保护。（3）网络游戏中的游戏金币虽然是一种虚拟财产，但是其在网络游戏中的作用决定了其可以被人占有、使用等。一般情况下，游戏玩家取得游戏金币除了要花费时间、精力外，还要支付购买游戏点券的费用、上网费用等，且该游戏金币在现实生活中可以交易，故既有价值，又有使用价值，具有现实财产的属性，可以成为盗窃罪的犯罪对象。此外，游戏金币可以通过运行游戏软件赢取、兑换、支付对价向公司或者其他游戏玩家等购买以及赠予等合法途径取得。（4）尽管“装备”仅仅以电磁记录的方式存在于网络和游戏程序中，但玩家投入了时间、精力和金钱方能获取，属于劳动成果。这一劳动成果可以通过出售换取现实生活中的货币，因此虚拟财产也具备商品的一般属性，即价值、使用价值和交换价值。（5）手机流量虽是网络运营商提供的一种电信服务，但同时也具备财物的基本特征，属于刑法意义上的财物，能够作为盗窃罪的行为对象。

3. 犯罪数额认定方式

在犯罪数额认定方式上，司法裁判实务中呈现以下标准与方法：（1）以销售游戏道具的变现数额认定。（2）以被害人实际损失数额，即用户买入价格。（3）从有利于被告人的原则出发，截取交易明细中销赃金额较为稳定的时间段中的交易额作为销赃数额，并按照单笔销赃金额较高的数额计算交易次数，按照每笔最低获利金额计算获利总额的方式。(4) 找有关物价鉴定部门进行鉴定。(5) 按现实生活中的实际交易价格来确定，即以被告人与被害人商定的价格认定为盗窃数额为宜，而不能以销售后获利的价值来认定。(6) 虚拟财产毕竟不同于现实生活中的真实财产，由于其虚拟、无形的特性，处理时应与一般的财物有所区别，在量刑时酌情可以从轻处罚。

司法裁判中，认定犯罪数额时亦考虑犯罪情节，其中考量因素包括：(1) 在淘宝网、5173 网等虚拟货币交易平台上，购买虚拟货币可以享有折扣，因此，网络游戏运营商对虚拟货币制定的发行价不能体现出真实的交易价格，“依照网络游戏运营商的发行价格每 1 元兑换 100 个‘元宝’进行确定，这显然违背了购买虚拟货币可以享有优惠、折扣，实际交易价格必然低于发行价格的现实情况”。[①] (2) 非法获取计算机信息系统数据罪，故该犯罪金额在本案中应属被告人因非法获取他人计算机信息系统数据，所造成被害单位的实际损失额，而非本案涉及的其犯罪所得。(3) 盗取虚拟游戏准备后进行升级、加工，在进行贩卖时，如何认定，应当具体考量。

(三) 网络虚拟财产犯罪的罪名类型

窃取网络虚拟财产的不法行为以刑法上罪名进行评价，基本上不生成疑问。除了罪与非罪的问题，对于网络虚拟财产而言，此罪与彼罪的区分主要体现为盗窃罪与非法侵入计算机信息系统罪的区分，在司法实践中的关切更为迫切。

1. 盗窃罪

根据《刑法》第二百八十七条的规定，“利用计算机实施金融诈骗、盗窃、贪污、挪用公款、窃取国家秘密或者其他犯罪的，依照本法有关规定定罪处罚”，因此从该条文的解释角度，利用（侵入）计算机信息系统应为手段，如果网络虚拟财产犯罪构成盗窃罪的构成要件，则排斥计算机犯罪罪名。[②] 网络虚拟财产是盗窃客体，如盗窃者修改玩家 QQ 密码，使用新的密码控制账号，受害玩家丧失对 QQ 号的占有，由犯罪行为人所占有并得以出售。

---

① 广东省茂名市茂南区人民法院张某某职务侵占罪一审刑事判决书，(2015) 茂南法刑初字第 298 号。

② 张明楷：《非法获取虚拟财产的行为性质》，载《中国检察官》2015 年第 3 期。

在此，盗窃罪所要求的占有转移过程得以呈现。[①]

根据案例统计，近年来司法机关对于侵犯虚拟财产案件的定性仍存在以财产犯罪或者以非法获取计算机信息系统数据罪的定性分歧，并未达成共识。如何将不同的数额认定方法与网络虚拟财产的类型化行为合理对应？对于虚拟财产的价值认定应充分考量网络运营商、经销商、用户的主体因素，以及成本与投入因素。盗窃虚拟财产的行为，不能以数额难以计算为由而否认盗窃罪的成立。[②]

2. 非法侵入计算机信息系统罪

窃取虚拟财产的刑法评价，依据盗窃罪的进路，存在数额难以认定的问题。如认定为破坏计算机信息系统罪，然而很多行为并未影响计算机信息系统的正常功能，不符合此罪的犯罪构成，因此认定的关键在于利用计算机实施的行为是否必然对计算机系统造成危害。[③]“黑客一旦侵入网络游戏的主机系统，通常不会仅仅偷盗一两件装备或几个账号就作罢，一般的非法入侵网络游戏数据库案，行为人是以主机数据库为对象大量修改数据代码，使网络游戏系统受到破坏”[④]，造成相关财产损失和行业生态混乱。

此前最高人民法院研究室相关意见[⑤]，将网络虚拟财产犯罪一律定性为非法获取计算机信息系统数据罪，因罪刑发生不适应性，因此目前司法实务中并不一概而论。网络虚拟财产犯罪“此罪与彼罪”的区分疑难，一是可能因为司法惰性，导致虚拟财产的价值难以评估；二是根据对网络产业利益的考量，若将其评价为财产，将加重公司的保护义务。

3. 非法获取计算机信息系统数据罪

《刑法修正案（七）》生效后，司法观点争议主要分野为：第一种观点认为，凡是侵入计算机信息系统，非法获取其中储存、处理或者传输的数据且情节严重的，无论该电子数据是否具有财产属性，是否属于值得刑法保护的虚拟财产，都不应再以盗窃罪论处。第二种观点认为，《刑法修正案（七）》增设非

---

① 陈兴良：《虚拟财产的刑法属性及其保护路径》，载《中国法学》2017年第2期。另有观点认为“盗窃罪说”把非法获取计算机信息系统数据罪中的“数据”限制在了网络虚拟财产之外的电子数据，从而进行限制解释。对轻罪的成立条件作限制解释，将其行为排除在外而适用重罪，违反罪刑法定。参见刘明祥《窃取网络虚拟财产行为定性探究》，载《法学》2016年第1期。针对此说法，应当明确，网络虚拟财产与数据并不是同一概念，从《民法总则》第一百二十七条的条文内容即可得见，“数据”与“网络虚拟财产”是并列概念。在实践中，数据变现为“财产”需要进行复杂加工提炼，因此，这两者概念没有混淆的必要。

② 张明楷：《非法获取虚拟财产的行为性质》，载《中国检察官》2015年第3期。

③ 刘广三：《计算机犯罪论》，中国人民大学出版社1999年版。

④ 商建刚：《网络法》，学林出版社2005年版，第178页。

⑤ 参见《最高人民法院研究室关于利用计算机窃取他人游戏币非法销售获利如何定性问题的研究意见》，行为人非法获取他人账号密码，盗取他人账号内虚拟财产转售牟利。

法获取计算机信息系统数据罪，主要针对的是网络安全秩序。所以，非法获取虚拟财产以外的其他计算机信息系统数据的行为应按此罪处罚。但是，以盗窃方式获取虚拟财产这种类型的电子数据，主要针对的是虚拟财产所有者的财产权益。还有观点认为两者相牵连，或发生法条竞合，适用新法。①

在司法实践中，有法院认为以盗窃为目的，实施非法进入游戏账号的犯罪行为，同时触犯了盗窃罪、非法获取计算机信息系统数据罪，属于想象竞合犯，应择一重罪进行处罚，但应结合具体案件，根据违法所得的犯罪数额认定（因为虚拟财产的价格难以认定，因此对两罪的数额采取了不同的认定方式），在李某某、杨某某盗窃罪、非法获取计算机信息系统数据、非法控制计算机信息系统罪一案中按照非法获取计算机信息系统数据罪予以定罪处罚。②

四、网络虚拟财产犯罪的综合治理

法律制定者如果对促成非正式合作的社会条件缺乏眼力，他们可能造就一个法律更多但秩序更少的世界。③

（一）应对网络虚拟财产犯罪的技术策略

1. 漏洞防范

网络钓鱼仿冒知名网站，并利用社会工程学原理，诱骗用户在网站上填写个人信息。④ 盗窃他人虚拟财产通常需要获取他人账号密码等信息，而获取他人账号密码信息一般是通过网站或者应用程序存在的漏洞进行渗透攻击，进入保存用户账号密码的数据库。所以，服务提供商要经常对自身应用程序和服务器进行渗透测试和端口扫描，及时发现并弥补漏洞，设置禁用外挂插件，增强防火墙过滤功能，对数据库进行加密抗暴力破解等。

2. 构建交易关联分析，建立举报机制

获取网络虚拟财产后，黑客通常通过下游将虚拟财产交易变现。执法部门可通过账号日志构建账号间的交易关联模型，通过交易轨迹追溯资金运转

---

① 刘明祥：《窃取网络虚拟财产行为定性探究》，载《法学》2016 年第 1 期。

② 李某某、杨某某盗窃罪、非法获取计算机信息系统数据、非法控制计算机信息系统罪一案，案号（2017）苏 0322 刑初 18 号。实践中，倘若将第三人非法侵入运营商计算机系统非法获取虚拟财产，转售牟利的行为定性为妨碍社会管理秩序罪，从而否认虚拟财产刑法意义上的财产属性，却在工作人员利用工作权限或便利，修改游戏数据，越权生成虚拟财产，转售获利定性为财产类犯罪，显然是不合理的。

③ Ellickson RC，Order without Law：How Neighbors Settle Disputes，Harvard University Press，1991，p. 286.

④ 王治东：《技术化生存与私人生活空间——高技术应用对隐私影响的研究》，上海人民出版社 2015 年版，第 63 页。

模式，可以查知是否存在集中转入、分散转出、与多个账户有交易往来、过于频繁交易等特征的异常结点，以定位异常账户。在技术上，加强对网上贩卖虚拟财产、用户个人信息以及提供攻击服务信息的监测，对黑客活动受益主体进行关联分析，建立相关举报机制。[①]

3. 构建预测模型

对参与提供黑客技术培训、实施网络攻击、贩卖用户个人信息等活动的行为主体进行追溯分析，掌握可供公安机关立案调查的相关线索[②]，总结不法分子账号和被盗账号的行为日志，将其行为特征结构化，构建数据挖掘模型，并利用大量的数据对模型进行训练，通过已构建好的模型监控其他账号行为，预测具有犯罪倾向的账号、易失窃账号，重点监控具有犯罪倾向的账号。

4. 技术升级

在虚拟货币抢劫案件中，比特币用户可以采用分层确定性（Hierarchical Deterministic，HD）钱包进行事前预防。分层确定性钱包可从一个主密钥创建海量的子密钥[③]，在比特币权利人遇到勒索时，可以只交出分支私钥。

（二）应对网络虚拟财产犯罪的执法策略

从检察院的角度，虚拟财产犯罪者难以追究其刑事责任，主要基于以下考虑：第一，虚拟财产犯罪方面的司法解释、判例较少见；第二，难以准确区分民事侵权与刑事犯罪；第三，网络虚拟财产的司法鉴定机制尚不规范统一；第四，网络虚拟财产犯罪取证难度较大。[④] 目前，随着虚拟财产犯罪的新发展趋势，相应处置机制必然是联合厂商、用户的监管体系，在执法监测、处置上，随着实务、监管的等量深入，相应追责困境终将一一破解。

其中，针对虚拟财产的价值判断问题，虚拟财产的价值具有多种计算方法：第一，根据网络公司在网上标出的销售价格计算；第二，根据网络用户在网外互相交易形成的价格计算；第三，根据网络公司与代理商之间交易的价格计算；第四，根据销赃数额计算。我国司法机关对于侵犯虚拟财产案件的定性基本上达成了共识，即以财产犯罪论处，由此在一定程度上完成了对

---

① 中华人民共和国工业和信息化部办公厅编：《中国电信业发展指导（2014）》，人民邮电出版社2014年版，第285页。

② 中华人民共和国工业和信息化部办公厅编：《中国电信业发展指导2014》，人民邮电出版社2014年版，第285页。

③ 《OBPP报告：隐私性最好的比特币钱包都有哪些?》，http：//www. 8btc. com/obpp－report，访问时间：2017年12月30日。

④ 周膺主编，肖剑忠执行主编：《杭州蓝皮书：2016年杭州发展报告（文化卷）》，杭州出版社2016年版，第49页。

虚拟财产性质的界定。[①] 对虚拟财产数额的认定与处理，应当区分不同类型：对于非法获取用户虚拟财产的行为，应当分别按官方价格或者市场价格计算犯罪数额；对于非法获取网络服务商虚拟财产的行为，在成立犯罪的前提下，宜按情节轻重量刑，而不应按虚拟财产的价值（数额）量刑。[②]

在取证上，网络环境下的IP、域名、邮箱、社交网络账号、网络流量、恶意代码、设备指纹信息等数据，需要落地转换为现实世界的地址、交通工具、银行账号、电话、亲友关系等，结合生物检材，认定犯罪嫌疑人使用的作案工具，以固定证据。[③] 而就网络虚拟财产犯罪的新发展而言，很大层面上在于不法分子的反侦查、反取证能力在增强，如专机专网专用，增大证据关联难度等。因此，需要复合的取证思路应在技术上依靠通信流、网络流、资金流等数据进行调取与分析。

（三）应对网络虚拟财产犯罪的治理策略

网络虚拟财产的上游为网络数据买卖，形成利益链条，多使用扫号软件，涉及“制造计算机病毒—传播计算机病毒—盗窃网络账号—第三方平台销赃”等多个环节构成的盗号产业链（亦可概括为木马制作—售卖—感染盗号—洗号—诈骗的产业链条）。其中，网络虚拟财产犯罪的罪名主要呈现为盗窃罪、非法侵入计算机信息系统罪、诈骗罪、职务侵占罪等。

针对网络虚拟财产犯罪，相应治理策略可归结如下：

第一，以立法形式强化网络游戏服务提供商的安全保障义务。与虚拟财产和被盗账号、装备交易相关的网络交易平台，应当具备基本防护条件，以保障用户财产、数据的安全。[④]

第二，总结互联网时代“新枫桥经验”[⑤]，整合公安内部力量，建立跨省

---

① 陈兴良：《虚拟财产的刑法属性及其保护路径》，载《中国法学》2017年第2期。

② 张明楷：《非法获取虚拟财产的行为性质》，载《中国检察官》2015年第3期。

③ 张璇、夏震：《新型网络犯罪取证的困境与对策——以全国首例利用苹果平台退款诈骗案件为例》，360互联网安全中心编：《互联网安全的40个智慧洞见》，人民邮电出版社2017年版，第106、113～114页。

④ 运营商应当自己管理代码，即使使用git也应该有自建的git服务器，github作为对外开放的镜像，仅用于开源部分。域名等账号通常是通过email控制的，企业应该用自有mail server的email账号去注册各种账号、域名这些资产，保障随时更改密码，索回资产。受技术水平限制和投入产出比等考虑，游戏盗号问题尚难得到彻底解决。目前，大多数游戏公司主要采取提醒用户加强账号安全措施、加强盗号寻回系统建设等措施，尽量帮助玩家减小盗号带来的损失。有网络服务提供者在登录用户身份鉴别上，进行同IP登录检查、二次验证等，以防止盗号。

⑤ 在互联网时代，除了依靠群防群治力量收集信息，还要依靠专业的大数据和社会科学方面的建构，更准确和全面地发现问题。叶竹盛：《网络时代需要“新枫桥经验”》，载《光明日报》2017年1月3日第6版。

市区域协作机制，建立部门间联席会议和国际合作打击机制。[①] 工信等其他监管部门依法依规关闭提供黑客技术培训和地下沟通交易渠道的网站、论坛、贴吧、即时通讯群组等。对在恶意吸费、广告黑链等行为中获益的网络服务提供商进行依法处置、暂停业务合作或予以曝光。[②] 电信部门应规范宽带安装流程，如在同一地点加装十余条宽带，有可能进行不法网络犯罪活动。

第三，用户教育。提示用户使用不同的账户密码组合，在必要情况下使用密码生成算法或自主设计高强度密码。对于 Godaddy 等安全保障措施较弱的域名代理商，应当适时转移平台。微信公众号等迁移业务可以引入公证。[③] 针对网络虚拟财产行业泛滥的买赃行为，如域名、游戏装备等，购买者应当了解，如果以物权角度看待网络虚拟财产，依据我国法律规定，盗赃物不适用善意取得，原所有权人可以基于其所有权追回，从合同角度来看，则网络服务提供商可以依照用户协议的相应条款将虚拟财产追回。

就如同 Q 币等虚拟货币实际上是预付费储值卡，虚拟财产的价值性体现在虚拟财产产业实质上与其他商业并无不同，网络虚拟财产可以成立刑法评价视野中的“财产性利益”。在《民法总则》对网络虚拟财产进行保护赋权的先声中，虚拟财产及相关犯罪产业链研究也迈入了一个新的历史阶段。在新阶段过程中，除了进一步厘清既往的刑法罪名适用与定罪数额问题，还需要关注到黑灰产业链不断变化的反侦查、反取证手段与技术，以就最新作案手段部署有的放矢的治理策略。

---

① 高媛：《以电信诈骗为例，浅谈网络犯罪的治理和打击》，360 互联网安全中心编《互联网安全的 40 个智慧洞见》，人民邮电出版社 2017 年版，第 128 页。

② 中华人民共和国工业和信息化部办公厅编：《中国电信业发展指导 2014》，人民邮电出版社 2014 年版，第 285 页。

③ 《虚拟财产公证日渐走入百姓生活　引业内人士热议》，载《法制日报》2017 年 6 月 26 日。

丨专题四丨

公民个人信息犯罪的趋势与对策*

引言

公民个人信息犯罪，是指围绕着公民个人信息的搜集、处理、买卖、运用等产生的一系列犯罪的总和，它主要对应刑法中的侵犯公民个人信息罪。随着云计算的成熟和发展，大数据已经并且正在改变着社会公众的生活方式和生产方式，信息数据的获取和加工成为主要的生产劳动，从“技术就是生产力”向“知识就是生产力”的转变中，逐步跨越到“信息就是生产力”。在此背景下，公民个人信息所承载的利益也在与日俱增，成为数字时代一笔巨大的财富，相应地导致窃取、交易公民个人信息的侵权乃至犯罪案例屡屡发生。一方面，因为信息社会中获取他人身份信息相对简便、成本低廉，导致盗窃身份信息的违法犯罪行为不断增多；另一方面，随着个人信息承载了越来越多的利益内容，任何一个普通公众的身份都可以作为谋取利益的手段，甚至可以作为实施犯罪的“通行证”，身份犯罪开始爆发式增长。公民个人信息泄露或者信息盗窃及其衍生的二次犯罪现象俨然成为一个亟待解决的社会问题。可以说，侵犯个人信息犯罪的紧迫性亟待理论上予以全方位的回应，并提出相应解决方案。同时，对侵犯个人信息犯罪的现状、特点、发展趋势、司法处置的难点和重点、面临的主要法律障碍等问题也需要进行全面的调研和分析，这些数据和信息既是今后完善性立法的重要参考依据和实证支撑，同时也是前瞻性的思索针对个人信息犯罪的刑事立法政策、司法处置策略和模式等问题的重要依据。

---

* 本报告是中央高校基本科研业务费“网络犯罪的立法及司法应对研究”（2016JKF01201）的阶段性成果，并得到了中国人民公安大学信息技术与网络安全学院学科建设费用支持。执笔人：李怀胜。

一、公民个人信息犯罪：中国的最新趋势

（一）“公民个人信息”的概念解析

公民个人信息的范围是侵犯公民个人信息罪的关键性问题之一，它直接决定了本罪的适用范围。

1. 理论上对“公民个人信息”的不同观点

我国刑法没有直接确认公民个人信息的范围，因而理论上关于什么是公民个人信息存在较大的争论。但是，相关的争论依然是共性大于个性。代表性的观点有以下几种：

（1）“公民个人信息”包括姓名、职业、职务、年龄、婚姻状况、学历、专业资格、工作经历、家庭住址、电话号码、信用卡号码、指纹、网上登录账号和密码等能够识别公民个人身份的信息。[①]

（2）个人信息包括所有与个人有关的信息，具体包括：身体物理特征；感情、思想与观点；经济与财产状况；生活方式；身份信息；家庭与社会关系；职业经历、简历和个人档案材料；健康状况与病历；个人通信、日记和其他私人文件；其他所有纯属私人内容的个人数据资料。[②]

（3）所谓个人信息，包括人之内心、身体、身份、地位及其他关于个人之一切事项之事实、判断、评价等所有信息在内。换言之，有关个人之信息并不仅限于与个人之人格或私生活有关者，个人之社会文化活动、为团体组织中成员之活动，及其他与个人有关联性之信息，全部包括在内。[③]

（4）个人信息是指公民个人的与其他人无关并且不妨碍社会公共利益的各种信息资料。主要包括：公民个人的自然信息，如姓名、电话号码等联系方式、年龄、身高体重、身体状况、既往病史、感情经历、兴趣爱好等信息；公民个人的社会信息，如家庭住址，家庭关系，配偶、父母、子女的个人信息，收入状况，工作单位，宗教信仰，个人履历。[④]

（5）个人信息指不公开的或依照法律、得到本人同意而公开的能够识别特定个人的一切信息。此种信息的表现形式多种多样，包括公民个人的住所、姓名、性别、出生年月、职业、资质证书、收入、健康水平、学历、爱好，

---

① 黄太云：《〈刑法修正案（七）〉解读》，载《人民检察》2009年第6期。

② 张新宝：《隐私权的法律保护》，群众出版社2004年版，第137页。

③ 范江真微：《政府信息公开与个人隐私之保护》，载《法令月刊》第52卷第5期。

④ 任俊琳：《立法保护个人信息》，载《人民代表报》2005年2月22日。

宗教信仰、性取向、社会团体加入情况等内容。[①]

（6）个人信息通常是指能将个人直接或间接识别的一切信息，其主要包括姓名、家庭住址、身份证号码、工作单位、通信方式、血型、基因信息、股票交易账号、信用卡卡号、网上登录账号和密码等。[②]

（7）个人信息专属于个人，可以任何形式存在，一切与个人有关的信息，只要能够对特定个人进行识别，都构成法律意义上的个人信息。它主要包括姓名、年龄、性别、身份证号码、职业、职务、学历、民族、婚姻状况、专业资格和特长、工作经历、家庭背景和住址、电话号码、信用卡号码，教育、医疗、经济活动等的记录，指纹、网上登录账号和密码、血型，等等。[③]

2. 相关观点评析

上述七种观点中，至少有四种观点明确提出个人信息须具有对人身的“识别”特征，即通过对某种元素或者信息的判定能够达到将某人从社会集体单独提取出来的地步。但是，几乎没有任何一种信息具有人身单独识别的可能性，即使如姓名这种看似明显具有人身依附性的信息，也不可能达到识别人身的地步。[④] 例如，仅从医院获知上午有三十位 B 型血患者并不存在个人利益损害之虞。房产中介仅得知屋主之姓名，除非上门拜访，也不可能对个人生活安宁构成滋扰。对公民个人信息权的侵犯，一定是对公民复合信息的侵犯，而公民信息泄露的类型和渠道越多，则公民被“信息画像”的概率就越高，受到潜在威胁的可能性就越大。《网络安全法》第四十二条规定：“网络运营者不得泄露、篡改、毁损其收集的个人信息；未经被收集者同意，不得向他人提供个人信息。但是，经过处理无法识别特定个人且不能复原的除外。”可以肯定的是，技术上对“个人信息”的脱敏处理一定是通过分离个人信息的不同元素，或者切割不同信息类型的逻辑关系实现的。此外，强调个人信息的可识别性也为大数据环境下数据挖掘及利用留下了制度空间。

3. 规范层面的界定

2017 年 5 月 8 日，最高人民法院、最高人民检察院颁布了《关于办理侵犯公民个人信息刑事案件适用法律若干问题的解释》（以下简称《侵犯公民个人信息案件司法解释》），对什么是公民个人信息进行了界定。在此之前，我国已有一些部门规章和司法解释对公民个人信息的内涵进行了探索。这对我

---

① 叶亚杰：《出售、非法提供、非法获取公民个人信息罪的司法实践认定研究》，载《新疆警官高等专科学校学报》2010 年第 2 期。

② 王作富：《刑法分则实务研究》，中国方正出版社 2010 年版，第 963 页。

③ 赵辉：《出售、非法提供公民个人信息罪若干问题之思考》，载《云南大学学报》（法学版）2010 年第 6 期。

④ 毫不夸张地说，几乎每个中国人在一生中都要接触不止一个“张伟”“李明”之类的人。

们进一步探索公民个人信息的内涵具有很好的参照作用。

2005年，中国人民银行发布实施的《个人信用信息基础数据库管理暂行办法》规定，个人信用信息包括个人基本信息、个人信贷交易信息以及反映个人信用状况的其他信息。个人基本信息是指自然人身份识别信息、职业和居住地址等信息；个人信贷交易信息是指商业银行提供的自然人在个人贷款、贷记卡、准贷记卡、担保等信用活动中形成的交易记录；反映个人信用状况的其他信息是指除信贷交易信息之外的反映个人信用状况的相关信息。该办法对个人信息的收集、处理、利用、流通等作了较为详细的规定，但并没有统一有效的规则。[①]

2012年《全国人民代表大会常务委员会关于加强网络信息保护的决定》第一条规定：国家保护能够识别公民个人身份和涉及公民个人隐私的电子信息。任何组织和个人不得窃取或者以其他非法方式获取公民个人电子信息，不得出售或者非法向他人提供公民个人电子信息。

依照2013年最高人民法院、最高人民检察院和公安部《关于依法惩处侵害公民个人信息犯罪活动的通知》，公民个人信息包括“公民的姓名、年龄、有效证件号码、婚姻状况、工作单位、学历、履历、家庭住址、电话号码等能够识别公民个人身份或者涉及公民个人隐私的信息、数据资料”。也就是说，公民个人信息包括两类，分别是公民个人身份信息和公民个人隐私信息。[②]

2013年2月1日起实施的《信息安全技术公共及商用服务信息系统个人信息保护指南》某种程度上为个人信息的界定提供了规范性依据，其中第3.2条规定：“个人信息（personal information）是指可为信息系统所处理、与特定自然人相关、能够单独或通过与其他信息结合识别该特定自然人的计算机数据。个人信息可以分为个人敏感信息和个人一般信息。”第3.7条规定：“个人敏感信息（personal sensitive information）是指一旦遭到泄露或修改，会对标识的个人信息主体造成不良影响的个人信息。各行业个人敏感信息的具体内容根据接受服务的个人信息主体意愿和各自业务特点确定。例如，个人敏感信息可以包括身份证号码、手机号码、种族、政治观点、宗教信仰、基因、指纹等。”

依照2013年最高人民法院、最高人民检察院、公安部发布的《关于依法惩处侵害公民个人信息犯罪活动的通知》，公民个人信息包括“公民的姓名、

① 刘宇晗：《大数据时代个人信息的民法保护》，载《中国律师》2014年第2期。

② 《网络安全法》第七十六条对公民个人信息的界定是：“以电子或者其他方式记录的能够单独或者与其他信息结合识别自然人个人身份的各种信息，包括但不限于自然人的姓名、出生日期、身份证件号码、个人生物识别信息、住址、电话号码等。”可以看出，刑法和网络安全法对“公民个人信息”的理解是有差异的。

年龄、有效证件号码、婚姻状况、工作单位、学历、履历、家庭住址、电话号码等能够识别公民个人身份或者涉及公民个人隐私的信息、数据资料。”也就是说，公民个人信息包括两类，分别是公民个人身份信息和公民个人隐私信息。在最高人民法院的机关刊物《刑事审判参考》刊载的第1009号案例“胡某等非法获取公民个人信息案”中[①]，被告人通过非法跟踪他人行踪所获取了公民的日常活动信息，法院认定被告人犯非法获取公民个人信息罪。《侵犯公民个人信息案件司法解释》第一条吸收了司法实践的有益探索，结合打击公民个人信息犯罪的客观需求，将“公民个人信息”界定为“以电子或者其他方式记录的能够单独或者与其他信息结合识别特定自然人身份或者反映特定自然人活动情况的各种信息，包括姓名、身份证件号码、通信通讯联系方式、住址、账号密码、财产状况、行踪轨迹等。”

（二）公民个人信息犯罪危害性剧增的原因

公民个人信息犯罪作为犯罪学上的一个犯罪群，近年来所表现出来的社会危害性日益明显，造成的社会后果也日趋严重。公民个人信息犯罪的增多主要有两个方面的原因：

其一，信息技术的进步给公民个人信息的搜集和处理带来了极大便利。受惠于现代信息技术的进步，公民个人信息集成度越来越高，从前分散的公民个人信息借助现代化的信息处理手段，可以很轻而易举地集中起来。从前只在国家行政机关手中掌握的公民个人信息，现在逐步地迁移到公共服务机构和事业单位中。这些机构包括银行、电信公司、交通运输部门、医院、中介服务机构等，凡是一切面向公众的社会服务机构都可以积攒、搜集公民个人信息，公民个人信息以客户资料的方式被这些机构保存。信息技术的进步，使得公民个人信息可以很便利地被搜集和保存，这就成为公民个人信息犯罪发生的重要原因。2013年，北京市公安局破获了一起非法买卖公民个人信息案。该犯罪团伙成立仅4个月交易量就达到3万余笔，交易进而上亿元。警方抓获并拘留的犯罪嫌疑人有近300名，并查获了大量涉案信息单和其他物品。[②] 若不借助现代信息技术，如此大的信息搜集工作量是很难完成的，或者会承担非常高昂的信息搜集成本。但是在现代信息技术面前，以上问题都很容易解决。

其二，公民个人信息的后续利用是公民个人信息犯罪处于高位态势的

---

① 最高人民法院刑事审判第一、二、三、四、五庭主办：《刑事审判参考》2014年第4集（总第99集），法律出版社2015年版，第53～56页。

② 《北京破特大侵害公民个人信息案》，载《中国防伪报道》2013年第9期。

重要原因。当前的公民个人信息犯罪已经达到非常猖獗的地步，我们几乎每个人都受到过垃圾短信、广告短信、垃圾邮件等的骚扰。公民个人信息犯罪激增的一个很重要原因在于，围绕公民个人信息犯罪的后续犯罪产业链客观上增加了对公民个人信息的需求。政府机关、金融、电信、交通、医疗单位等利用职权或者服务便利会大量地聚集公民的个人信息。对公民个人信息的利用会产生经济价值，如装修装饰公司获得楼盘业主的联系方式后，可以更精准地进行推销，银行、保险公司的业务人员获得所谓资金雄厚人士的联系方式后，也可以进行精准推销，因而这些机构的人员对公民个人信息具有旺盛的需求，客观上也催生了对公民个人信息的买卖行为。更有甚者利用公民个人信息进行所谓的精准诈骗、敲诈勒索等后续犯罪，对社会秩序、公民个人的人身、财产和其他合法权益构成严重威胁。

公民个人信息犯罪的社会危害性主要体现在：侵害公民个人财产权益、损害公民的隐私权、妨害社会秩序的稳定、给后续犯罪打开了方便之门，大量公民个人信息的泄露也可能危害到国家安全。以下几组数据可以形象地说明公民个人信息犯罪的危害性：（1）2013年公安部开展了打击侵犯公民个人信息专项行动，截至当年8月15日，全国20余地公安机关共抓获犯罪嫌疑人1213名，破获各类刑事案件1327起，查获被盗取的各类公民个人信息7亿余条。[①]（2）2014年12月25日，12306用户数据泄露事件爆发，多达13万用户的账户、明文密码、身份证号码、手机号码等敏感信息在网络上传播；2015年4月22日，30多个省市的社保系统、户籍查询系统等被曝存在高危漏洞……中国互联网协会发布的《中国网民权益保护调查报告（2015）》显示，近一年来中国网民因信息泄露、诈骗信息等总体损失约805亿元。[②]（3）2014年，一份名为“2000万开房数据”的资料被网友疯狂下载。2000万条数据大规模泄露，显示了2000万个受害人包括姓名、身份证号码、性别、出生年月日、手机号及注册邮箱在内的详细个人信息。[③]（4）据上海市公安局2008年的数据显示，利用手机信息实施诈骗的案件有987件，涉案金额高达2000余万元。通过手机实施诈骗的案件比2007年上升了81.1%，以手机为实施诈骗通信工具的数量比2007年上升了166%。[④]此外，天津市检察机关在实践中也感到，因公民个人信息泄露所引发的刑事案件正日益呈高发趋势，公民个人

① 刘俊武：《用法律撑开公民个人信息安全保护伞》，载《人民公安报》2013年8月15日。

② 金园园：《大数据时代个人信息的刑法保护——访武汉大学法学院教授皮勇》，载《人民检察》2015年第17期。

③ 李师胜：《16万济南人开房信息泄露》，载《齐鲁晚报》2014年1月6日。

④ 席大伟：《个人信息安全掀“舆论潮”，亟须斩断灰色利益链》，载《通信信息报》2009年3月25日。

信息的泄露正逐渐成为一些犯罪分子实施犯罪的方便之门。[①]（5）2009 年 7 月至 2010 年 6 月，黄某某等 22 人非法购买车主信息资料、400 电话号码、手机号码、银行账户号等，并在云南昆明冒充车辆管理所、国家税务局工作人员与车主联系，以小汽车、摩托车下乡补贴、退税为由骗取 41 人共计 1557.0624 万元。[②] 以上数据令人触目惊心，而司法实践中揭露出来的案例恐怕也只是冰山一角。网络犯罪的惊人犯罪黑数与被发现犯罪的微不足道早就不是奇谈怪论，而是人们公认的事实。2017 年，公民个人信息犯罪有了一些新的发展，其在网络黑色产业链中的地位更加明显，源头效应凸显，成为其他网络犯罪的源头犯罪，对公民个人权益的危害越来越大。在此背景下，司法机关加大了对公民个人信息犯罪的打击力度，公安部多次进行打击整治黑客攻击破坏和网络侵犯公民个人信息犯罪专项行动，取得了丰硕的成果。据公安部披露的消息，2016 年公安部部署开展了打击整治网络侵犯公民个人信息犯罪专项行动，全国公安机关共侦办各类侵犯公民个人信息案件 1886 起，抓获犯罪嫌疑人 4261 名，其中，银行、教育、工商、电信、快递、证券、电商网站等行业内部人员 391 人、黑客 98 人；共侦办实施拒绝服务攻击、非法入侵控制网站等各类黑客犯罪案件 828 起，抓获犯罪嫌疑人 1747 名。[③] 2017 年 5 月 8 日，最高人民法院、最高人民检察院颁布《关于办理侵犯公民个人信息刑事案件适用法律若干问题的解释》，对公民个人信息犯罪中的关键性问题，包括“公民个人信息”“情节严重”等定义进行了认定，该司法解释扫清了公民个人信息犯罪司法认定的主要障碍。在严峻的犯罪形势面前，我们迫切需要研究公民个人信息犯罪的案发规律、特点，研究公民个人信息的立法保护体系以及对公民个人信息犯罪的司法打击策略，并提出具有学术与实践价值的解决思路。

（三）公民个人信息犯罪的现状与案发特点

1. 公民个人信息犯罪的案发特点

通过我国司法机关对公民个人信息犯罪的专项打击，公民个人信息犯罪得到了一定程度的控制。但是总体而言，我国公民个人信息犯罪依然处于较为严重的态势。特别是随着大数据时代的到来，数据成为重要的网络资产，而公民个人信息是数据的重要组成部分，今后公民个人犯罪是常见多发也是

---

① 陈晓英：《刑法亮剑“倒逼”个人信息保护法出台》，载《法制日报》2008 年 9 月 5 日。

② 董纯朴：《公民个人信息安全犯罪防控研究——以多元体参与信息时代保护公民隐私为视角》，载《公安研究》2014 年第 5 期。

③ 《公安部召开打击整治黑客攻击破坏和网络侵犯公民个人信息犯罪专项行动部署会》，http://www.mps.gov.cn/n2253534/n2253535/n2253536/c5657414/content.html。

危害性最严重的犯罪类型之一。据估计，2017 年信息泄露创历史纪录，仅 2017 年上半年泄露或被盗的数据（19 亿条），就已经超过了 2016 年全年被盗数据总量，2017 年全年预计将超过 50 亿条。其中，仅雅虎一家就达到了 30 亿条。[①] 实际上依据我国司法机关掌握的数据，上述数字是非常保守的。从公安机关破获和法院判决的案例看，车辆、征信报告、银行账户、房产、教育、医疗等领域的信息成为“抢手货”，相关部门内部人员监守自盗案件时有发生（见表 1）。

表 1　2017 年部门网络数据信息事件[②]

1 月：暗网市场知名供应商双旗（DoubleFlag）抛售多家中国互联网巨头数据，数据条数达到 10 亿以上
2 月：美国媒体报道，一名前美国国家安全局承包商雇员窃取了超过 50TB 的高度敏感数据
3 月：印度麦当劳麦乐送应用泄露了 220 多万麦当劳用户的个人数据。安全公司 Fallible 的研究员称，此次泄露的用户数据包括：姓名、电子邮箱地址、电话号码、家庭住址、家庭坐标和社交个人资料链接。此次用户数据泄露的根源在于麦当劳麦乐送公开可访问的 API 端点（用于获取用户详细信息）未受保护。商业服务巨头 Dun&Bradstreet 的 52GB 数据库遭到泄露，这套数据库包括美国数千家公司员工和政府部门的约 3380 万个电子邮件地址和其他联系信息，在美国影响范围巨大
4 月：国内某知名视频网站 1 亿账户信息在名为 CosmicDark 的网络黑市出售
5 月：印度互联网与社会中心警告，有 1.35 亿条 Aadhaar 号码及 1 亿条银行账户号码可能外泄
6 月：美国共和党承包商放在 AWS S3 云存储的 1TB 数据（包含 1.98 亿选民信息）被曝任何人均可访问。Shodan 搜索引擎发现近 4500 台 Hadoop 分布式文件系统服务器，约 5.12PB（5120TB）数据暴露在公网
8 月：全球知名有线电视公司 HBO 发生大规模数据泄露事件，至少 1.5TB 的数据被黑客掌握，包括未发行的剧集到财报等其他敏感文档
9 月：美国最大征信机构之一 Equifax 声明，由于网站漏洞导致 1.43 亿消费者信息泄露
10 月：雅虎在提交给美国金融监管机构的文件中，承认 30 亿账户全部泄露
11 月：马来西亚 12 家电信公司的 4620 万手机账户信息在网上售卖，马来西亚的人口数量为 3120 万
12 月：美国陆军及 NSA 情报平台约 100G 文件暴露在 AWS S3 存储服务器上，包括高度敏感、机密性的国家安全数据。安全研究人员发现一个包含 1.23 亿户美国家庭信息的大型数据库暴露在 AWS S3 上，包括地址、电话、年龄、性别、财务等 248 个数据段

① 李少鹏：《2017 年网络安全大事记》，https://www.sohu.com/a/212896635_163524，访问时间 2017 年 10 月 25 日。

② 以下信息均来自互联网。

当前公民个人信息犯罪呈现以下特点：

第一，随着云计算、物联网和大数据的普及，公民个人信息泄露事件呈现高速增长趋势。这是因为技术的适用扩展了公民个人信息的搜集渠道，相应地也让公民个人信息的泄露方式呈现多样化趋势。

第二，公民个人信息泄露案件遍布各个行业，但是互联网、政府机关和金融行业依然是重灾区，特别是存储有大量公民个人信息，但是防护能力不强的网站更成为犯罪侵害的重点，这其中不乏一些知名网站。2017 年上半年，淘宝网上出现销售“58 同城简历数据”的信息，一位淘宝店主表示，“一次购买 2 万份以上，3 毛钱一条；10 万份以上，2 毛钱一条。要多少有多少，全国同步实时更新”。而其他店主则表示 700 元钱买一套软件可以自己采集 58 同城的数据，有效期长达一个月。这个采集软件是一个恶意爬虫工具，是一种收集大量信息时的常用软件，而利用漏洞爬取信息则被称为恶意爬虫。①

第三，行业内部人员和第三方供应商是信息泄露的主要渠道。从司法实践来看，目前造成危害最大的主要是银行、教育、工商、电信、快递、证券、电商各个行业的人员，内部人员把数据泄露出来，成为侵犯公民个人信息的主体。②

第四，侵害公民个人信息犯罪已经成为完整的产业链条。网络犯罪的产业链化趋势是当前网络犯罪的重要特征，公民个人信息犯罪在网络黑色产业链中处于源头地位，且地位逐渐加强。一方面，围绕公民个人信息犯罪的产业链形态日趋完整，公民个人信息的获取、流通、专卖等各个环节都发展出了成熟的“商业模式”和“产业形态”；另一方面，公民个人信息犯罪对下游的诈骗犯罪等的制约性越来越强，打击公民个人信息犯罪对遏制网络犯罪具有明显作用。

2. 公民个人信息犯罪的主要侵害方式

（1）“守株待兔”型：网站植入黑客木马，获得访问者个人信息

一些网民常有这样的体验：用手机上网搜索医疗信息，几个小时后就有医院打来电话推销相应医疗方案，医院如何知道自己的手机号码？2017 年 12 月 5 日，北京市公安局海淀分局破获的一起特大非法获取公民个人信息案揭示了答案。在本案中，一些网站被植入了恶意代码，只要用户使用手机流量

---

① 《2017 年国内外网络信息安全泄露事件盘点》，http：//www. leagsoft. com/news/p/1864，访问时间：2017 年 10 月 25 日。

② 《公安部：侵犯公民个人信息的犯罪已成利益链》，http：//news. sina. com. cn/sf/news/fzrd/2017 – 05 – 09/doc – ifyeychk7176290. shtml，访问时间：2017 年 10 月 25 日。

打开网页，黑客就会利用运营商漏洞，抓取到用户的手机号、IP 地址、访问时间、搜索时输入的关键词等信息，这样在用户不知情的情况下个人信息就被泄露出去。这是最新的采用黑客手段获取公民个人信息的方式，目的是开展精准营销甚至电信诈骗，这一侵害方式多出现在医疗、教育、贷款等网站。非法网站所用的恶意代码购买自上游网站，并且也有中间商牵线搭桥。中间商从上游网站购买恶意代码，转手卖给下游网站，几方各取所需。[①] 目前，一些网络安全实验室通过技术手段对全网网站进行检测，鉴别哪些网站植入了窃取公民信息的脚本或者黑客工具，通过溯源摸清产业链的规模和上下级关系，并把这些情况提供给警方。据百度安全团队统计，有 4 万多家网站存在此类行为，非法获取超过 5000 条手机号信息的服务平台有 27 家。若不采取措施，预计每天有 500 万人次点击中招。[②]

（2）“内外勾结”型：内鬼是公民个人信息泄露主要渠道

当前电信、银行、保险、医疗等社会基础服务行业在提供服务过程中留存了大量公民个人信息，这些行业也就成为犯罪分子的“唐僧肉”。一些行业内的从业人员在利益驱使下，通过内外勾结的方式窃取公民个人信息。社会基础服务行业成为公民个人信息泄露的重灾区。据统计，截至 2017 年 8 月，三家基础电信企业的移动电话用户总数达 13.8 亿。而仅在 2015 年下半年至 2016 年上半年，因垃圾信息、诈骗信息、个人信息泄露等造成的总体经济损失就高达 915 亿元。2017 年 6 月，浙江宁波警方破获一起案件，“上游卖家”程某出售多年从事通信、房产等行业积累的个人信息，涉及公民信息 1.2 亿条之多。[③] 2017 年 2 月，有媒体披露，信息贩子手中掌握大量公民信息，包括精确到秒的打车记录、来电去电号码记录和通话时长的手机通话记录、误差在 50 米以内的实时定位信息等。这给公民的隐私权和其他合法权益造成严重损害。

其一，单位内部人员利用管理权限窃取公民个人信息。一些地方司法机关在案件办理中发现，内鬼是当前公民个人信息泄露的渠道。福州公安机关近日破获一起特大侵犯公民个人信息案，查获公民个人房产、征信报告、车辆、联系方式等信息超过千万条，抓获的 19 名犯罪嫌疑人绝大多数是房产开发、销售、中介等内部人员。他们利用职务便利，非法收集、交换、出售公民个人信息，从中牟利。在深圳福田的某资产管理有限公司，警方缴获非法公民个人信息 1 万余条、非法个人银行征信报告 1000 余份。警方最终摸查出

① 许晴：《谁卖了我的手机号（互联网前沿追踪）》，载《人民日报》2017 年 12 月 21 日第 15 版。
② 许晴：《谁卖了我的手机号（互联网前沿追踪）》，载《人民日报》2017 年 12 月 21 日第 15 版。
③ 许晴：《谁卖了我的手机号（互联网前沿追踪）》，载《人民日报》2017 年 12 月 21 日第 15 版。

非法提供这些个人信息的是3名某银行深圳分行个贷部在职员工。①

其二，单位内部人员利用技术手段窃取公民个人信息。2017年1月至3月，吴某受网名为“阿布小组”的网友（另案处理）指使，通过网络联系上在乐视云计算有限公司（以下简称“乐视公司”）担任工程师的阎某，并向其提供木马程序。出于牟利目的，阎某先后3次将上述木马程序布置在乐视公司位于全国的207台服务器上。乐视公司经排查发现问题后报警。检察机关以阎某、吴某涉嫌非法控制计算机信息系统罪对二人提起公诉。② 2017年，公安部破获的一起倒卖公民个人信息案中，50亿条公民信息遭到泄露，而犯罪嫌疑人被传是京东网络安全部员工，与黑客长期相互勾结。据公安部披露，犯罪嫌疑人郑某鹏利用京东网络安全部员工这一身份，长期监守自盗，与黑客相互勾结，为黑客攻入网站提供重要信息，包括在京东、QQ上的物流信息、交易信息、个人身份等。据悉，2016年6月底入职京东、尚处于试用期的网络工程师郑某系网络黑产团伙的重要成员，郑某加入京东之前曾在国内多家知名互联网公司工作，长期与盗卖个人信息的犯罪团队合作，从所在公司盗取个人信息，然后在网上贩卖。在掌握大量证据的基础上，按照公安部统一部署，安徽、北京、辽宁、河南等14个省、直辖市公安机关同步开展集中收网行动，韩某、翁某、郑某等主要犯罪嫌疑人悉数落网。③

2017年10月16日，最高人民检察院公布第九批指导性案例，旨在向社会进行以案释法，进一步加大对计算机网络犯罪的预防和打击力度。在卫某某、龚某、薛某某非法获取计算机信息系统数据案（检例第36号）中，被告人卫某某曾于2012年至2014年在北京某大型网络公司工作，被告人龚某供职于该大型网络公司运营规划管理部，两人原系同事。被告人薛某某系卫某某商业合作伙伴。因工作需要，龚某拥有登录该大型网络公司内部管理开发系统的账号、密码、Token令牌（计算机身份认证令牌），具有查看工作范围内相关数据信息的权限。但该大型网络公司禁止员工私自在内部管理开发系统查看、下载非工作范围内的电子数据信息。2016年6月至9月，经事先合谋，龚某向卫某某提供自己所掌握的该大型网络公司内部管理开发系统账号、密码、Token令牌。卫某某利用龚某提供的账号、密码、Token令牌，违反规定多次在异地登录该大型网络公司内部管理开发系统，查询、下载该计算机

---

① 《新华视点：“内鬼”是泄露主要渠道 “鲜活渠道”单条能卖数十元——谁在倒卖我们的个人信息?》，http://news.xinhuanet.com/2017-12/06/c_1122069089.htm，访问时间：2017年10月27日。

② 郭璐璐：《谁该为“失控”的数据负责?》，载《检察日报》2017年11月15日第8版。

③ 《2017年国内外网络信息安全泄露事件盘点》，载http://www.leagsoft.com/news/p/1864，访问时间：2017年11月2日。

信息系统中储存的电子数据。后卫某某将非法获取的电子数据交由薛某某通过互联网出售牟利，违法所得共计3.7万元[①]。本案的意义在于：超出授权范围使用账号、密码登录计算机信息系统，属于侵入计算机信息系统的行为；侵入计算机信息系统后下载其储存的数据，可以认定为非法获取计算机信息系统数据。这是一起典型的内鬼泄露信息案件。

（3）“鸟枪换炮”型：人工智能被运用于公民个人信息犯罪

2017年，浙江省绍兴市破获了全国首例利用人工智能技术实施的“特大侵犯公民个人信息案”，彻底捣毁一个集盗取、贩卖、利用个人信息实施诈骗的产业链，成功截流公民个人信息十亿余组，共抓获173人，扣押追缴赃款600余万元。在本案中，以李某为代表的黑客犯罪团伙利用黑客工具扫描网站程序漏洞，非法获取网站后台用户注册数据，而后将包含各类邮箱和密码的数据分门别类进行销售，以每10万条数据50～100元的价格卖给下线。吴某等人拿到这些原始数据后用撞库软件进行批量撞库、匹配，并将各类账号与密码成功匹配的账户以1.2～1.5元的价格卖给各类网络诈骗犯罪团伙。然后，各类网络诈骗犯罪团伙再实施具体的诈骗行为。在这个过程中，吴某等人的撞库行为是将“低价值”的个人信息洗为高价值的个人信息的关键环节，类似于矿石的挑选、筛矿行为。

许多人认为自己的社交账号、各类论坛的账号密码无足轻重，实际上个人往往习惯于在不同的网站设置同样的用户名和密码，犯罪分子拿到一个论坛的账号和密码后，会用该账号和密码尝试登录不同的网站，进而将个人完整的社交网络勾勒出来，经过验证的这类账号和密码的价值是很高的。而一些网站、平台为了防止黑客用机器自动登录和验证，也设置了安全门槛——验证码，验证码有数字、文字、图形，甚至更高难度的，为了堵截黑客侵入，各网站和平台也动了不少脑筋。这样做虽然不能完全堵住黑客验证的漏洞，但是至少可以大大降低黑客的验证效率。一些黑客犯罪团伙不得不采取人海战术，雇佣所谓的“码奴”进行人工验证，并支付费用。

在全国首例利用人工智能技术实施的“特大侵犯公民个人信息案”中，黑客们利用“快啊打码”网络平台，由该平台进行网站识别码的自动验证和自动输入工作，相当于使网站的验证机制失灵。该打码平台运用人工智能方式，由机器对各类平台的验证码进行自动学习，大大增加了识别准确率。打码平台上有100多种撞库软件，代替“码奴”来撞库，撞库软件则像一个巨大的筛子，把各种关联账号、密码“清洗”出来。通过这种方式，黑客登录

① 《最高人民检察院公布第九批指导性案例》，载《检察日报》2017年11月17日第3版。

网站进行密码验证的速度大大加快。警方介绍，“快啊”平台被打掉的前3个月，已提供验证码识别服务259亿次。[①] 该案表明，即使面对公民个人信息犯罪的高压态势，公民个人信息犯罪依然没有停止演变的步伐，并且公民个人信息犯罪的产业化趋势明显，产业化的龙头地位加强。

（4）“顺手揩油”型：第三方平台窃取公民个人信息犯罪

在司法实践中，一些网络科技公司利用承接政府项目、接触公民个人信息的机会，违背法律规定或者合同约定，非法下载、盗窃公民个人信息，这就是“顺手揩油”型的公民个人信息犯罪。梁某是成都某软件有限公司员工。她所在公司是省内部分地区房产管理部门房产登记的系统维护商，这让梁某看到了“商机”。经审查，梁某和同伙利用职务之便，将其公司负责维护的某些房管局系统的业主房产数据私自导出，以每条3.5元的价格出售给中间商钟某，而后钟某又以5元的价格出售给下家林某宏、杨某军、李某林等人用于商业推广，2000多万条业主信息就成了商品，成了这个犯罪链条成员的牟利工具。经公安部门调查，初步查实涉案金额100余万元。[②]

再如，杭州某科技公司主要从事0～6岁儿童的健康管理和移动医疗信息服务，2016年与浙江某疾病预防控制部门合作，承接了网站信息化建设项目。按照约定，该公司拥有该网站注册用户信息的阅读权限，没有下载权限。但在利益驱使下，公司老板黄某指使公司技术总监郑某，利用合作项目的管理漏洞，擅自将接种疫苗儿童及其家长信息等内网数据资源下载至网站服务器。随后，黄某又指使公司销售总监吕某寻找买家，以每条0.7～0.8元人民币的价格贩卖获利。2017年3月，杭州市公安网警部门在工作中发现了黄某等人的犯罪线索。2017年4月24日，杭州警方组织200余名警力集中收网，先后在杭州滨江和分布下游买家的6个城区抓获犯罪嫌疑人39名，采取刑事强制措施27名，查获非法获取的公民个人信息370万余条，存储量达40G。[③] 虽然政府机关在进行信息化建设过程中，都会对项目合作方的义务作出明确限定，但是由于政府机关的具体经办人员缺乏技术背景，对项目合作公司的一些技术活动缺乏有效监管，这就导致项目合作公司很容易在提供正常技术服务的同时顺手揩油。这个案件提示我们，政府机关在进行信息化建设中一定要注重对项目合作方的监管。

---

① 仇飞：《一起网络黑产案拷问AI犯罪责任边界》，载《法治周末》2017年12月12日。

② 《IT女借维护房管系统导出2千万条信息倒卖获刑》，http://tech.qq.com/a/20170919/028099.htm，访问时间：2017年11月10日。

③ 《浙江一公司非法获取儿童医疗信息等370余万条，39人被抓》，http://news.sina.com.cn/o/2017-10-11/doc-ifymqxpz2940352.shtml，访问时间：2017年11月10日。

(5)"暴力侵入"型：利用软件漏洞或者直接侵入网站系统

利用软件漏洞或者采取技术措施直接侵入他人网站获取信息也是常见的侵害公民个人信息的犯罪类型。

例如，王某原来是做机票销售代理的，2016年离职后，知道销售软件存在的漏洞，为牟私利，私自架设服务器将软件使用权限放大，设置多个子账号及查询流量出售给多名中间商使用，其中包括中间商嫌疑人穆某某，用于贩卖公民航班乘坐、预定信息。经查，王某下线通过该软件查询过国内大量一线明星等人在内的11万多次的航班乘坐记录，王某从中非法获利2万余元。①

又如，2015年6月，被告人张某某在登录浏览"魅力惠"购物网站时发现，通过修改该网站网购订单号可以查看到包含用户姓名、手机号、住址等内容的订单信息。为牟取利益，张某某委托他人针对上述网站漏洞编制批量扒取数据的恶意程序，在未经网站授权的情况下，进入该网站后台管理系统，从中非法获取客户订单信息12503条，通过QQ等联络方法将上述客户信息分数次卖给被告人姚某某，获利人民币5359元。被告人姚某某购得上述订单信息后，又在网络上分别加价倒卖从中牟利。②

再如，王某于2016年2月入侵某部委医疗服务信息系统，将该系统数据库内的部分公民个人信息导出，并进行贩卖。库某于2016年9月侵入某省扶贫网站，窃取了该系统内数个高级管理员的账号和密码，并下载系统内大量公民个人信息数据进行贩卖。随后，库某将其中一个账号和密码转卖给陈某亮，其下载大量公民个人信息后，又将该数据以及账号和密码贩卖给了台湾等地的诈骗团伙。③

二、中外公民个人信息的法律保护体系现状

公民个人信息的法律保护是世界各国面临的共同问题，因而受到世界各国的高度重视，在此，西方国家法律保护的先进经验值得我们借鉴和学习。我国司法机关应当在借鉴西方国家法律保护成熟做法的基础上，审慎抉择我国关于公民个人信息法律保护的应有思路。

---

① 《机票代理利用软件漏洞出售明星航班记录28人落网》，http：//tech. qq. com/a/20171009/035379. htm，访问时间：2017年11月10日。

② 《个人信息保卫站："内鬼"、黑客成泄漏源头，公检法升级严打》，http：//www. thepaper. cn/news Detail - forward - 1797828，访问时间：2017年11月12日。

③ 《侵犯公民个人信息案件频发　检察官详解贩卖公民信息犯罪四大特点》，http：//www. sohu. com/a/192102227_ 488937，访问时间：2017年11月12日。

（一）中国公民个人信息法律保护体系

我国政府也十分重视对个人信息的保护，在先后出台的200多部与网络相关的法律、法规和规章中，涉及个人信息权利保护的就有70余部。但是相关规范多散见于各个层级的规范性文件[①]，法律保护的规范层级不高、不够系统，这可以说是包括网络犯罪在内的中国所有网络法律体系的共同特征。

1. 宪法层面的保护

我国宪法虽然没有专门针对公民个人信息法律保护的规范，但是有的条文已隐含了对公民个人信息的保护，这从另外一个层面说明我国关于公民个人信息保护的法律规范缺乏系统性。《宪法》第三十八条规定："中华人民共和国公民的人格尊严不受侵犯。禁止用任何方法对公民进行侮辱、诽谤和诬告陷害。"本条规定虽然针对的是人格尊严，但如果公民个人信息中涉及人格尊严的内容，也应受到宪法的保护。典型的如河北"艾滋女"事件。在该事件中，犯罪嫌疑人在网络上大肆公布被害人闫某的个人信息，侵害了闫某的人格尊严，因而受到了法律的应有制裁。此外，《宪法》第四十条规定："中华人民共和国公民的通信自由和通信秘密受法律的保护。除因国家安全或者追查刑事犯罪的需要，由公安机关或者检察机关依照法律规定的程序对通信进行检查外，任何组织或者个人不得以任何理由侵犯公民的通信自由和通信秘密。"如果公民个人信息涉及个人的通信自由和通信秘密的，则只有经过有权机关以法定程序进行检查，其他任何组织和个人都不得妨碍公民个人的通信权利。

2. 民法层面的保护

我国民法层面对公民个人信息的保护的法律规范相对较多，同时由于民法体系的庞杂性，相关法律规范也散见于不同的法律中，这也表明我国关于公民个人信息保护的法律规范非常不具有系统性。民法层面对公民个人信息的保护包括：《中华人民共和国民法通则》第一百零一条规定："公民、法人享有名誉权，公民的人格尊严受法律保护，禁止用侮辱、诽谤等方式损害公民、法人的名誉。"该条款是对宪法确立的公民人格权利的再次确认。此外，1988年最高人民法院《关于贯彻执行〈中华人民共和国民法通则〉若干问题的意见（试行）》第一百四十条第一款规定："以书面、口头等形式宣扬他人的隐私，或者捏造事实公然丑化他人人格，以及用侮辱、诽谤等方式损害他人名誉，造成一定影响的，应当认定为侵害公民名誉权的行为。"在网络时代，通过信息网络宣扬他人隐私或者捏造事实公然侮辱他人的，应当承担必

---

① 高福洪：《公民个人信息保护刍议》，载《公安研究》2013年第10期。

要的民事侵权责任。最高人民法院在《关于审理名誉权案件若干问题的解答》及《关于确定民事侵权精神损害赔偿责任若干问题的解释》中也明确规定："对未经他人同意，擅自公布他人的隐私材料或者以书面、口头形式宣扬他人隐私，致人名誉受到损害的，按照侵害他人名誉权处理。""违反社会公共利益、社会公德侵害他人隐私或者其他人格利益，受害人以侵权为由向人民法院起诉请求赔偿精神损害的，人民法院应当依法予以受理。"公民个人信息的范围非常广泛，对公民个人信息的提供和传播行为可能构成对他人隐私权和名誉权的侵害。

2017年3月15日，第十二届全国人大第五次会议通过了《中华人民共和国民法总则》（以下简称《民法总则》）。作为民法典制定的重要一步，《民法总则》在新设权利方面较为引人注目的就是第一百一十一条关于公民个人信息权的规定。《民法总则》第一百一十一条规定："自然人的个人信息受法律保护。任何组织和个人需要获取他人个人信息的，应当依法取得并确保信息安全，不得非法收集、使用、加工、传输他人个人信息，不得非法买卖、提供或者公开他人个人信息。"这就给公民个人信息的民法保护扫清了重要的法律障碍。

除了实体法，在民事程序法中也存在对公民个人信息的保护。《中华人民共和国民事诉讼法》第六十八条规定："证据应当在法庭上出示，并由当事人互相质证。对涉及国家秘密、商业秘密和个人隐私的证据应当保密，需要在法庭出示的，不得在公开开庭时出示。"第一百三十四条规定："人民法院审理民事案件，除涉及国家秘密、个人隐私或者法律另有规定的以外，应当公开进行。""离婚案件，涉及商业秘密案件，当事人申请不公开审理的，可以不公开审理。"上述规定，是出于维护国家利益、商业利益和公民个人利益的需求，对有关案件信息涉及国家秘密、商业秘密和个人隐私的，必须履行相应的保密义务，否则就应当承担法律责任。

3. 行政法层面的保护

行政法层面对公民个人信息的保护集中在《治安管理处罚法》《身份证法》等法律中。例如，《中华人民共和国治安管理处罚法》规定："偷窥、偷拍、窃听、散布他人隐私的，处五日以下拘留或者五百元以下罚款；情节较重的，处五日以上十日以下拘留，可以并处五百元以下罚款。"《中华人民共和国居民身份证法》第六条第三款规定："公安机关及其人民警察对因制作、发放、查验、扣押居民身份证而知悉的公民的个人信息，应当予以保密。"这是公安机关对搜集的公民个人信息的保密义务。《中华人民共和国商业银行法》第二十九条规定："商业银行办理个人储蓄存款业务，应当遵循存款自愿、取款自由、存款有息、为存款人保密的原则。对个人储蓄存款，商业银行有权拒绝任何单位或者个人查询、冻结、扣划，但法律另有规定的除外。”

由于上述法律比较零散，对公民个人信息的保护缺乏系统性，为此 2012 年 12 月 28 日，全国人大常委会通过了《关于加强网络信息保护的决定》，这是专门针对网络信息保护的单行法律。该决定规定：“国家保护能够识别公民个人身份和涉及公民个人隐私的电子信息。任何组织和个人不得窃取或者以其他非法方式获取公民个人电子信息，不得出售或者非法向他人提供公民个人电子信息。网络服务提供者和其他企业事业单位在业务活动中收集、使用公民个人电子信息，应当遵循合法、正当、必要的原则，明示收集、使用信息的目的、方式和范围，并经被收集者同意，不得违反法律、法规的规定和双方的约定收集、使用信息。”此外，我国首个个人信息保护国家标准——《信息安全技术公共及商用服务信息系统个人信息保护指南》将于 2013 年 2 月 1 日起实施。该标准最显著的特点是规定个人敏感信息在收集和利用之前，必须首先获得个人信息主体明确授权。①

2017 年 6 月 1 日起施行的《中华人民共和国网络安全法》第四章专章规定了网络信息安全。第四十条要求：“网络运营者应当对其收集的用户信息严格保密，并建立健全用户信息保护制度。”第四十一条规定：“网络运营者收集、使用个人信息，应当遵循合法、正当、必要的原则，公开收集、使用规则，明示收集、使用信息的目的、方式和范围，并经被收集者同意。网络运营者不得收集与其提供的服务无关的个人信息，不得违反法律、行政法规的规定和双方的约定收集、使用个人信息，并应当依照法律、行政法规的规定和与用户的约定，处理其保存的个人信息。”

4. 刑法层面公民个人信息的刑法保护体系的完善

在对公民个人信息的法律保护中，刑法保护体系是最为有力的，《刑法》着重打击严重侵犯公民个人信息的犯罪行为，在整个法律体系中具有不可忽视的重要作用。在刑事法层面，《刑事诉讼法》也有关于公民个人信息的刑法保护，如《刑事诉讼法》第一百八十三条规定：“人民法院审判第一审案件应当公开进行。但是有关国家秘密或者个人隐私的案件，不公开审理。”第二百七十四条规定：“审判的时候被告人不满十八周岁的案件，不公开审理。”其立法理由与民事诉讼法中的规定是一致的，笔者这里只讨论刑事实体法的完善问题。

早在《刑法修正案（七）》颁布之前，刑法对于公民个人信息安全的保

① 赵磊：《发达国家个人信息保护经验及对我国的启示》，载《大庆社会科学》2013 年第 3 期。

护大体上可以分为两种方式，一种是通过保护社会信息间接保护公民个人信息，如泄露内幕信息罪，侵犯商业秘密罪，为境外窃取、刺探、收买、非法提供国家秘密、情报罪，损害商业信誉、商品声誉罪等；另一种是对公民个人某些特定信息的直接保护，如窃取、收买、非法提供信用卡信息罪。[①] 但是这种借助其他罪名的间接保护和只对特定信息的直接保护远远不能满足司法实践打击公民个人信息犯罪的需要，为此《刑法修正案（七）》第七条规定在刑法第二百五十三条后增加一条，作为第二百五十三条之一："国家机关或者金融、电信、交通、教育、医疗等单位的工作人员，违反国家规定，将本单位在履行职责或者提供服务过程中获得的公民个人信息，出售或者非法提供给他人，情节严重的，处三年以下有期徒刑或者拘役，并处或者单处罚金。""窃取或者以其他方法非法获取上述信息，情节严重的，依照前款的规定处罚。""单位犯前两款罪的，对单位判处罚金，并对其直接负责的主管人员和其他直接责任人员，依照各该款的规定处罚。"最高人民法院、最高人民检察院关于执行《中华人民共和国刑法》确定罪名的补充规定（四）中规定：触犯刑法第二百五十三条之一第一款之规定，构成"出售、非法提供公民个人信息罪"；触犯刑法第二百五十三条之一第二款之规定，构成"非法获取公民个人信息罪"。2008年8月25日，全国人大常委会法工委李适时主任在向全国人大常委会委员进行《刑法修正案（七）》（草案）的说明时指出："近年来，一些国家机关和电信、金融等单位在履行职务或者提供服务过程中获得的公民个人信息被非法泄露的情况时有发生，对公民的人身、财产安全或者个人隐私造成严重威胁。对这类侵害公民权益情节严重的行为，应当追究刑事责任。"[②]

《刑法修正案（七）》出台以后，司法实践中打击公民个人信息犯罪有了明确的法律依据，这在一定程度上遏制了公民个人信息犯罪的扩散势头，但是也暴露出了严重的问题。主要体现在，出售、非法提供公民个人信息罪的主体仅限于国家机关或者金融、电信、交通、教育、医疗等单位的工作人员，即本罪是特殊主体犯罪，但是在司法实践中几乎每一个单位或者个人都可能实施出售、非法提供公民个人信息犯罪，立法限制特殊主体的谦抑之举反而不适应司法实践的现实需求，为此2015年《刑法修正案（九）》对本罪作了修改，将本罪的主体由特殊主体变为一般主体，并取消了原来的非法获取公

① 慈健：《非法提供与获取公民个人信息行为的刑法规制》，载《西南科技大学学报》2010年第1期。

② 李适时：《关于〈中华人民共和国刑法修正案（七）（草案）〉的说明》，载《中华人民共和国全国人民代表大会常务委员会公报》2009年第2期。

民个人信息罪，统一为“侵犯公民个人信息罪”。修改后的法条如下：“违反国家有关规定，向他人出售或者提供公民个人信息，情节严重的，处三年以下有期徒刑或者拘役，并处或者单处罚金；情节特别严重的，处三年以上七年以下有期徒刑，并处罚金。”“违反国家有关规定，将在履行职责或者提供服务过程中获得的公民个人信息，出售或者提供给他人的，依照前款的规定从重处罚。”“窃取或者以其他方法非法获取公民个人信息的，依照第一款的规定处罚。”“单位犯前三款罪的，对单位判处罚金，并对其直接负责的主管人员和其他直接责任人员，依照各该款的规定处罚。”《侵犯公民个人信息案件司法解释》的出台，扫清了制约司法实践的“最后一百米”。本司法解释规定了公民个人信息的认定、违反国家规定、提供公民个人信息、情节严重、单位犯罪的处罚、量刑原则等一系列问题，明确了对公民个人信息犯罪的处罚依据，增加了法条的可操作性，强化了对犯罪的打击力度。

刑法针对公民个人信息犯罪的黑色产业链，也有相应规制策略。《刑法修正案（七）》在《刑法》第二百八十五条第二款增加了非法获取计算机信息系统数据、非法控制计算机信息系统罪，第二百八十六条第三款提供侵入、非法控制计算机信息系统程序、工具罪，并增加了原出售、非法提供公民个人信息罪、原非法获取公民个人信息罪，将网络犯罪产业链的两个源头行为纳入刑法打击范围。《刑法修正案（九）》增设了拒不履行信息网络安全管理义务罪、非法利用信息网络罪、帮助信息网络犯罪活动罪等，将网络产业链的平台提供者、犯罪帮助者等都纳入处罚范围。网络黑色产业链的上下链条的参与者，包括代理商、投放广告者、提供支付结算帮助者、提供互联网接入者等，理论上对其处罚都是依法有据的。

（二）外国公民个人信息的法律体系对比研究

关于公民个人信息保护方面，西方国家的探索时间比中国更长，因而有关的立法成果更具有借鉴价值。1968 年，联合国在庆祝《世界人权宣言》发表 20 周年的会议上，提出了保护公民个人信息隐私安全的问题。

德国黑森州于 1970 年颁布了世界第一部个人信息保护立法——《资料保护法》。虽然这部法律仅仅是一州法律，但因为其是世界上第一部个人信息保护法，依然产生了较大的影响力，影响了许多国家的立法。德国国会于 1970 年起着手制订联邦资料保护法草案，经过长达 6 年的反复讨论与修改，联邦个人资料保护法最后于 1976 年全文通过，1977 年生效。该法的正式名称是《防止个人资料处理滥用法》。德国通过“人口普查法案”宪法诉讼，确立了公民的“信息自决权”原则，奠定了个人资料保护的宪法基础。[①]

在德国的带动下，欧洲各国纷纷进行公民个人信息保护的立法工作。例如，奥地利《联邦个人数据保护法》规定，无论何人，如果使用已经被委任的，或者由于专业原因而获得的个人数据，或者非法获取数据，并为个人使用或者把这些数据提供给他人或者为营利或致害目的而公开这些数据，除去数据所有人应受保护的利益以外，应该由法院处以1年的监禁处罚，除非另外的条款规定了更重的惩罚。[②]

《芬兰刑法典》第三十八章第九条规定了数据保护犯罪，即凡故意地或重大过失地：（1）违反《私人数据法案》关于目的限制、处理的一般前提、数据的必要性和完整性、敏感数据、鉴定码或为特殊目的处理私人数据方面的规定，或者违反关于处理私人数据处理的明确规定而处理私人数据的，（2）通过提供虚假或误导性信息阻止或企图阻止主体使用其调查权利，或（3）违反《私人数据法案》第五章的规定，传递数据给欧盟或欧洲经济区以外的国家，且因此侵犯了数据主体的隐私，或给其造成其他的损失或重大的不便，以数据保护罪论处，处以罚金或1年以下的监禁。

葡萄牙《个人数据保护法》第四十七条第一款规定：任何依据法律受职业保密义务约束的人，如果在无正当原因且无正当同意的情况下全部或部分地揭露或披露个人数据，必须被处以1年或240天的监禁。

波兰《个人数据保护法》第五十一条规定：作为数据文件系统的管理员，无论基于故意或者过失，违反保护个人数据免于未经授权的转移、损害或者破坏的义务的，行为人将被处以罚款、部分限制自由最高1年的监禁。

1984年，英国《数据保护法》对私人数据保护作出较为详尽的规定：（1）任何人不得掌握私人数据，但是，有关数据使用者或者经营电脑社的数据使用者当时得到登记许可的除外。（2）有关获得登记许可的人，不得实施下列行为：一是不得掌握除登记种类以外的任何形式的个人数据；二是不得将其掌握的或使用的经登记许可的个人数据用于登记目的以外的其他任何目的；三是不得从登记许可的渠道以外的其他渠道获得此类个人数据或者此类个人数据所包含的信息；四是不得向登记许可范围之外的其他人泄露其掌握的此类个人数据；五是不得直接或间接地将其掌握的此类个人数据传递给予登记许可限定或规定不相同的联合王国之外的任何国家或地区。违反上述规定，知道或有理由相信泄露个人数据违反上述款项，而诱使他人向自己泄露

---

① 柴晓宇：《德国个人信息保护立法的特色及对中国的启示》，载《人大研究》2013年第3期。

② 梁恒：《风险·规制·完善：刑法视域下的个人信息保护》，载《重庆邮电大学学报》2009年第6期。

个人数据的，构成犯罪。同时将诱使他人向自己泄露的个人数据出卖的，构成犯罪。可以看出，英国数据保护法对公民个人信息的保护非常翔实。

意大利于1999年颁布的《个人数据信息处理保护法》第二十二条规定：有关种族、种族血统、宗教、哲学或其他信仰，政治观点、社团、商业联合会会员以及这些协会或组织，身体健康或性生活方面的资料，只有数据主体的书面同意，依据保证人，才可以传播适用。①

《冰岛有关个人数据的保护法》将“个人敏感数据”概括为以下五个方面：（1）个人的人种或种族、肤色、政治立场、宗教信仰以及其他信仰的数据；（2）揭示个人是否是犯罪嫌疑人、被告或罪犯的数据；（3）健康数据，包括基因数据、揭示任何药品或酒精的医疗或非医疗用途的数据；（4）有关性生活的数据；（5）有关工会成员资格的数据。②

澳大利亚法律规定，凡是批量发送的邮件必须符合三个方面的规定：一是发送方须在传播和媒体管理局进行真实详细的备案登记；二是接收方同意接收；三是接收方如对邮件不满意可以退订。③

韩国《公共机关个人信息保护法》规定，违反本法规定泄露无权限处理的个人信息或者将个人信息提供给他人使用等将个人信息用于不正当之目的的，处以3年以下徒刑或者1000万韩元以下的罚金。以欺诈或者其他不当之方法自公共机关处查阅或者接受其提供的处理信息的，处以2年以下徒刑或者700万韩元的罚金。④

而美国对个人信息的保护主要采用隐私保护的模式，相关法律主要有1974年的《联邦隐私权法》、1971年的《公平信用报告法》以及1997年修订的《公平信用报告法》。⑤

欧盟作为超国家实体，在网络安全、网络犯罪、信息安全的立法一直走在世界前列，也给世界各国提供了很多可供借鉴的样本。欧盟关于个人信息保护的相关立法主要有：1995年颁布的《个人数据保护指令》，2002年颁布的《隐私和电子通讯指令》，以及2006年颁布的《数据留存指令》。1995年的《个人数据保护指令》指出，个人信息是“与一个身份已被识别的自然人相关的任何信息”。该指令第八条第一款规定：“各成员国应禁止处理显示种族或民族起源、政治观点、宗教或哲学信仰和工会资格的数据，并禁止对有

---

① 蒋坡：《个人信息数据的法律保护》，中国人民政法大学出版社2008年版，第216页。

② 沈玉忠：《个人信息保护与刑法干预的正当性》，载《燕山大学学报》（哲学社会科学版）2009年第2期。

③ 赵磊：《发达国家个人信息保护经验及对我国的启示》，载《大庆社会科学》2013年第3期。

④ 刘宪权：《凸显“国家刑法”向“公民刑法”的转变趋势》，载《法制日报》2008年10月12日。

⑤ 刘宇晗：《大数据时代个人信息的民法保护》，载《中国律师》2014年第2期。

关健康和性生活有关的数据进行处理。”

考察西方诸国关于公民个人信息的保护立法，可以发现具有如下特点：保护范围全面，涵盖了公民个人信息的各个方面，最大限度地周延对公民个人信息的保护范围；保护方式灵活，既有民法、宪法层面的保护，又有刑法层面的保护；保护模式多样，既有统一的法典模式的保护，又有分散的各部门法的保护。

三、治理公民个人信息犯罪的未来展望

我国的网络犯罪治理虽然受到了空前关注，但是也应看到，国内信息技术的普及程度、人员的综合能力水平、网民的网络安全意识程度等都与发达国家存在较大差距。网络安全形势依然严重，网络安全挑战依然严重。随着数据在网络发展中的地位日趋显著，数据承载的价值获得了充分的承认，个人信息泄露不仅仅侵害个人的隐私权和财产权，而且与网络安全发生着更加密切的联系。孤立的个人信息只涉及个体利益，但是海量的信息集合则与国家安全、公共安全捆绑在一起。因此必须站在网络安全的高度审视公民个人信息安全的问题。虽然国家层面对网络安全高度关注，但近几年我国关于网络安全的政策和法律法规处于频繁出台期，客观上给治理公民个人信息犯罪提供了很好的制度环境。

2016 年 12 月 27 日，国家互联网信息办公室首次发布《国家网络空间安全战略》。该战略要求，要以总体国家安全观为指导，推进网络空间和平、安全、开放、合作、有序，维护国家主权、安全、发展利益，实现建设网络强国的战略目标。

2017 年 3 月 1 日，经中央网络安全和信息化领导小组批准，外交部和国家互联网信息办公室共同发布《网络空间国际合作战略》。该战略提出，应在和平、主权、共治、普惠四项基本原则基础上推动网络空间国际合作，并强调中国在推动建设网络强国战略部署的同时，将秉持以合作共赢为核心的新型国际关系理念，与国际社会携手共建安全、稳定、繁荣的网络空间。

2017 年 6 月 1 日，《中华人民共和国网络安全法》正式实施，这是我国在网络安全领域最重要的立法，确立了网络安全的框架法，将网络安全从法律层面上升到国家安全层面。

2017 年 6 月 27 日，国家网信办发布了关于印发《国家网络安全事件应急预案》的通知。该预案将网络安全事件分为四级：特别重大网络安全事件、重大网络安全事件、较大网络安全事件、一般网络安全事件。通知明确，网络安全事件应急处置工作实行责任追究制。

2017 年 7 月，为保障关键信息基础设施安全，根据《中华人民共和国网络安全法》，国家互联网信息办公室会同相关部门起草了《关键信息基础设施安全保护条例（征求意见稿）》。

2017 年 7 月 27 日，工信部发布《关于开展 2017 年电信和互联网行业网络安全试点示范工作的通知》。该通知指出，2017 年试点示范项目的申报主体为基础电信企业集团公司或省级公司、互联网域名注册管理和服务机构、互联网企业、网络安全企业等。试点示范项目应为支撑自身网络安全工作或为客户提供安全服务的已建成并投入运行的网络安全系统（平台）。

2017 年 9 月，工信部印发《公共互联网网络安全威胁监测与处置办法》。该办法要求相关专业机构、基础电信企业、网络安全企业、互联网企业、域名注册管理和服务机构等应当加强网络安全威胁监测与处置工作，明确责任部门、责任人和联系人，加强相关技术手段建设，不断提高网络安全威胁监测与处置的及时性、准确性和有效性。

在网络个人信息保护方面，2016 年年底，中央网络安全和信息化领导小组办公室、国家质量监督检验检疫总局、国家标准化管理委员会联合发布了《关于加强国家网络安全标准化工作的若干意见》（以下简称《意见》）。《意见》的第二部分《加强标准体系建设》中提出“推进急需重点标准制定”，并明确将制定“个人信息保护”方面的标准列为近期工作重点之一。2016 年 12 月 12 日，全国信息安全标准化技术委员会出台了《信息安全技术　个人信息安全规范》（征求意见稿）。本规范明确了个人信息的定义，介绍了对个人信息进行保护的全周期保护方法，为国家主管部门、第三方机构开展个人信息安全管理、评估工作提供了依据。

2017 年 4 月 11 日，国家网信办颁布了《个人信息和重要数据出境安全评估办法》（征求意见稿），本办法对数据出境的原则、安全评估办法、不得出境的内容、数据出境管理机关等进行了规定。

2017 年 5 月 27 日，国家信息安全标准化技术委员会颁布了《信息安全技术数据出境安全评估指南（草案）》，本指南为落实网络安全法关于数据出境的安全评估要求，未来可能成为国家标准。

特别值得一提的是，我国的个人信息安全有了国家规范。按照国家标准化管理委员会 2017 年第 32 号中国国家标准公告，全国信息安全标准化技术委员会组织制定和归口管理的国家标准 GB/T 35273 - 2017《信息安全技术个人信息安全规范》于 2017 年 12 月 29 日正式发布，将于 2018 年 5 月 1 日实施。《信息安全技术个人信息安全规范》对个人信息的保存、去标识化处理、个人信息安全事件处置、组织的管理要求等均进行了细化处理。本规范的出台将大大强化我国对公民个人信息的保护力度。

2017 年 12 月 24 日，全国人大常委会副委员长王胜俊在十二届全国人大常委会第三十一次会议上作全国人大常委会执法检查组关于检查《中华人民共和国网络安全法》《全国人民代表大会常务委员会关于加强网络信息保护的决定》实施情况的报告。报告认为，用户信息泄露呈现渠道多、窃取违法行为成本低、追查难度大等特点，说明用户个人信息保护工作形势严峻。对此，报告建议，通过加快立法进程、加大监督检查力度、加大打击力度等方式，进一步加大用户个人信息保护力度。通过专门立法，明确网络运营者收集用户信息的原则、程序，明确其对收集到的信息的保密和保护义务，不当使用、保护不力应当承担的责任，以及监督检查和评估措施。在此背景下，可以从两个方面完善公民个人信息的法律保护体系。一是制定独立的《中华人民共和国个人信息保护法》，整合部委文件和部门规章中的合理规定，建立本领域的框架性立法，提升公民个人信息法律保护的层级；二是在《治安管理处罚法》中增加对侵犯公民个人信息犯罪的处罚条款，实现侵犯公民个人信息的“行刑衔接”，延长侵犯公民个人信息行为的打击链条。

专题五

中国技术勒索的现状、趋势及对策*

引言

互联网先驱们在创建互联网时或许意识到了互联网对社会变革的巨大推动能量，但未必预测到了伴随互联网而来的网络犯罪的惊人破坏力。早在2003年，美国战略与国际研究中心（Center for Strategic and International Studies）和计算机安全公司McAfee就曾联合发布报告称，网络间谍和网络犯罪每年给美国带来了1000亿美元的损失。[①] 根据2009年的一份报告，2008年美国因网络欺诈损失超过5.597亿美元，有61%的电脑都被间谍软件入侵过。[②] 时至今日，在美国，网络犯罪已经超越贩毒成为第一大犯罪行业。[③] 英国打击犯罪调查局（NCA）也曾指出，滥用计算机和使用计算机的犯罪，已经超越传统犯罪数量，占到英国所有犯罪的53%，仅2015年就有246万起网络事件和211万受害者。[④]

中国虽然没有公布每年的网络犯罪数量，不过公安部主管的“网络违法犯罪举报网站”每月均公布举报受理处置情况，近年来每月有效线索均在1万条以上。根据时任公安部网络安全保卫局局长刘新云在第二届世界互联网大会上的介绍，2015年年初至12月中旬，公安机关已经侦办网络违法犯罪案件173万起，抓获违法犯罪嫌疑人29.8万人；破获了黑客攻击案件947起，

* 本报告是国家自然科学基金项目“基于免疫理论的恶意代码检测与防御方法研究”（编号：61602489），中央高校基本科研业务经费项目“网络犯罪的立法及司法应对研究”（2016JKF01201）的阶段性成果，并得到了微软（中国）有限公司的资助和国家计算机病毒应急处理中心的大力支持。执笔人：刘为军、芦天亮。

① 《报告称网络犯罪每年给美国带来千亿美元损失》http://tech.qq.com/a/20130723/016657.htm，访问时间：2017年5月1日。

② Internet Crime Complaint Center，2009 Internet Crime Report.

③ Internet Crime Complaint Center，2015 Internet Crime Report.

④ ONS，Cyber Crime as a proportion of total UK crime in 2015. 转引自NCA，Cyber Crime Assessment 2016. See http://www.nationalcrimeagency.gov.uk/publications/709 - cyber - crime - assessment - 2016/file，访问时间：2017年5月3日。

抓获各类黑客违法犯罪人员 2703 人。在 2016 年 10 月召开的全国社会治安综合治理创新工作会议上，时任中央政法委书记孟建柱指出，在中国，网络犯罪已占犯罪总数的近三分之一，而且每年还在大量增加。

最初的网络犯罪以计算机犯罪为基础，如制造、传播计算机病毒、非法侵入计算机系统，即所谓的网络对象犯罪。但随着网络技术的发展和网络应用的普及，几乎所有传统犯罪均有可能“披上网络的外衣”，诸如网络色情、网络恐怖、网络赌博、网络诈骗、网络盗窃、网上贩毒等，即所谓的网络工具犯罪。随着网络技术的进一步升级，社会关系逐步向网络迁移，又衍生了一些全新的网络犯罪，如网络传谣、恶意好评（差评）破坏生产经营等，即所谓的网络空间犯罪。①

目前，国内最受关注的网络犯罪无疑是电信网络诈骗犯罪。近十年来，我国电信网络诈骗案件每年以 20% ~30% 的速度快速增长，2015 年全国公安机关共立电信诈骗案件 59 万起，环比上升 32. 5%，共造成经济损失 222 亿元。2013 年至 2016 年 11 月，全国共发生被骗千万元以上的电信诈骗案件 94 起，百万元以上的案件 2085 起。② 在徐玉玉等案件发生后，电信网络诈骗犯罪得到中央的高度重视，整合了公安、金融、电信等众多行业资源，出台了一系列举措进行专项打击和治理，重点地区的治理和跨国办案协作也在走向深入，执法机关也已取得相对成熟的应对经验，这类案件的迅猛发展势头已被遏制。

当人们的目光投放在电信网络诈骗犯罪时，将技术手段与勒索骗局相结合，特别是利用勒索软件而实施的技术勒索行为，近年来有爆发的趋势。2016 年被称为“勒索软件之年”，2017 年技术勒索愈演愈烈。2017 年 5 月中旬波及全球 100 多个国家的“WannaCry”勒索软件攻击，更是将技术勒索推上了风口浪尖。技术勒索已经不再是单纯的侵财犯罪，而是对网络安全乃至政治安全的重大挑战，是亟待解决的课题。

一、技术勒索：中国的最新形势

（一）技术勒索的定义

对于中国而言，技术勒索是一个舶来词，即部分人对英文“Tech Scams”的汉译。在英文语境下，“Tech Scams”通常包括使用恶意软件（malware）、

① 刘品新：《网络法学》（第二版），中国人民大学出版社 2015 年版，第 127 页。

② 《腾讯 2016 第三季度电信网络诈骗大数据报告》，http：//tech. cnr. cn/techzt/2016css/zxxx/20161109/t20161109_ 523255189. shtml，访问时间：2017 年 4 月 3 日。360 互联网安全中心《2016 中国电信诈骗形势分析报告》（2016 年 9 月发布）等报告亦可为电信网络诈骗犯罪的严重性佐证。

有害软件（unwanted software）或以技术支持（technology support scam）、网络钓鱼（phishing）等方式实施的敲诈勒索和诈骗行为①，较为直接且准确的中文含义应为“技术骗局”，即以技术手段特别是网络技术设置骗局，诱骗、威胁或要挟被害人支付一定数额财物或满足其他要求的行为，包含了诈骗与勒索两类目的行为。

中国立法及司法中并未对技术勒索作出专门界定。除立法上并无该表述外，以“技术勒索”“勒索软件”“病毒 + 敲诈勒索”等关键词加“刑事案由”检索中国裁判文书网，并无比中。以“敲诈勒索 + 软件”检索，仅能比中部分 PS 艳照诈骗案件。如果扩大技术勒索定义范围，将犯罪嫌疑人以各种手段控制用户账户控制权，并以此威胁用户支付解密费用的行为，如近年媒体常报道犯罪嫌疑人截获用户 iPhone 手机 iCloud 账户密码，以此要求被害人支付解密费用的案件，也仅比中一例［（2016）苏 0621 刑初 548 号］以破坏计算机信息系统罪定罪②，且该案并非典型技术勒索行为。可见，典型的技术勒索行为尚未引起执法和司法机关重视。“WannaCry”事件之后，中国政府采取了一系列应对措施，但这些措施主要是技术性的，体现在法律层面的行动鲜有报道。

根据勒索的中文语义和目前公认的一些技术勒索表现形式，在当前语境下的技术勒索可以界定如下：利用技术手段劫持用户设备、系统的使用权、数据可用性或账户控制权，并通过直接展示或以电话、邮件等其他方式告知勒索信息，要求用户在一定期限内通过特定的方式支付一定金额的勒索金或者实施特定行为，以换回该使用权或控制权的行为。在此定义下，假冒勒索软件侵入用户系统，然后直接删除用户文件，但伪装成对文件加密，从而要

---

① 参见美国消费者联盟项目 www. fraud. org 对“Tele Scams”的列举。

② 该案基本案情为：被告人曾某于 2016 年 10 月至 11 月间，与被告人王某甲及李某甲分别结伙，或者单独使用专门用于作案的 QQ 号、陌陌号等，冒充年轻女性与被害人聊天，并编造自己的苹果手机因故障无法登录 iCloud，请被害人代为登录的谎言，诱骗被害人先注销其苹果手机上原有的 ID，再使用被告人提供的 ID 及密码登录。随后，被告人立即在电脑上使用上述 ID 及密码登录苹果官方网站，利用“查找我的 iPhone”功能将被害人的手机设置成移除，并使用密保修改该 ID 的密码，从而远程锁定被害人的苹果手机设备，再以 QQ 等方式与被害人联系，以解锁为条件索要钱财。其间，被告人曾某单独或伙同被告人王某甲等人共作案 21 起，涉及苹果手机 22 部，成功锁定 21 部，索得人民币合计 7290 元；其中，被告人王某甲参与作案 12 起，涉及苹果手机 12 部，成功锁定 11 部，涉案金额合计人民币 4750 元。中国裁判文书网检索日为 2017 年 3 月 4 日。中国裁判文书网并未收入全部裁判文书，广州市中级人民法院 2007 年判决的欧阳俊曦破坏计算机信息系统案［（2007）穗中法刑一终字第 310 号］和苏州市虎丘区人民法院 2007 年判决的胡磊、李权破坏计算机信息系统案［（2009）虎刑初字第 0363 号］虽非勒索软件勒索，但亦应属于广义的技术勒索范畴。

求用户支付赎金的行为，并非本报告所要探讨的技术勒索行为。①

在许多场合，人们仅使用技术勒索的最狭义概念，即仅指以勒索软件为手段实施的勒索行为。

技术勒索行为敲诈勒索用户钱财，或者加密用户设备文件，或者破坏用户数据、系统，或者夺取用户账户控制权，或者兼而有之，危害性极大，其侵害对象不仅包括直接受害的用户本身，也包括网络运营甚至关键基础设施安全。

（二）中国境内技术勒索的产生、发展及趋势

1. 中国已是技术勒索主要受害国之一

从世界范围看，技术勒索案例至少可追溯至1989年。当时一款名为AIDS Trojan的勒索软件经由软盘中的蜗牛邮件进行传播，通过加密电脑上的文件，要求用户支付解密费用。但长期以来，勒索软件并未成为恶意程序中的主流。2005年开始流行的误导应用（Misleading Applications）和随后出现的伪装杀毒软件（Fake AV）产品成为勒索愈演愈烈的罪魁祸首。误导应用向受害者报告虚假的电脑问题，随后要求他们支付购买软件的许可，从而对电脑问题进行修复。这些欺骗性攻击试图说服用户其电脑受到恶意软件的入侵，欺骗用户付费购买假的软件许可。不过，误导应用并非严格意义上的技术勒索。随着公众对误导应用和Fake AV的了解日益深入，攻击者在2010年后开始大量使用勒索软件作为通过网络获取财物的违法犯罪手段。据俄罗斯卡巴斯基实验室统计，2015年4月至2016年3月，PC端勒索软件受害用户数量达到2315931个，较上一年度同期上涨17.7%，受害用户占所有用户的比例从上一年度的3.63%增长至4.34%。目前在PC平台上的勒索软件以数据加密类为主，其中排名前十位的勒索软件感染的用户数量占总受害用户数量的97.6%。②

在移动领域，既有研究表明，2013年6月出现首个仿冒杀毒软件恐吓用户手机存在恶意软件要求付费并且顶置付费提示框导致无法清除的Android. Fakedefender。③ 2014年05月，Android平台出现首个真正意义上的勒索样本即Android. Koler。④ 根据360公司统计，截至2016年第一季度，勒索

---

① 网络中发现一种名为Ranscam的所谓“勒索软件”，Ranscam表面上会像普通勒索软件一样侵入用户系统，并且对受害者的文档进行加密，之后黑客会提出支付赎金解决问题。但实际上Ranscam本身并没有什么加密技术，它仅仅是直接删掉了用户的文档。即使用户支付了赎金，文档其实早已被删除了。案例来源：http://netsecurity.51cto.com/art/201611/522518.htm，访问时间：2017年2月28日。

② 孙波、杜振华：《“勒索软件”发展现状及防范对策》，载《天津科技》2017年第3期。

③ Fake AV holds Android Phones for Ransom，http://www.symantec.com/connect/blogs/fakeav-holds-android-phones-ransom，访问时间：2017年2月28日。

④ Police Locker land on Android Devices，http://malware.dontneedcoffee.com/2014/05/police-locker-available-for-your.html，访问时间：2017年2月28日。

类恶意软件历史累计感染手机接近 90 万部，从新增感染手机数据看，2015 年第三季度新增感染手机接近 35 万部；至 2016 年第一季度，共捕获手机勒索类恶意样本 7.6 万余个。[①]

中国何时开始出现技术勒索已经难以考证。有观点认为 2006 年出现的 Redplus 勒索木马是国内首款勒索软件，该木马会隐藏用户文档，然后弹出窗口勒索赎金，金额从 70 元至 200 元不等。[②] 发展至今后，至少可以认定，中国已经是遭受技术勒索危害最严重的国家之一。目前国家计算机病毒应急处理中心掌握的已知勒索软件家族有 170 余种。根据安天公司统计，2016 年以来我国 PC 端勒索软件受害用户数量达到 334080 个，其中排名前十位的勒索软件感染的用户数量占总受害用户数量的 91.4%。360 互联网安全中心的监测也显示，2016 年共截获电脑端新增敲诈者病毒（即勒索软件）变种 113 种，涉及样本 16.7 万个，全国至少有 497 多万台用户电脑遭到了敲诈者病毒攻击，其中上半年攻击高峰时一天之内被攻击的电脑最多可达到 4644 台，下半年攻击高峰时单日拦截敲诈者病毒 2 万余次的情况。[③] 在移动端，据统计，在中国的卡巴斯基实验室安全解决方案用户中，有 40% 的用户至少遭遇过一次针对移动端的勒索软件威胁。[④] 2017 年 5 月 12 日，全球爆发“WannaCry”勒索软件攻击，中国亦遭受重创，特别是教育网等行业网络用户被大面积感染，部分政府机构业务停摆。

网络安全企业发布的相关数据统计很多，尽管基于统计口径和统计方法不一，各方数据存在合理差异，但至少都能说明，中国已经是技术勒索的重灾区。考虑到中国庞大的网络终端用户群体、疏于防范的用网意识和脆弱的个体网络安全能力，实际问题会比数据所显现的更为严重。

2. 多重原因促成了技术勒索的爆发式增长

英特尔安全首席技术官史蒂夫·格罗勃曼认为，勒索软件愈演愈烈主要由以下几个原因造成：软件易访问、存在为犯罪分子提供服务的暗网、犯罪分子隐藏在匿名网络中难以追踪等。[⑤]

国家计算机病毒应急处理中心在第十六次全国计算机和移动终端病毒疫情调查时加入了勒索软件内容，中心在 2017 年 6 月发布的《第十六次全国计

---

① 360 互联网安全中心：《2016 敲诈者病毒威胁形势分析报告（年报）》，2016 年 12 月发布。

② 据国家计算机病毒应急处理中心统计，全国各地的该病毒及其变种的感染报告有 580 多例。而实际上用户的文件并未丢失，只是被移动到一个具有隐藏属性的文件夹中。郑辉：《勒索软件，2016 年强势来袭》，载《保密工作》2016 年第 4 期。

③ 360 互联网安全中心：《2016 敲诈者病毒威胁形势分析报告（年报）》，2016 年 12 月发布。

④ 王蕊：《2016 年第一季度勒索软件变种数量增加 14%》，载《计算机与网络》2016 年第 10 期。

⑤ 王楚等：《英特尔：勒索软件成黑客惯用伎俩》，载《人民邮电报》2016 年 4 月 11 日第 006 版。

算机和移动终端病毒疫情调查分析报告》专门对加密勒索软件的快速发展作出解释：一方面，因为部分勒索软件作者会在网络上公开售卖，使得一些没有能力制造勒索软件的黑客也加入其中；另一方面，勒索软件的开源促进其发展，黑客通过修改代码，开发出不同种类的勒索软件，导致其不仅数量增加，种类也大幅增长。[①]

不过，综合已发现的许多技术勒索事件，可以发现，技术勒索行为出现爆发式增长的原因，既有技术因素，也有管理、法律和用户自身因素，主要包括：

一是为了获取经济利益。思科发布的《2016年年中网络安全报告（MCR）》认为，2016年至今，勒索软件已成为历史上最赚钱的恶意软件类型。[②] 勒索软件开发成本较低，传播渠道多样，潜在感染用户群极其庞大，利益驱动着既有和潜在技术勒索者不断创新勒索方式，扩大勒索对象范围。

二是网络攻防技术的迅速发展促成了勒索软件的不断发展升级。如果从抽象行为模式来看，技术勒索呈现产业链化（典型的勒索软件攻击产业链模式见后文），基本模式没有变化，但具体实现手段却不断趋于复杂，勒索软件变种不断推陈出新，破解难度越来越大，而且破解速度远远跟不上新病毒或其变种的推出速度。此外，越来越多的攻击选择以比特币等作为支付工具，暗网也成为勒索软件交易的重要场所，导致这类犯罪的追查难度不断加大。

三是许多终端用户（包括企业用户）欠缺安全意识，缺乏被害预防意识和能力，而在遭遇勒索后极少选择报警。前述疫情调查显示，用户遭遇勒索事件后选择的处理方式主要是报警、找技术人员解决、自行解决三种，采用这三种解决方案的用户共占71%，其中报警的占19%，说明用户被勒索后报警意识淡薄。虽然疫情调查的结果显示，用户愿意支付勒索赎金的仅占10%，[③] 但由于潜在被害群体极其庞大，攻击者仍然有可能获得较大收益，因而用户不报警的选择对攻击者的后续攻击行为形成激励效应。

四是未落实主体责任。中国庞大的网络终端用户群体，必然会成为网络违法犯罪者逐鹿的“战场”。当前，主管部门监管职责以及部分企业主体责任不明确或者执行不力，是勒索软件在传播环节难以得到遏制的重要原因。实践中，尽管许多网络安全公司监测到了大量的勒索软件攻击行为，但进入执法环节的极为罕见。

五是许多勒索软件攻击呈现跨国特征，难以追查源头和开展执法活动。

---

① 国家计算机病毒应急处理中心：《第十六次全国计算机和移动终端病毒疫情调查分析报告》。

② 阳文：《勒索软件威胁愈演愈烈》，载《人民邮电》2016年8月9日第006版。

③ 国家计算机病毒应急处理中心：《第十六次全国计算机和移动终端病毒疫情调查分析报告》。

从“WannaCry”之类攻击事件的应对上可以明显地看到，各国在威胁信息共享、跨国执法等领域的合作还有极大的发展空间。

3. 技术勒索有向全行业、全领域拓展的趋势

可以预见，随着网络技术的发展以及反技术勒索力量的增强，攻击者将进一步扩展技术勒索的方式，开发新的勒索软件，增加新的攻击渠道，扩大技术勒索可攻击的范围，除了传统的 PC 和智能手机外，智能汽车、智能家居、可穿戴设备等，均有可能成为勒索软件敲诈的媒介。

攻击者目前主要以经济利益为目的，但很难保证其不会朝政治目的甚至军事目的方向发展。“WannaCry”病毒攻击使办公设施瘫痪，实际上已经造成了部分政府机构运转失灵。遗憾的是，由于大量受侵害用户出于各种原因选择不报案，因而尽管许多网络安全公司监测到了大量的技术勒索行为，但却无法统计实际发生的损失，这从另一方面也反映了技术勒索的强力整治刻不容缓。①

可以预见，如果不能强化应对措施，在巨额利润的驱动下，勒索软件敲诈将有进一步爆发的可能，并向全行业、全领域拓展，所造成的危害将持续扩大，直至威胁政权稳定。

二、技术勒索的实现方式：违法犯罪产业链描述

技术勒索是将勒索骗局与技术手段相结合进行违法犯罪活动，面对巨大的经济诱惑，技术勒索已形成完整的地下产业链条。在技术勒索骗局中参与人员会有明确的分工协作，运用多种技术手段。

（一）勒索软件产业链及实现手段分析

Cerber、Locky、XTBL 是目前主流的勒索软件病毒家族，主要采用网页挂马、邮件附件和服务器入侵等方式传播。勒索软件不仅攻击个人计算机，还以手机等移动设备为目标。2016 年，360 公司共截获电脑端新增勒索软件样本 16.7 万个，全国至少有 497 多万台用户电脑遭到了勒索软件攻击。

勒索软件产业链的参与者包括：勒索软件开发制造者、勒索软件销售者、勒索软件传播攻击者、套现者。

勒索软件开发制造者，即编写勒索软件程序，但不直接实施攻击，通过卖给销售者获得收益。

勒索软件销售者，即将勒索软件卖给攻击者，通过提成或单次支付获得收益。典型的是勒索软件即服务（ransomware as a service）方案，从受害者所

① 单起攻击事件的损失，主要来源于基于网络的不完全统计。

支付的赎金中抽成。

勒索软件传播攻击者，即实施网络攻击，利用网络挂马、邮件附件以及系统漏洞等方式传播勒索软件，感染用户主机。攻击者获得用户支付的比特币等赎金。

套现者，即将攻击者获得的电子货币等虚拟财产由专门的套现者进行套现，获得现金后进行分成。

1. 勒索软件开发制作原理

勒索软件主要分为两类：基于加密和基于 Locker 的勒索软件。

基于加密的勒索软件通常采用高级加密算法对文件、文件夹、磁盘驱动器加密，被感染用户支付赎金后才可以解密；基于 Locker 的勒索软件会锁定用户设备，屏蔽用户的屏幕输入操作或修改登录密码，导致用户无法使用设备。

近期大规模流行的勒索软件主要采用不对称加密的方式对系统中的特定文件，如文档、图片、视频等进行高强度加密，使受害者几乎不可能在不支付赎金的情况下自行解密被加密的文件。此类勒索软件，对于存储了大量机密或敏感文件的企业用户来说，威胁尤其严重，以往也主要被用于攻击企业或机构用户。

（1）基于加密算法的勒索软件

基于加密算法的勒索软件主要采用对称加密和非对称加密等算法。勒索软件发展到今天，越来越多地使用非对称加密算法比如 RSA 等，这使得解密文件几乎成为不可能，因为解密的私钥存放在攻击者的服务器中。

勒索软件 Locky，采用“对称 + 非对称加密”的方式，使用 RSA－2048 和AES－128算法来对文件进行加密。在加密每个文件前，会随机生成 AES 加密密钥，这样每个文件均采用不同的 AES 密钥加密，而每个 AES 密钥在生成后又使用 RSA－2048 公钥进行加密，加密后的字符串再发送给 C&C 服务器，这样密钥的保存方式就比较稳妥了。其中，RSA－2048 就是通过 &act = getkey 的方式向 C&C 服务器请求的 RSA 公钥。

勒索软件 Pyran，采用的加密方式是 base64 + AES，因为是对称加密算法，可以编写出解密工具，解密被该恶意程序感染加密的文件。

勒索软件 CTB－Locker，根据文件的时间和当前系统运行的时间等信息，计算 SHA256，根据计算的 SHA256 值作为会话私钥（session private key）使用 Elliptic Curve Diffie－Hellman（ECDH）算法产生一个会话公钥（session public key）。再与配置文件中的一个主公钥（master public key）使用 ECDH 算法产生一个会话共享密钥（session shared secret），对会话共享密钥计算

SHA256 并将这个值作为 AES 加密的 KEY。

（2）基于 Locker 的勒索软件

勒索软件主要通过锁住用户设备，使用户无法正常使用，并以此胁迫用户支付解锁费用的恶意软件，主要针对移动设备。表现形式有：

· 通过将手机触摸屏部分或虚拟按键的触摸反馈设置为无效，使触摸区域不响应触摸事件。

· 频繁地强制置顶页面，造成手机无法正常切换应用程序。

· 设置手机锁定 PIN 码，无法解锁进入手机系统。

锁屏技术原理包括：

· 通过 addView 方法实现一个悬浮窗，设置 WindowManager. LayoutParams 的 flags 属性，使悬浮窗全屏置顶且无法清除，造成手机屏幕锁屏无法正常使用。

· 利用 Activity 劫持手段，达到勒索软件页面置顶的效果，同时结束掉原来后台进程。

· 通过改写 onKeyDown 方法，屏蔽返回键、音量键、菜单键等虚拟按键，造成不响应按键动作的效果，来达到锁屏的目的。

· 设置一个解锁 PIN 码，通过诱导用户激活设备管理器，勒索软件会在用户未知情的情况下强制给手机设置一个解锁 PIN 码，导致用户无法解锁手机。

· 利用 Root 权限篡改系统文件，如果手机之前设置了解锁 PIN 码，勒索软件通过诱导用户授予 Root 权限，篡改/data/system/password. key 文件，在用户不知情的情况下设置新的解锁 PIN 码替换旧的解锁 PIN 码，达到锁屏目的。

2. 勒索软件的销售途径

勒索软件即服务（RaaS 服务，Ransomware as a Service）。Cerber 是一种“Ransomware as a Service”型产品，想要发起勒索的人只需要将赎金按照一定的百分比上缴给软件开发商，就可以随意部署勒索软件了。

加密货币的存在使得勒索软件作者无须提前收费，而只需从成功的犯罪赎金中进行抽成即可，这也将大大增加勒索软件势力的扩张范围。例如，一个名为 Satan（撒旦）的 RaaS 网站展示了网络犯罪分子是如何轻而易举就可以构建复杂的勒索软件并进行分发感染。Satan 的开发者设置了一个网站，允许用户生成自己的 Satan 变种，他们可以使用自己的方法进行软件投放，可以指定他们想要的赎金所对应的比特币数量，可以创建任意多数量的变种，可以很容易地监测通过该网站被感染和支付赎金的受害者状态。Satan 开发者将从受害者所支付的赎金中抽成 30% 作为回报。

3. 勒索软件的传播攻击途径

勒索软件主要采用以下传播方式：

（1）网页挂马传播。勒索软件利用浏览器或Flash等应用程序漏洞，在网页内嵌入恶意脚本。一旦用户使用未打补丁的程序访问网站，便会触发恶意脚本。脚本会自动执行敲诈者病毒，进而加密用户文件。

2016年11月，敲诈者病毒Locky攻击国外多个主流社交网站，Facebook、LinkedIn等被植入含有恶意程序的图片，用户浏览时自动下载，点击查看时敲诈者病毒便运行起来。

（2）邮件附件传播。利用社会工程学，通过伪装成产品订单详情、图纸、账单或简历等重要文档类的钓鱼邮件，在附件中夹带含有恶意代码的脚本文件。一旦用户打开邮件附件，便会执行里面的脚本，释放敲诈者病毒。

Locky、CTB－Locker等勒索软件，大多使用鱼叉攻击，用户会收到一封带附件的垃圾邮件，并冠以一个极具诱惑力的名称，发送给目标电脑，诱使受害者打开附件。当用户打开邮件附件后，则病毒被执行，机器被感染，文件被加密。

（3）利用漏洞入侵传播。以XTBL家族为代表的敲诈者病毒主要采用此类攻击方式。黑客通过弱口令、服务器漏洞等方式攻击服务器，并尝试以高权限登录。一旦登录成功，运行敲诈者病毒，留下支付赎金的方式。该方式主要针对公司业务的运转系统进行破坏，迫使公司为了止损而不得不交付赎金。

（4）移动存储介质传播。利用U盘或者移动硬盘感染和传播勒索软件，移动存储设备在多个计算机之间共用的过程中传播。

（5）软件捆绑或伪装传播。国外勒索类恶意软件最常伪装成色情视频、Adobe Flash Player和系统软件更新这类软件。国内勒索类恶意软件最常伪装成神器、外挂及各种刷钻、刷赞、刷人气的软件，这类软件往往利用了人与人之间互相攀比的虚荣心和侥幸心理。

4. 勒索软件的赎金支付途径

勒索软件主要通过以下几种途径接收赎金：

（1）邮寄赎金。早期的勒索软件采用传统的邮寄方式接收赎金（比如Trojan/DOS. AidsInfo），会要求受害者向指定的邮箱邮寄一定数量的赎金。

（2）银行汇款。敲诈者要求受害者向指定银行账号汇款（比如Trojan/Win32. Pluder）和向指定号码发送可以产生高额费用的短信。如Trojan［rog，sys，fra］/Android. Koler勒索软件。

（3）比特币支付。直到比特币（比特币是一种P2P形式的数字货币，可以兑换成大多数国家的货币）这种虚拟货币支付形式出现后，由于它可以为勒索软件提供更为隐蔽的赎金获取方式，2013 年以来，勒索软件逐渐采用了比特币为代表的虚拟货币的支付方式。可以说，虚拟货币的出现，加速了勒索软件的泛滥。

（4）充值卡等。为了防止追踪，部分勒索者还采用了充值卡、购物卡、点卡等方式，用户将卡号和充值密码等发送给勒索者。

（5）感染其他用户。勒索软件 CornCrypt 的受害者如果想免费解密文件，可以选择感染另外两个用户，攻击者希望通过这种方式获得“滚雪球”效果的广泛传播。

（二）非勒索软件类技术勒索产业链及实现手段分析

除了勒索软件，其他技术勒索手段还包括：账户勒索、企业数据敲诈、仿冒身份（电信网络诈骗）等方式。

1. 账户勒索产业链分析

“苹果账户敲诈手段”成为近期高发案件，不少苹果用户都遭遇被勒索情形。例如，用户的苹果手机变成一块“砖头”，进入自己的手机系统却要跟所谓的“专业人士”联系，缴纳 500 元费用后对方才给你解锁。2016 年 1 月 18 日，腾讯和警方联合召开发布会透露，从已破获案件来看，这种不法行为的从业人员多达千余人，而且形成黑色产业链。

2015 年 8 月，吴某的苹果手机突然被锁定，手机屏幕上留下了一个 QQ 号码，要求吴某支付 500 元为其解锁。吴某随后与犯罪嫌疑人联系并支付 500 元，最后手机成功被解锁。遭遇类似勒索，大多数用户付钱了事，而吴某选择了向警方报案。警方经过近两个月的侦查，成功破获蔡某等人非法获取苹果账户、租用平台进行钓鱼，再到敲诈勒索的全产业链诈骗案，摧毁国内最大的调取苹果账户紫缘管理系统，抓获犯罪嫌疑人 10 人，涉案金额 2000 余万元。

以苹果账户勒索案为例，其黑色产业链共分五类：

第一类是钓鱼网站开发者。该类人员通过向他人提供钓鱼网站服务器、服务器空间获利。

第二类是钓鱼网站使用者。该类人员通过钓鱼网站搭建自己的钓鱼平台，通过向受害人发送钓鱼链接的方式，获取受害人苹果账户及密码，再将账户和密码销售给敲诈勒索人员获益。

第三类是敲诈勒索人员。该类人员从钓鱼网站使用者处获得账户及密码后，登录 iCloud 官网，远程锁定受害人使用的苹果设备，使其无法使用而敲诈勒索获利。

第四类是二手手机收售人员。该类人员将低价收售的苹果账户发给钓鱼网的使用者，检索后获利。此类人员自称二手手机收售者，是正常途径获取二手手机，不需要通过钓鱼方式获取苹果账户及密码，其实这些手机都是疑似和被盗抢的手机。

第五类是提供苹果ID查询的人员。该类人员使用苹果设备的账户，通过相关人员搜集设备对应的苹果账户，销售给二手手机收售人员获利。

2. 仿冒身份的技术勒索

仿冒身份是技术勒索中用户欺诈的常用手段，常常被仿冒的身份有科技公司、电信运营商、电商平台、银行、公检法等。

（1）仿冒微软中国版权部。很多不法分子制造了利用微软中国版权部进行电话诈骗的机会。受害公司接到“北京微软”法律部门的电话，询问受害公司有几台电脑，然后快递所有的版权通知书给受害公司，并要求受害公司每套付款5000元，否则就会威胁受害公司将会以法律手段解决，诉受害公司侵权等。

（2）仿冒科技公司技术支持。不法分子假冒微软公司的职员或受委派的人员，拨打电话给消费者声称他们的电脑发生故障或中病毒。之后，冒充职员引导受害人登录某网站，趁机对他们的电脑进行远程遥控，再假意向受害人解释问题。在这一过程中，骗子会千方百计地游说受害人支付几百元的费用进行维修，有不少人因此受骗。

（3）仿冒电商媒体等中奖诈骗。不法分子通常发送声称收件人赢得抽奖机会的电子邮件或短信。为获得虚构的奖金，犯罪嫌疑人可能会要求用户提前缴纳一笔钱，来支付各种费用，如税金、快递服务费、联合国清关检查费、律师费等。犯罪嫌疑人通常使用知名的公司品牌、电视节目、银行等，为其电子邮件或短信增加可信度和真实性。

3. 攻击特定对象服务器实施勒索

从技术勒索者方面来说，直接对特定对象的服务器发送攻击并实施控制和勒索赎金的作案方式更为直接。例如，2016年12月旧金山的公交售票系统因敲诈者入侵而导致大面积瘫痪，市民可以免费乘坐公交车。负责当地公交运营的SF Muni公司电脑上出现了“你已被黑”的警告信息，想要恢复系统运行要缴纳73万美元的赎金。再如，攻击者于2017年2月12日凌晨0时15分对MySQL数据库服务器发起攻击，在短短30个小时内，攻击者拿下了成百上千个暴露在公网的MySQL服务器，删除了存储数据，并留下勒索信息，要求支付0.2比特币的赎金（时价约为235美元）。

（三）勒索渠道个例分析：技术勒索作案者如何利用微软产品和服务达到犯罪目的

1. 伪装微软补丁或激活工具

（1）伪装微软补丁诈骗。该病毒在邮件内容中通过冒充微软的更新补丁，欺骗用户下载恶意文件，导致整个系统受到感染，运行速度迅速变慢，企业的网络带宽被严重占用，甚至造成一些企业的局域网络崩溃。“趋势科技”发布了一个补丁骗子病毒（如 WORM_ STRATION. WO）的中度风险警报。

（2）伪装微软系统小马激活工具。当前网络上的小马激活工具下载网站，基本都是盗版的木马网站，这些非法网站通过推广的方式获得搜索页面中的前排位置，诱导网友进入，进而下载携带病毒的程序。

2. 谎称微软技术支持员付费解锁

反病毒公司 Avast 的反向工程师和恶意软件分析师 Jakub Kroustek 发现了名为 Vindows Locke 的勒索骗局，它以加密受害者电脑文件为要挟，要求受害者拨打假冒的微软技术支持电话支付赎金。受害者电脑文件一旦被加密，屏幕上会显示文字表示，已经用 Zeus 病毒锁住文件，请受害者拨打 1 - 844 - 609 - 3192 电话与第 5 级微软技术支持人员联系解密，而诈骗分子会谎称微软技术支持人员，一次性收取 349. 99 美元作为服务费。

如果受害者拨打以上电话，将被连接到身处印度的诈骗分子，他们声称是微软公司的第 5 级技术支持人员，要求远程控制受害者电脑，一旦受害者接受控制，为了使骗局看起来更加令人信服，诈骗分子将打开一个合法的微软支持页面，然后快速粘贴一个地址到浏览器地址栏上，打开一个 Web 表单，要求受害者填写自己的信用卡信息，诈骗分子借此得以骗取受害者的钱财，但不会替受害者解密文件。

3. Winlocker 电脑桌面锁定

用户从网络上下载程序，点击运行后，开始没有任何反应，但是 2 ~ 3 秒后，桌面突然消失了，取而代之的是另一个程序的窗口，窗口上只有一个输入框和按钮，所有系统按键，如 Win 按键，Alt + Tab 等都失去作用，重启电脑也于事无补。

用户的电脑桌面一旦被病毒锁定，只有在输入框中输入正确的密码才能解锁。受害者需按照窗口上的提示交付“赎金”，才可以获得密码，“赎回”桌面（如图 5 - 1 所示）。

图 5 - 1　电脑桌面锁定

上图为程序执行后的截图，由于桌面进程 explorer. exe 被结束了，常用的系统快捷键无法使用。

4. Hotmail 用户遭黑客勒索

Hotmail，旧称“MSN Hotmail”，现全称“Windows Live Hotmail”，是微软的一项免费线上 webmail 服务。Hotmail 是互联网免费电子邮件提供商之一，世界上的任何人都可以通过网页浏览器对其进行读取，并用它收发电子邮件。

有的不法分子突破 Hotmail 用户的账户，疯狂地发送电子邮件，要求这个账户拥有者付钱之后才能返还其账户。

5. 冒充微软向想要升级 Windows 10 的用户发送邮件

（1）勒索软件冒充微软公司向意图升级 Windows 10 的用户发送电子邮件。在这封包含恶意程序的邮件中有着非常明显的诈骗信号：大部分值得注意的字符并未正确显示，因为任何来自微软官方的邮件在用户的设备上总是会显示正确的字符。如果用户忽略这些信号，下载了 . zip 文件，解压缩并执行 . exe 文件之后，会发现自己的电脑被称为 CTB - Locker 的勒索软件变种劫持。

（2）一款被称为“Fantom”的勒索软件充分利用了 Windows Update 的“创意”。该勒索软件伪装成重要的 Windows Update 可执行文件，在开始工作时，执行的是两个程序而不是一个：cryptor 本身以及看似无害的 WindowsUpdate. exe 程序，后者被用来模仿真正的 Windows Update 屏幕（提示用户 Windows 正在更新的蓝色屏幕）。当 Fantom 在后台加密用户文件的同时，计算机屏幕则显示正在“更新”中（实际上在加密）。

Fantom 一旦成功潜入目标计算机，即自动开启常规勒索软件程序：创建加密密钥并予以加密，然后保存到命令与控制服务器以供将来之用。之后该木马病毒开始扫描计算机，搜寻加密的文件类型（超过 350 种，包括流行的办公文档、音频和图片格式）。随后，使用上述密钥加密这些文件并将 . fantom 后缀添加到文件名中。

6. 冒充微软 Windows 操作系统过期

最近，有用户遇到了一个锁屏勒索软件，其将自己伪装成了 Windows 激活界面，声称用户的 Windows 授权已过期，并附上了一个电话号码（+1－888－303－5121）。但 VMRay 开发者 Chad Loeven 已经找到了一个“解锁码”，不慎中招的用户可以尝试输入“8716098676542789”并移除该勒索软件（如图 5－2 所示）。

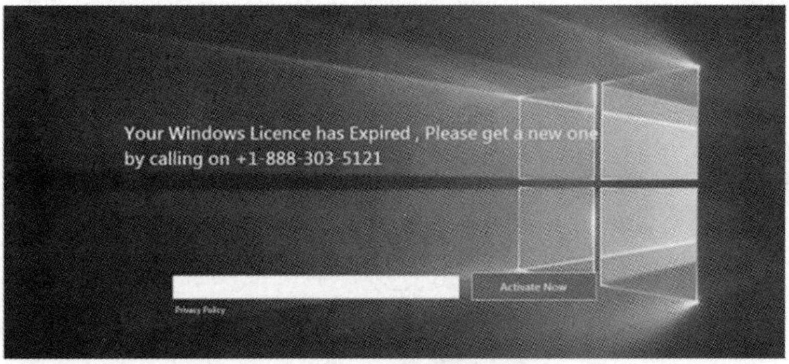

图 5－2　Windows 操作系统过期界面

7. 使用 Windows CryptoAPI 进行离线加密

2016 年，Maktub 作为勒索被发现，且其开发者还试图创建极端复杂的变种。它还是第一款利用 Crypter（加壳器）加密自身源代码的勒索软件。Maktub 没有使用 C2 服务器进行密钥检索和存储，而是使用了 Windows CryptoAPI 进行离线加密。

（四）勒索工具个例分析

勒索软件（Ransomware）是黑客用来劫持用户资产或资源并以此为条件向用户勒索钱财的一种恶意软件。勒索软件通常会将用户系统上多种类型的文件，如文档、邮件、数据库、源代码、图片、压缩文件等，进行某种类型的加密操作，使这些文件不可用。勒索软件还可能通过修改系统配置文件，干扰用户正常使用系统的方法使系统的可用性降低。然后，通过弹出窗口、对话框或生成文本文件等方式向用户发出勒索通知，要求用户向指定账户汇款来获得解密文件的密码或者获得恢复系统正常运行的方法。

1. Ransomware 分类

根据勒索软件的勒索方式，可以分为三类：

（1）影响使用。此类软件可以锁定屏幕、修改文件关联、拦截手机来电、色情无限弹框等，影响用户正常使用，迫使用户付款，以换取对系统的正常使用。

（2）恐吓用户。此类软件伪装成反病毒软件，欺骗用户使其相信系统中发现病毒而付款购买反病毒软件，或者伪装成执法机构等。

（3）绑架数据。此类软件的具体行为包括：加密用户文档数据、隐藏用户文件、删除用户文件和加密通讯录等。通常采用加密算法将用户的文件加密从而无法正常使用，支付赎金之后才会提供解密文档的方法。

2. Ransomware 发展历史

从最早的“艾滋病信息木马”到最近出现的 Locker 勒索软件，二十几年的时间里，虽然勒索软件的新家族层出不穷，但主要的勒索方式仍以绑架用户数据为主。图 5－3 展示了 1987 年到 2016 年间勒索软件的演进史，图中左侧标明了几个重要的时间点。从图中可以看出，随着 Android 平台的日益普及，面向移动终端的勒索软件也日渐增多；随着比特币的广泛应用，以比特币代替赎金支付形式的勒索软件也逐渐泛滥（如图 5－3 所示）。

图 5－3 勒索软件演进史

3. 勒索软件发展趋势及变化

（1）移动平台勒索软件。2014 年 4 月，国外开始出现移动平台勒索软件，我国也很快出现了类似软件，并且有愈演愈烈的趋势。目前，国内外出现的移动平台的赎金方式有人民币、Q 币、美元、卢布等，勒索方式有锁屏、加密文件、加密通讯录等方式。勒索软件主要出现在以 Android 系统为代表的移动终端。其中，较早出现的为 Koler 家族［Trojan（rog，sys，fra）/Android. Koler］。该家族主要行为是在用户解锁屏及运行其他应用时，会以手机用户非法浏览色情信息为由，反复弹出警告信息，提示用户需缴罚款，从而向用户勒索高额赎金。

（2）技术手段创新突破。勒索软件的发展与勒索软件的对抗攻防是一个持续的、不断优化的过程。随着攻防手段的完善，新一代的勒索软件也采用了高级分发与开放技术，可以大范围地、轻易地传播新变种，通过加壳技术使勒索软件更难被逆向，未来的勒索软件可能会聚焦于加密及传播方面取得新突破。

（3）转向企业信息系统。值得注意的是，最初勒索软件的攻击目标多为家庭数据统计，目前个人消费者仍然是勒索软件的主要攻击目标。与此同时，企业支付的赎金更多、更具有诱惑性，针对企业用户的勒索软件攻击近几年逐年增加。

（4）转向物联网智能设备。以前的勒索软件攻击目标是锁定电脑终端或加密电脑中的文件，后来勒索软件逐渐渗透到移动设备。伴随着智能家居、智能汽车等领域物联网技术的发展，越来越多的智能设备接入互联网，物联网中智能设备将成为勒索软件的新战场。

4. 典型 Ransomware 实例分析

表 1 Ransomware 实例分析

名称	发现时间	攻击平台	勒索类型	攻击方法（技术手段及方法）	勒索支付方式
Redplus	2006 年 6 月	Windows	绑架数据（隐藏文件）	该勒索软件运行后会在本地磁盘根目录下建立一个属性为系统、隐藏和只读的备份文件夹，同时搜索本地磁盘上的用户常用格式文档（包括 . xls、. doc、. mdb、. ppt、. wps、. zip、. rar），把搜索到的文件移动到上述备份文件夹中，造成用户常用文档丢失的假象	每次开机时该文本会自动弹出来提醒用户及时汇款，通过网银转账 84 元

（续表）

名称	发现时间	攻击平台	勒索类型	攻击方法（技术手段及方法）	勒索支付方式
DirtyDecrypt	2013 年 9 月	Windows	绑架数据（加密文件）影响使用（锁屏）	通过登录不安全网站或下载不安全文件而感染，病毒会自动加密照片、文档、视频等数据，并威胁用户其已违反国家法律。同时，病毒可以不断更换在计算机中的位置使得杀毒软件无法检测	购买 100 法郎面额的充值卡，并在下载的攻击者指定的 Dirty Decrypt. exe 的界面中输入充值卡号
Svpeng	2014 年 4 月	Android	影响使用（锁屏）恐吓用户	当手机开始执行新版 Svpeng 时，Svpeng 会先进行扫描，查找手机上安装的银行 APP，之后假借 FBI 的名义宣称使用者的手机内容违反美国法令因此被锁住了，除了利用手机的摄影机拍下使用者的照片之外，还威胁要通知使用者的亲友	用户以绿点积钱卡（Green-Dot Money-Pak）的方式支付 200 美元
cryptowall	2014 年 5 月	Windows	绑架数据（加密文件）	通过电子邮件携带的压缩文件进行传播，解压后的 PDF 文件可以将计算机上的文件加密为 . MP3格式并向用户索要赎金	五天内通过 Tor 浏览器登录攻击者所提供的网站，支付相当于 500 美元的比特币，否则价格翻倍
敲竹杠	2014 年 6 月	Windows	影响使用（篡改系统登录密码）	利用系统 CreateProcess 函数执行一系列操作，修改密码、禁用用户、创建新用户等	向指定账号转账 30 元人民币

（续表）

名称	发现时间	攻击平台	勒索类型	攻击方法（技术手段及方法）	勒索支付方式
VirLock“敲诈者病毒”	2014 年 12 月	Windows	绑架数据（加密文件，锁定硬盘）影响使用（篡改系统登录密码）	全盘遍历硬盘中的可执行文件及文档、图片等文件，并将其加密，锁住用户的 Windows 账号，并弹框威胁用户付费解密文件	提示用户使用了盗版软件，需要用户向指定的比特币账号支付价值约 250 美元的比特币。同时，采取恐吓手段，威胁用户若不支付赎金，将面临 5 年的牢狱之灾
CTB－LOCKER	2015 年 1 月	Windows	绑架数据（加密文件）	将恶意代码注入 svchost 中，遍历符合拓展名要求的文件，利用文件的时间等信息计算出加密密钥，使用 AES 算法进行加密	通过 Tor 浏览器登录攻击者所提供的网站支付 8 比特币的赎金
Alpha Crypt	2015 年 4 月	Windows	绑架数据（加密文件）	病毒会在 AppData 和 LocalAppData 地址创建可执行文件对计算机进行扫描，将各类文件采用 AES－265 和 RSA 进行加密，然后删除源文件的卷影副本，并在桌面上生成图片和文本格式的勒索信息	四天内通过 Tor 浏览器登录攻击者所提供的网站支付 0.7 比特币，否则将永远无法恢复加密文件

（续表）

名称	发现时间	攻击平台	勒索类型	攻击方法（技术手段及方法）	勒索支付方式
Maktub Locker	2016年3月	Windows	绑架数据（加密文件）	软件伪装成一个服务更新的文档文件，用户在阅读文档时软件在后台进行加密，数据可以在线下加密。加密文件的扩展名是随机的，在运行时生成。样本的信息也可以在一个html文件（如_DECRYPT_INFO_［$EXTENSION］.html）中找到。这个文件在每个目录中都会被释放	向指定的地址转入比特币，赎金的金额随时间的增加而增加，最低为1.4BTC，最高为3.9BTC
Zepto	2016年7月	Windows	绑架数据（加密文件）	使用了RSA－2048非对称加密算法，加密后添加.zepto到所属文件并改名。生成_HELP_instructions.html文件，修改重置用户的桌面为勒索付款通知背景并打开图像阅读器显示勒索通知	购买2比特币发送到攻击者指定的比特币地址
XTBL敲诈者	2016年11月	Windows服务器	绑架数据（加密文件）	黑客入侵服务器后释放敲诈者木马程序，而敲诈者木马在加密文档的同时枚举网络资源，查找工作组和域内所有共享服务器的共享资源，并对其进行加密，以达到二次传播的效果	利用攻击者留下来的邮箱，和攻击者联系支付赎金

（续表）

名称	发现时间	攻击平台	勒索类型	攻击方法（技术手段及方法）	勒索支付方式
PopcornTime	2016 年 12 月	Windows	绑架数据（加密文件）	使用 AES－256 对五百多种文件类型进行加密，用户的文件在被加密之后，PopcornTime 会在被加密文件的文件名结尾添加后缀名“.filock”或“.kok”。当 PopcornTime 在对数据进行加密的过程中，它会显示一个伪造的页面让用户以为计算机正在安装某个应用程序	向攻击者指定的比特币地址转账 1 比特币

三、应对技术勒索的中国法律规制体系

在中国的法律框架下，当下的各种典型技术勒索行为几乎都可以直接适用《刑法》《治安管理处罚法》《网络安全法》等加以规制。技术勒索的法律规制点包括行为与目的两个方面。不过，虽然行为过程触犯数罪名的情形可能具有一定普遍性，但在处罚上一般遵循从一重处罚的原则。

（一）从目的上看，技术勒索可能触犯敲诈勒索或其他违法犯罪

根据《刑法》第二百七十四条规定，敲诈勒索罪是指敲诈勒索公私财物，数额较大或者多次敲诈勒索的行为。绝大多数技术勒索行为均以技术手段对被害人实行威胁，以被害人支付财物作为恢复对其系统、设备、账户、数据的控制的条件。对于这类目的的技术勒索行为，只要索取财物数额或次数达到法律规定，便可以构成敲诈勒索罪。2013 年，《最高人民法院、最高人民检察院关于办理敲诈勒索刑事案件适用法律若干问题的解释》细化了对敲诈勒索数额幅度的规定。即便索取财物数额或次数达不到《刑法》要求，亦可根据《治安管理处罚法》第四十九条[①]之规定，处以治安拘留或并处罚款。

实践中，亦有为其他目的而实施技术勒索行为的案例。例如，以威胁、

---

① 《治安管理处罚法》第四十九条规定：盗窃、诈骗、哄抢、抢夺、敲诈勒索或者故意损毁公私财物的，处五日以上十日以下拘留，可以并处五百元以下罚款；情节较重的，处十日以上十五日以下拘留，可以并处一千元以下罚款。

欺骗等手段破坏选举或者妨害选民和代表自由行使选举权和被选举权，情节严重的行为，以《刑法》第二百五十六条规定的破坏选举罪处罚。行为达不到情节严重的，可根据《全国人民代表大会和地方各级人民代表大会选举法》第十章规定给予行政处分。《治安管理处罚法》第二十三条亦规定，破坏依法进行的选举秩序的，处警告或者二百元以下罚款；情节较重的，处五日以上十日以下拘留，可以并处五百元以下罚款。

同样地，基于获取国家秘密、商业秘密等目的的技术勒索行为，亦可依其目的，按照相应犯罪或违法行为加以处罚。

（二）从手段上看，技术勒索因其具体行为手段可能触犯众多罪名

技术勒索存在多种类型，其手段行为可能符合其他违法或犯罪行为的构成要件。

在技术勒索行为的预备和实行过程中，行为人从开发、传播、使用勒索软件到被害人支付财物或满足行为人其他目的的全过程，或者利用社会工程学攻击或其他方式获取被害人账户控制权并以其要挟被害人的整个过程中，其行为手段可能触犯众多罪名，主要有：

1.《刑法》第二百八十五条规定的非法侵入计算机信息系统罪、非法获取计算机信息系统数据、非法控制计算机信息系统罪；提供侵入、非法控制计算机信息系统程序、工具罪

非法侵入计算机信息系统罪是指违反国家规定，侵入国家事务、国防建设、尖端科学技术领域的计算机信息系统的行为。

非法获取计算机信息系统数据罪是指违反国家规定，侵入国家事务、国防建设、尖端科学技术领域以外的计算机信息系统或者采用其他技术手段，获取该计算机信息系统中存储、处理或者传输的数据，情节严重的行为。

非法控制计算机信息系统罪指对国家事务、国防建设、尖端科学技术领域以外的计算机信息系统实施非法控制，情节严重的行为。

提供侵入、非法控制计算机信息系统程序、工具罪是指提供专门用于侵入、非法控制计算机信息系统的程序、工具，或者明知他人实施侵入、非法控制计算机信息系统的违法犯罪行为而为其提供程序、工具，情节严重的行为。

2.《刑法》第二百八十六条规定的破坏计算机信息系统罪

破坏计算机信息系统罪是指违反国家规定，对计算机信息系统功能进行删除、修改、增加、干扰，造成计算机信息系统不能正常运行，或者违反国家规定，对计算机信息系统中存储、处理或者传输的数据和应用程序进行删除、修改、增加的操作；或者故意制作、传播计算机病毒等破坏性程序，影

响计算机系统正常运行，后果严重的行为。

3.《刑法》第二百八十七条之一、之二款规定的准备网络违法犯罪活动罪、帮助网络犯罪活动罪

准备网络违法犯罪活动罪是指利用信息网络，设立用于实施诈骗、传授犯罪方法、制作或者销售违禁物品、管制物品等违法犯罪活动的网站、通讯群组，或者发布有关制作或者销售毒品、枪支、淫秽物品等违禁物品、管制物品或者其他违法犯罪信息，或者为实施诈骗等违法犯罪活动发布信息，情节严重的行为。

帮助网络犯罪活动罪是指明知他人利用信息网络实施犯罪，为其犯罪提供互联网接入、服务器托管、网络存储、通讯传输等技术支持，或者提供广告推广、支付结算等帮助，情节严重的行为。

4.《刑法》第二百五十二条规定的侵犯通信自由罪

侵犯通信自由罪是指隐匿、毁弃或者非法开拆他人信件，侵犯公民通信自由权利，情节严重的行为。

5.《刑法》第二百五十三条之一款规定的侵犯公民个人信息罪

侵犯公民个人信息罪是指违反国家有关规定，向他人出售或者提供公民个人信息，情节严重；窃取或者以其他方法非法获取公民个人信息的行为。

值得注意的是，这类犯罪近年已经成为我国公安机关的打击重点。2016年，公安部部署开展了打击整治网络侵犯公民个人信息犯罪专项行动，全国公安机关共侦办各类侵犯公民个人信息案件1886起，抓获犯罪嫌疑人4261名，其中，银行、教育、工商、电信、快递、证券、电商网站等行业内部人员391人、黑客98人；共侦办实施拒绝服务攻击、非法入侵控制网站等各类黑客犯罪案件828起，抓获犯罪嫌疑人1747名。①

对于技术勒索产业链各环节中可能因达不到情节严重而不构成犯罪的行为，亦有《网络安全法》《治安管理处罚法》等加以规制。例如，2016年通过的《网络安全法》第二十七条规定，“任何个人和组织不得从事非法侵入他人网络、干扰他人网络正常功能、窃取网络数据等危害网络安全的活动；不得提供专门用于从事侵入网络、干扰网络正常功能及防护措施、窃取网络数据等危害网络安全活动的程序、工具；明知他人从事危害网络安全的活动的，不得为其提供技术支持、广告推广、支付结算等帮助”。第六十三条规定，“违反本法第二十七条规定，从事危害网络安全的活动，或者提供专门用于从

① 《公安部：全国公安机关去年共侦办各类侵犯公民个人信息案件1886起》，新华社2017年3月10日，http：//news. xinhuanet. com/legal/2017－03/10/c_ 1120607635. htm。

事危害网络安全活动的程序、工具，或者为他人从事危害网络安全的活动提供技术支持、广告推广、支付结算等帮助，尚不构成犯罪的，由公安机关没收违法所得，处五日以下拘留，可以并处五万元以上五十万元以下罚款；情节较重的，处五日以上十五日以下拘留，可以并处十万元以上一百万元以下罚款。单位有前款行为的，由公安机关没收违法所得，处十万元以上一百万元以下罚款，并对直接负责的主管人员和其他直接责任人员依照前款规定处罚。违反本法第二十七条规定，受到治安管理处罚的人员，五年内不得从事网络安全管理和网络运营关键岗位的工作；受到刑事处罚的人员，终身不得从事网络安全管理和网络运营关键岗位的工作”。此外，《网络安全法》第二十一条规定了网络运营者按照网络安全等级保护制度要求保障网络免受干扰、破坏或者未经授权的访问，防止网络数据泄露或者被窃取、篡改的安全保护义务；第二十二条规定了网络产品、服务的提供者对其产品、服务持续提供安全维护的义务；第二十八条规定了网络运营者为公安机关、国家安全机关依法维护国家安全和侦查犯罪的活动提供技术支持和协助的义务。

再如，《治安管理处罚法》第二十九条规定，违反国家规定，侵入计算机信息系统，造成危害的，或者违反国家规定，对计算机信息系统功能进行删除、修改、增加、干扰，造成计算机信息系统不能正常运行的，或者违反国家规定，对计算机信息系统中存储、处理、传输的数据和应用程序进行删除、修改、增加的，或者故意制作、传播计算机病毒等破坏性程序，影响计算机信息系统正常运行的，处五日以下拘留；情节较重的，处五日以上十日以下拘留。

综上所述，从现有刑事立法来看，目前所发现的技术勒索行为类型几乎都可以找到对应的法律规定加以规制，即便有些规范不太明确，但亦有可能借由合理的法律解释找到合适的法律依据。换言之，针对技术勒索行为的刑事立法和行政立法法网严密，行刑衔接亦紧密，当前最大的问题不在于“有法可依”环节，而在于“有法必依”“执法必严”“违法必究”环节。

四、技术勒索治理的应然策略

技术勒索的攻击目标十分广泛，无论是个人还是企业，无论是手机还是大型的重要信息系统，都可能受到勒索软件或其他技术勒索行为的威胁。尽管法律层面已经存在较为完备的规制技术勒索的法律体系，但徒法不足以自行。中国官方对违法犯罪的治理一般强调“打、防、管、控”一体化思路。这种思路同样可以应用于技术勒索的治理，并贯彻于应对技术勒索的技术、执法、管理与宣传教育等策略中。

（一）应对技术勒索的技术策略

为应对技术勒索特别是勒索软件的威胁，国内外众多信息安全组织和产业界一直在积极开展防治工作，并取得了一定成效。例如，卡巴斯基和英特尔公司（原麦克菲）合作投资开设了专门针对勒索软件的公益网站“NO MORE RANSOM”（https：//www. nomoreransom. org），提供勒索软件家族识别在线服务和部分勒索软件家族的解密工具。在我国，国家计算机病毒应急处理中心于2016年4月联合安天、奇虎360、瑞星、绿盟科技、启明星辰等多家国内信息安全企业建立了勒索软件专项工作机制，分享勒索软件相关资讯、分析技术和威胁情报，并在国家计算机病毒应急处理中心官方网站开设勒索软件专栏（http：//www. cverc. org. cn/head/lesuoruanjian/mulu. htm），收集并发布国内外最新的勒索软件资讯、技术报告、防范方法和解密工具等，取得了一定成效。国内甚至有安全厂商就用户在其安全产品未能发出任何风险提示下感染勒索软件的情形提供反勒索服务赔付。①

然而，上述努力相比技术勒索行为蔓延趋势而言还远远不够，从技术上来看，必须针对勒索软件及其他技术勒索行为的特点，采取积极主动的应对措施，以防范勒索，避免或减少被害损失。

由于部分勒索软件采用了不对称加密算法，而加密算法是单向性的，一旦用户设备感染，勒索软件对系统文件完成不对称加密过程，理论上只有攻击者才能解密，解密难度极大，因此这类技术劫持“可防不可治”。此外，部分勒索软件虽然可以解密，但解密方法的出现远远跟不上新病毒的发展速度。实践中，解密方法的研创速度远远跟不上新病毒及其变种的发展速度。为此，事前技术防护被认为是对技术勒索特别是勒索软件的最有效技术应对，即避免限于技术勒索场景，在遭遇勒索软件攻击过程中进行拦截和作出风险提示。不过，用户不幸“中招”时有“后手”可以恢复设备、系统或数据也非常重要，这也是阻断用户满足技术勒索者要求的重要保障。

1. 采用多层防护的网络安全策略

很多勒索软件与高级网络攻击相结合，单一的防护手段难以抵御，应该采取多种防护手段相结合方式搭建多层的网络安全防护体系，如高级威胁防护、网关防病毒、入侵防御以及其他基于网络的安全防护手段。

由于终端的可移动性，很容易将来自外部的威胁（包括勒索软件）带入内部网络，因此应该对包括移动终端在内的所有主机进行防护，采取的措施

---

① 反勒索服务申请赔付的前提是用户已经根据安全厂商要求安装相应软件及模块，并开启相应安全设置。

除了安装传统的杀毒软件外，还应包括补丁管理、Web内容过滤以及主动防护类的病毒防护产品等。

考虑到目前勒索软件已经可以通过局域网传播，为了防止勒索软件的扩散，应该采取有效的网络隔离措施，将关键的业务服务程序、数据和设备隔离到独立的网络中，防止来自网络的感染。

2. 对数据进行备份和恢复

可靠的数据备份可以将勒索软件带来的损失最小化，但同时也要对这些数据备份进行安全防护，避免被感染和损坏。

对于关键信息基础设施的运营者，对重要系统和数据库的容灾备份已经是其一项非常重要的法律义务。[①]

3. 对加密网络流量的监测

当前采用SSL/TLS加密的Web服务越来越多，如果勒索软件通过加密的Web服务传播，就能够绕过传统的防护手段。因此，必须采取支持SSL监测的防护手段，检测SSL加密会话中存在的威胁。

4. 定期进行网络安全和潜在风险检测评估

对于关键信息基础设施运营者而言，应当自行或者委托网络安全服务机构对其网络的安全性和可能存在的风险每年至少进行一次检测评估，并将检测评估情况和改进措施报送相关负责关键信息基础设施安全保护工作的部门。[②]

5. 加强对勒索软件家族及变种的监测及解密研究，及时公布解密方法

尽管解密研究可能永远跟不上勒索软件家族的发展速度，但不及时跟踪监测和加强解密研究的后果更为严重。统计表明，虽然勒索软件家族庞大，但绝大多数用户是被少数几款勒索软件感染的，因此对勒索软件特别是当前比较流行的勒索软件的监测及解密研究，并及时公布应对方法，固然会反向刺激勒索软件和攻击方法的进化，但其积极意义不可替代。

6. 基于可信计算的病毒主动免疫体系

既有研究表明，基于可信计算的主动免疫体系可以突破传统病毒防护技术被动和滞后的问题。可信计算技术致力于建设从底层硬件、固件、操作系统到上层应用的安全可信计算环境，基于硬件安全模块利用密码学算法对可执行程序实时可信度量，阻止与预期的度量值不符的未授权程序运行，因此在“WannaCry”感染过程中可以有效阻止其运行，实现对未知病毒等恶意程

① 参见《网络安全法》第三十四条之规定。

② 参见《网络安全法》第三十八条之规定。

序的主动免疫防御。[①] 可信计算是保护我国关键基础设施不被攻击的重要手段，目前在电力系统可信防护、中央电视台可信制播环境建设等领域已实现了可信计算的应用。

亦有研究者指出，在应对勒索软件时，可以采取更为积极主动的方式，如在遭遇疑似勒索软件攻击时，通过释放诱饵文件，让诱饵文件优先被变异，然后对刺探频率进行预判（机器学习），最终判定是否为勒索软件攻击，并采取相应处置策略。

（二）应对技术勒索的执法策略

技术防范和修复是应对技术勒索的重要途径，但技术勒索毕竟是由人发起实施，针对违法犯罪者的执法打击，既可以阻止技术勒索者继续实施违法犯罪，也可以警示潜在技术勒索者，起到一般预防效果。在执法上，应当兼顾当下与长远，临时性与常态化措施并重。

1. 及时开展技术勒索专项执法行动

虽然网络领域对专项斗争、破案战役等“运动式执法”存在诸多争议，但是，基于以下三大理由，目前及时开展技术勒索专项执法行动有其现实必要性：

其一，先前执法机关对技术勒索违法犯罪行为重视程度不够，通过专项执法行动，有助于提高执法机关和执法人员凝聚共识，清楚认识到技术勒索行为的危害。同时通过行动，可以锻炼一批专业侦查办案能手，为今后常态化执法培养人才。

其二，技术勒索的整治并非执法机关可以独立完成，以往经验表明，在采取专项执法行动过程中，其他机关、部门和社会资源的配合相对比较顺畅，有助于各机关、各部门和社会资源共同探索和完善对技术勒索及类似违法犯罪行为进行综合治理的机制和方法。

其三，专项执法行动有助于吸引媒体关注，放大反技术勒索宣传和教育效果，震慑潜在违法犯罪者，提高网络终端用户的安全意识，也能为执法机关争取更多资源投入反技术勒索执法营造良好的社会氛围。

鉴于许多被害人选择不报案，执法机关获取的技术勒索报案线索较少，执法机关可主动出击，通过技术手段，在网络安全厂商等人员的配合下，有针对性地梳理技术勒索案件线索，锁定一批违法犯罪嫌疑人，集中开展全国性或重点区域性的执法专项行动。

---

① 中关村可信计算产业联盟在“WannaCry”攻击爆发后曾声明，可信计算3.0抵御WannaCry勒索病毒攻击，http://www.aqniu.com/vendor/25007.html，访问时间：2017年5月16日。

2. 推进针对技术勒索全产业链的常态化治理

专项执法行动只是遏制技术勒索快速发展势头的应急之策，要长久压制技术勒索的蔓延并切实减少违法犯罪的发生，需要执法机关和相关部门对技术勒索进行常态化治理。

研究表明，技术勒索已经产业化，形成完整的产业链条。国家计算机病毒应急处理中心解析的典型勒索软件地下产业链（参见图5-4勒索软件地下产业链）中，勒索软件制造者开发能够自定义的勒索软件工具包销售给勒索软件攻击者或者为后者提供培训；勒索软件攻击者同时也可以通过向其他黑客或非法网络服务提供商购买DNS解析服务、网络服务器空间等实施攻击所需的网络基础设施；勒索标的是比特币等虚拟财产的，当攻击者获利后，会将电子货币等虚拟财产由专门人员负责进行套现；最后，攻击者会将收益与产业链上的其他犯罪分子进行分成。如果只通过个案打击其中任一环节，由于产业链自身有很强的自我修复能力，因而执法效果将大打折扣。每一环节的违法犯罪分子也有很强的可替代性，仅打击实施攻击和套现行为，上游违法犯罪者可以轻易找到实施下游行为者。同样地，仅打击上游的软件开发制造和销售、培训行为，下游违法犯罪者也可以轻易找到新的上游行为者（如图5-4所示）。

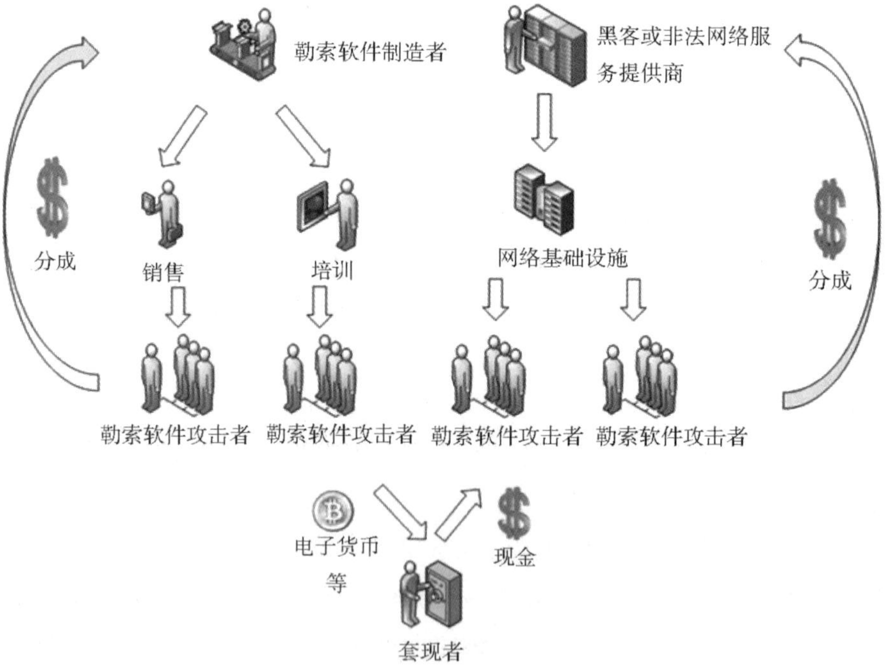

图5-4 勒索软件地下产业链①

① 图片来源：国家计算机病毒应急处理中心。

因此，对技术勒索进行全产业链的常态化治理势在必行。执法机关在日常执法时，通常容易接触到的是产业链的末端，即直接发起攻击者和攻击、敲诈行为。除了针对这一环节开展日常性执法外，对全产业链的常态化治理尤其应当侧重前端整治和末端阻断。

一是开展针对作为技术勒索产业链源头的软件及攻击方法研发、传播的整治，网络安全主管部门和执法机关应当联合网络运营商和网络内容提供商对勒索软件、公民个人信息及相关信息的地下交流、交易和传播进行监控。有研究表明，在传播途径上，国内勒索软件多依赖互联网社交渠道，包括QQ群、微信群等，而国外勒索软件大多采用传播性更强的钓鱼邮件。① 为此，网络安全主管部门和执法机关应当联合相关产业界开展前期调研，对前端交流、交易和传播常用的网络社交平台、即时聊天工具等开展监测，及时发现规律，确定犯罪团伙成员及结构，开展精准执法。

二是加强对境内虚拟资产套现的监管，阻断犯罪收益的套现和分成渠道。而在赎金缴纳方式上，国内直接使用Q币、微信转账和银行汇款，国外大多使用比特币。② 执法机关可以有针对性地开展监管。当然，针对末端的监管，需要金融、工商等诸多部门的配合和协调。基于上述考虑，执法机关在日常执法中，对于查获的违法犯罪线索，应当在专业研判的指引下，有意识地扩大调查范围，延展调查链条，力争实现产业链级的突破，实现个案执法效果最大化。

（三）应对技术勒索的管理策略

技术勒索的产业链化和报案率低等现象考验着政府的社会治理能力。技术应对和常态化执法，是阻断技术勒索和打压违法犯罪态势的重要手段。从政府管理层面，还需通过一系列配套机制建设，为技术治理和执法打击提供有力支撑。

1. 推进威胁信息共享机制建设

我国已经建立国家网络信息与网络安全信息通报机制，而《网络安全法》第五十一条进一步规定，“国家建立网络安全监测预警和信息通报制度。国家网信部门应当统筹协调有关部门加强网络安全信息收集、分析和通报工作，按照规定统一发布网络安全监测预警信息”。《网络安全法》同时要求负责关键信息基础设施安全保护工作的部门建立健全本行业、本领域的网络安全监测预警和信息通报制度，国家网信部门协调有关部门建立健全网络安全风险

---

① 郑辉：《勒索软件，2016年强势来袭》，载《保密工作》2016年第4期。
② 郑辉：《勒索软件，2016年强势来袭》，载《保密工作》2016年第4期。

评估和应急工作机制。①

然而，国家网络信息与网络安全信息通报机制的参与主体主要是国家机关和中央企业，并未覆盖到全社会特别是私营主体和公民个体，而《网络安全法》的要求尚需各主管部门细化，具体实施状况如何，留待观察。

技术勒索盛行的一个重要原因在于许多用户选择不报案，使得执法机关和其他政府部门无法获得案件线索，也使得其他用户无法及时知悉新的威胁从而采取防范措施。因此，作为被害主体事后补救和预防危害扩大化的一项重要措施，威胁信息共享机制的建设势在必行，尽管在实际操作中，可以考虑让其作为一种独立机制存在，也可以将其纳入现行或未来要构建的其他机制序列。

就威胁信息共享机制的具体内容而言，2015年10月27日美国参议院通过的《网络安全信息共享法案》（Cybersecurity Information Sharing Act，CISA）可供参考。CISA的核心内容是让私人主体（主要是企业）与政府（主要是联邦政府）更容易和政府分享信息，特别是网络威胁信息（cyber security indicators，也译为“网络威胁情报”）和防御性措施（defensive measures）。该法案要求以司法部和国土安全部主导创建联邦机构接受私人主体威胁信息的系统。

一方面，威胁信息共享机制的主体应涵盖足够大的范围，并规定不同主体各自在信息共享中的职责和作用。CISA框架下的共享信息的主体不但包括司法部、国土安全部以及“适格联邦机构”（主要指商务部、国防部、能源部、财政部、国家情报总监办公室），也包括任一“私人主体”、非联邦政府机构、部门、州或者地方政府。其中，“私人主体”是指个人和私人团体、组织、独资企业、合伙企业、信托、合作社、公司以及其他商业性或非营利性机构，也包括官员、雇员、机构当中的个人，还包括提供电气或其他公共事业服务的州、（印第安）部落或地方政府，但不包括1978年《涉外情报监控法》第一百零一条所规定的外国势力。不同主体在信息共享中的职责和作用有所不同，如在网络威胁信息或防御性措施的共享、接收授权方面，该法案允许出于网络安全和保护机密信息的目的，一个主体可以和其他主体、联邦政府共享或接收网络威胁信息或者防御性措施。共享或接收的网络威胁信息或防御性措施可被接收者使用、保留和共享。

为有效应对包括技术勒索在内的网络安全威胁，同时基于网络威胁对象的不确定性，我国的威胁信息共享机制也应涵盖足够的主体，容纳整个易被害群体。

另一方面，威胁信息共享机制应确立严格的个人信息、商业秘密、国家秘密保护边界和信息通报过滤程序。CISA要求网络威胁信息共享主体在信息共享前应当进行审查，评估此类网络威胁信息是否包括联邦机构在共享时获

---

① 参见《网络安全法》第五十三条。

知的任何个人信息或不直接涉及该网络安全威胁的特定个人信息，并利用技术手段，移除任何个人信息或不直接涉及该网络安全威胁的特定个人信息。笔者认为，由于网络安全威胁对象包含众多企业、社会组织和政府部门，为了打消众多主体共享威胁信息的顾虑，除了个人信息的脱敏处理外，涉及商业秘密和国家秘密的信息也应设定保护方式和保护边界，允许各主体在共享前进行技术化处理。同样地，为了更好地保护信息共享机制各主体的利益，避免因共享信息而损害其商业利益和个人利益（如上市公司遭遇技术勒索的信息可能足以影响股价），共享平台在对外推送威胁信息时应通过一定过滤程序，尽量避免出现可直接或通过一定分析识别威胁信息上报主体的信息。

诚然，构建威胁信息共享机制，还需要确立威胁信息强制上报制度，并建立一整套标准化、自动化处理流程和信息共享、交换平台（包括技术勒索举报的网络平台），在总结现行通报机制经验的基础上，进一步细化，提升科学化水平。

2. 加大反技术勒索的公共资源投入，同时引导反技术勒索服务商业化

技术勒索的迅猛发展考验政府社会治理能力，需要政府层面加大打击力度，构建技术和制度在内的多层次防护体系，提供强有力的公共服务。为此，政府应当积极进行公共资源配置，将更多资源投入反技术勒索领域，推动反技术勒索的技术、法律和执法策略研究。

但不可否认，安全厂商、易被害群体和终端用户有着更为强烈的反技术勒索意愿。政府应该出台激励措施（包括奖励措施），实现网络安全企业、其他网络科技企业的技术能力、市场诉求与用户的网络安全需求之间的有机结合。换言之，政府应当有意识地运用市场调节工具，通过政策引导和一定的倾斜性资源投入，做强做大网络安全产业，将能取得比单纯政府主导、其他主体被动参与模式更好的反技术勒索效果。值得一提的是，由于技术勒索往往以各种形式赎金作为目的，因此保险业参与反勒索服务商业化，开设新的保险险种，也是值得探索的途径。

3. 倡导应对勒索的“悬崖策略”

赛门铁克公司于 2017 年发布的第 22 期《互联网安全威胁报告》（ISTR）显示，64% 的美国勒索软件受害者情愿接受勒索条件，而从全球范围来看，愿意支付赎金的被害人只有 34%。同意支付赎金事实上激励了攻击者的行为——2016 年，勒索软件的平均赎金较 2015 年上涨 265%，金额从 294 美元升至 1077 美元。[①]

① 赛门铁克公司第 22 期《互联网安全威胁报告》，https：//www. symantec. com/zh/cn/security - center/threat - report，访问时间：2017 年 9 月 20 日。

据闻，美国联邦调查局曾于2016年5月初向公众发出了不要向勒索软件支付赎金的建议，以此来打击勒索软件攻击者的嚣张气焰。① 实际上，这是警方在应对恐怖劫持类案件时一贯提倡的策略。这种策略在理论上可以称为“悬崖策略”。赞同者往往认为，即便支付赎金，数据也未必能够恢复（比如对方拒绝解密），而且会助长攻击者的嚣张气焰，已获得的赎金实际上也会成为后续更广泛攻击的资金后盾。更值得注意的是，系统、设备或数据被劫持后，被害人支付赎金的速度和金额可能会成为攻击者判断所劫持数据价值的依据，从而引发以数据为对象的新类型犯罪。

从理论上讲，这种“悬崖策略”即便不是应对技术勒索的最佳策略，也是颇见成效的策略。但是，被劫持标的对于用户越重要，用户就难以采用这一策略，尤其是没有恢复能力的用户。

正如侦查人员不能强求被害人家属不要向绑架案件嫌疑人支付赎金一样（家属的这种做法有可能会破坏侦查活动，甚至人财两空），法律也不能强求技术勒索案件的被害人采取不配合、不妥协策略，但是倡导这一策略，至少可以实现以下目标：一是避免劫持标的对用户不重要的情形下，用户不屈从勒索者压力。例如，以社会工程学方法获取账户控制权后的劫持行为，在国内大量发生，但是实际上有许多用户作出了重新刷机、放弃原有账户等选择。二是通过这一策略的宣传，有助于提升用户安全意识，做好容灾备份工作，同时有助于鼓励被害人在遭遇侵害后及时报案，为执法机关打击违法犯罪提供更多线索。

4. 大力推进网安人才培养，同时为白帽子黑客的存在保留法律空间

应对包括勒索软件攻击在内的网络犯罪，网安人才无疑是极其重要的内容。我国当前正在积极推进网安人才战略，中央网络安全和信息化领导小组办公室等六部门也已发布《关于加强网络安全学科建设和人才培养的意见》（2016年）。但网安人才的培养不仅要发挥政府领导作用，也要社会各方合作，甚至对于当前热议的白帽子黑客（如其漏洞挖掘行为对于强化网络安全有着重要价值）等问题，在法律上也有必要留足空间，保护人才的健康成长。

（四）应对技术勒索的宣传、教育策略

由于现有技术能力包括被动或主动的技术防御，都被认为难以从根本上解决技术勒索问题。基于执法资源和能力限制，也不可能通过执法机关解决

---

① 传闻来源于360互联网安全中心《敲诈者木马威胁形势分析报告》，2016年8月31日发布。这种提倡与联邦调查局办案实践中的一些做法可能是相互矛盾的。曾有联邦调查局探员在网络安全研讨会上公开承认，在调查技术勒索案件时建议被害企业在感染了勒索软件后支付赎金以换回重要数据。http：//www.useit.com.cn/thread-14165-1-1.html，访问时间：2017年2月28日。

所有甚至大多数技术勒索案件。在此意义上，被害预防是一种比较好的反技术勒索措施。

良好的用网习惯，是规避网络安全风险的重要屏障，对于反技术勒索而言，针对技术勒索的主要渠道，应当通过宣传教育等方式让用户知悉应对技术勒索的基本防护常识，减少被害机会。例如，不轻易打开陌生人发来的邮件附件和邮件正文中的网址链接，使用安全软件沙箱功能打开运行安全性未获确认的文件，定期备份重要数据，及时升级系统、修复漏洞、更新安全软件并开启高级安全功能，谨慎安装来自未知或不信任的来源的应用。当然，对于企业、政府部门或社会组织而言，其被害预防措施相对更为丰富，也更为复杂。

为强化被害预防，还应当强化网络安全形势教育，加大舆论引导力度，鼓励机关、企事业等主体经常性开展网络安全培训，提高全民网络安全意识。

（五）应对技术勒索的国际合作策略

应对技术勒索，除了强化国内执法和管控外，国际合作同样不可或缺。网络犯罪往往具有跨国、跨区域特征，攻击者可以在任何一个能够联网的角落发起攻击，有些网络攻击甚至经由数十国服务器跳转，攻击溯源难度大，即便锁定犯罪嫌疑人，也很难让其受到应有惩罚，被勒索赎金也难以追索并返还被害人。应对网络犯罪特别是技术勒索的国际合作，其必要性和重要性不言而喻，然后，在解决有关网络空间主权的争议尚十分遥远、各国网络技术力量极不平衡以及网络战幽灵若隐若现的情形下，实际开展网络犯罪跨国执法、司法难度极大，这也是网络犯罪包括技术勒索极为猖獗的重要原因之一。

对于技术勒索的国际合作，除了应将其置于国际网络空间治理和共同构建人类命运共同体的大框架下，还应着眼于该类行为本身的特征，成为网络犯罪治理国际合作的先行先试领域，即其主要以经济利益为目标，在不涉及政治及军事等敏感问题情形下，如同网络儿童色情、跨国贩毒这类违法犯罪一样，是各国相对容易采取合作态度和具体措施的领域。因此，面对技术勒索威胁，各国政府应当积极倡导国际间的紧密执法、司法和预警合作，完善执法、司法及应急响应机制。特别是，这种合作应支持互联网科技和产业界的积极参与，推动政府间、产业间的多层次合作。

针对技术勒索，目前显然没有一劳永逸的解决问题的方法，但是国家、社会和个体的网络安全需求日益高涨，提高政府主管部门、执法机关、企业和普通公众对技术勒索问题的重视程度，改变监管与执法应对不力的现状，从技术、执法、管理和宣传教育等方面构建有效的反技术勒索体系，对于遏制技术勒索的上升势头、大幅度压缩被害空间，有其特殊的紧迫性和重要性。

附录：WannaCry勒索病毒事件分析报告

一、事件回顾

北京时间2017年5月12日，一款名为“WannaCry”的勒索软件在全球范围内爆发。它通过互联网对全球运行的Windows操作系统的计算机进行攻击，利用AES-128和RSA算法加密计算机中特定类型的文件，使用Tor进行通信，短时间内感染了全球一百多个国家、上万个机构的几十万台计算机，很多政务部门业务暂停。

WannaCry勒索病毒利用了美国国家安全局（NSA）的“永恒之蓝”（EternalBlue）工具对Windows用户进行勒索攻击。2017年4月17日，美国黑客组织Shadow Brokers（影子经纪人）公布了一批从方程式组织（Equation Group）泄露的工具，其中便包括针对微软MS17-010漏洞攻击的“永恒之蓝”。而方程式组织也是一个黑客组织，但是隶属于NSA，被认为是全球最顶尖的黑客团队，拥有大量的黑客攻击工具，因此也被称为是NSA的网络武器军火库。2015年，卡巴斯基在全球42个国家发现了“方程式组织”的500个感染行为。同时卡巴斯基还表示，这只是冰山一角，由于这个黑客团队制造的“武器”拥有超强的自毁能力，绝大多数进攻完成之后，不会留下任何痕迹。而目前武器库中部分网络军火遭到了泄露，此次WannaCry事件也只是NSA网络军火民用化的全球第一例，还有很多已泄露但是尚未流出到民用网络的攻击工具。在未来的时间内，不排除会继续遭受到新的攻击工具攻击的可能性。

此次勒索病毒利用的是Windows SMB服务漏洞，微软公司早在3月14日就发布了“MS17-010”的信息安全公告，并向用户推送了Windows系统修复补丁“KB4013389”以封堵此漏洞，但因该补丁只适用于仍提供服务支持的Windows Vista或更新的操作系统，较旧的Windows XP等操作系统并不适用。5月13日，微软在其官方微博“微软中国MSDN”发布公告称，由于本次勒索病毒WannaCry影响重大，微软特别为已经停止服务多年的XP和部分服务器发布特别补丁。不少用户也因各种原因而未完成系统补丁的自动安装，因此这次针对此系统漏洞的WannaCry勒索病毒可以在已经存在漏洞补丁的情况下依然在全球范围内引起了如此巨大的影响。

这次事件是对中国网络安全防御体系的整体考验，不仅是对应急响应能力的考察，也是对过去安全建设和供应商选择的一次延期考试。在这次考试中，政府和企业都能够针对病毒大肆传播的现状，较为及时地作出响应，阻断了国民财产的大面积流失。

二、事件影响及应急响应

(一) 涉及范围较广，影响程度深

这次 WannaCry 勒索软件在全球范围内爆发，牵扯到众多的国家、行业和单位。5 月 12 日晚 20 时左右开始，仅仅几个小时之内，该勒索软件已经攻击了 99 个国家近万台电脑。英国、美国、俄罗斯、中国、德国、土耳其等国都已中招。截至5 月 14 日上午，其已经攻击了上百个国家的超过10 万家企业和公共组织，国内也有上万家机构和数十万台机器被感染。图 5 –5 反映了全球受到 WannaCry 病毒攻击的国家和地区，可以看出全球大部分的面积都受到该勒索软件的影响，是近十年来影响较大的网络病毒①。

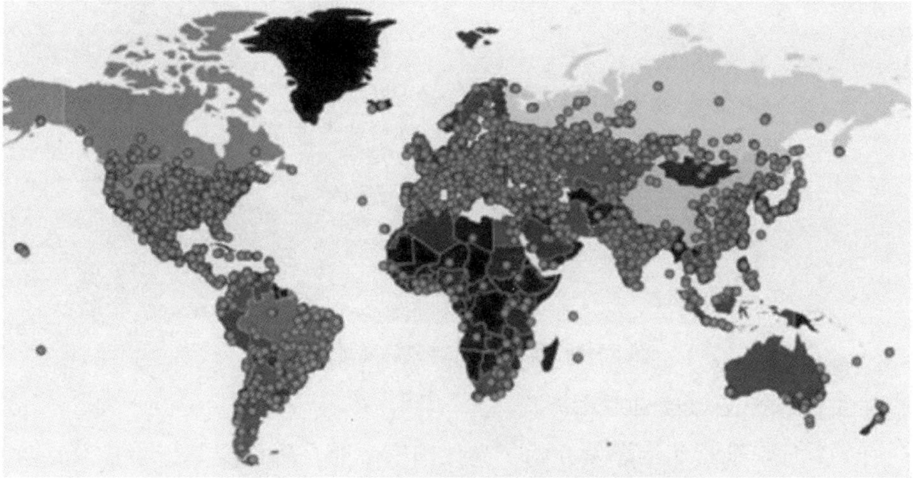

图 5 –5　世界范围内勒索蠕虫病毒影响面积

另外，此次 WannaCry 勒索蠕虫病毒影响面积很大，教育机构、科研机构、医疗、公安、企业等无一幸免。其中教育科研机构成为重灾区，2017 年5 月 12 日晚，中国大陆部分高校学生反映电脑被病毒攻击，文档被加密，病毒疑似通过校园网传播。随后，山东大学、南昌大学、广西师范大学、桂林电子科技大学、大连海事大学、东北财经大学等十几家高校发布通知，提醒师生注意防范。除了教育网、校园网以外，新浪微博上不少用户反馈，北京、上海、江苏、天津等多地的出入境、派出所等公安网和政企专网也遭遇了病毒袭击，许多公安机关和政府部门由于勒索软件的影响被迫停止工作。另外，生活服务、商业服务、交通运输等方面也受到了影响，共占到了总受感染比重的近 30%。

---

① 《比特币勒索病毒 2.0 爆发高度警惕！这不是演习!》，http：//www.sohu.com/a/140660296_794309，访问时间：2018 年1 月8 日。

（二）受影响地域分布较为集中

WannaCry病毒的影响面大，国内被感染的组织和机构已经覆盖了几乎所有地区，但是同时也具有一定的地域分布特征。根据360威胁情报中心的统计，在国内受影响的地区中，香港、北京、江苏、浙江、广东、上海、山东等省市受到其影响较为严重。整体来看，南方受影响比北方严重，东部沿海地区所受影响要比内陆地区严重，经济发达地区、信息化程度较高地区比经济落后、信息化程度低的地区所受影响更加严重（如图5－6所示）[1]。

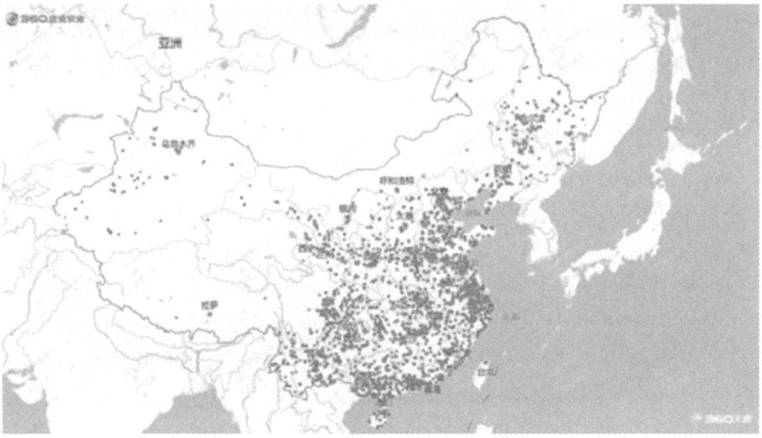

图5－6　我国勒索蠕虫病毒地域分布

（三）各方面积极响应应对

自12日晚勒索病毒爆发开始，尚无国家政府宣称已经掌握事件幕后详细情况。针对WannaCry勒索软件在全国范围内大肆传播，短时间内造成大量计算机被影响感染的紧急状况，国家互联网应急中心（CNCERT）及时发布通告，提醒全国民众采取相应有效的措施对病毒进行防范。

此外，在病毒爆发的两天内，国家工信部、公安、教育、网信、银行等多个部门均紧急响应。其中，工信部13日组织各方对勒索软件进行了紧急研判，要求各基础电信企业在骨干网、城域网全面关闭445端口，协调微软公司为已经停服的Windows XP等系统发布补丁程序，并对重要系统风险情况加强监测。

中国人民银行13日6时30分建立响应群，将免疫工具下发，8时30分部署全国防护策略，包括网络、服务器、终端各个环节，到15日早晨10时

---

[1] 《勒索病毒全球爆发山东高校未幸免，如何防范请看紧急处置手册》，http：//news.163.com/17/0514/16/CKDN1IE300018AOP.html，访问时间：2018年1月8日。

30 分，全行无一例感染。①

除了国家机关和国企单位之外，美亚柏科、360、瑞星、金山、腾讯等几个国内主流的网络安全公司也组织相关的研究小组对病毒进行逆向分析，了解其传播和感染原理，在短时间内形成了有效的病毒分析报告、防范措施指南，并及时推出相应的病毒查杀和文件恢复工具。对于民众防范工作进行了积极的指导和帮助，在较大程度上避免了病毒在国内持续的高速传播和扩散。

三、病毒破坏表现

（一）文档损失

对文件进行加密是 WannaCry 勒索病毒的核心目的。受到该病毒感染的计算机，硬盘中的大部分类型的文件都会被加密。而且此次爆发的 WannaCry 病毒所针对目标类型文件众多，可以加密后缀名为 ppt、doc、swf、zip、rar、eml、mp3、mp4、bat、c、cpp 等上百种类型的文件，并统一改成后缀名为 . WNCRY的文件，致使用户的文档数据损失，无法正常使用。

（二）系统瘫痪

受到 WannaCry 勒索软件入侵的计算机会进入瘫痪状态，桌面上会弹出如下的对话框（如图 5 -7 所示），要求用户支付一定数量的赎金到指定的虚拟地址。勒索软件声称若在三天之内仍未完成支付，赎金将会翻倍；一个星期内未交付赎金，则电脑内资料会被永久清除。同时，若用户将该对话框关闭，则会不断地再次弹出对话框，严重影响到用户的正常上网、文档处理等工作的进行。

然而，并不仅仅是受到攻击的个人计算机被锁死，无法正常使用，大部分网络中的全部计算机都受到影响。整个网络大面积的瘫痪导致相关组织机构的功能瘫痪，无法提供正常服务。

例如，部分医院的计算机受到该病毒的入侵，导致整个内部的计算机网络瘫痪，医生看不到病人的资料，无法给病人开处方，核磁共振、CT 扫描等检查无法照常进行，既定的手术被迫取消。此外，部分学校内网全部瘫痪，大部分的学生档案资料，学生作业、毕业设计和论文都因感染病毒导致的系统瘫痪而被锁死。

---

① 《“勒索软件”考验中国网络安全防御体系》，http：//www. dzwww. com/xinwen/guoneixinwen/201705/t20170515_ 15919023. htm，访问时间：2018 年 1 月 8 日。

图5-7　勒索软件界面①

（三）内网感染较为严重

此次WannaCry勒索软件的爆发，在内网中传播较为严重。据媒体报道，包括俄罗斯联邦内务部，与中国教育网相连的大陆高校和中国公务机关内网的Windows设备都受到了不同程度的感染，此外，医院、铁路、企业、公安等行业均出现了一定程度的感染。其中，以学校和公安内网较为典型。主要原因是人们过分相信网络隔离带来的安全性，并且个别单位的内网电脑使用时间长，都是低版本Windows系统，加之没有及时地更新补丁，所以导致大量的内网电脑受到勒索病毒的攻击感染。

（四）变种变异

5月13日，卡巴斯基曾声称发现了WannaCry2.0版本。变异的病毒取消了kill switch，也就是不能通过注册某个域名来关闭变种勒索病毒的传播，并且2.0版本的WannaCry病毒的传播速度会更快，影响范围和影响程度会更大。一时间，网络上、微博上、政府信息安全部门及多个网络安全公司都转发了关于该变种病毒“WannaCry2.0”的消息。

但在14日，卡巴斯基就澄清了相关消息，承认当时并未发现无“开关域名”的样本。截至目前，共发现了三个样本，其“开关域名”和原始母体样本有区别。其中有两个样本是在原有样本的基础上，修改了开关域名中的两个字节，另外一个样本则是将域名字符串全部替换掉。无论采用何种方式，这三款变种样本的思想都是替换掉原始样本中的开关域名，使得之前通过注

---

① 图片来源：安天公司。

册域名的方式阻止病毒传播的方式失效。但是到目前为止还没有出现一款新型的无开关域名的 WannaCry 变种病毒。

但是，不排除在当前 WannaCry 病毒的传播扩散已经被成功控制的情况下，病毒制造者和传播者通过修改部分代码，实现一款感染性更强、传播速度更快的变种 WannaCry 勒索病毒。

（五）解密存疑

遭到勒索软件攻击的系统会要求用户支付一定数量的赎金以恢复被加密的文件，但是目前尚无对交付赎金进行解密操作的分析，不确定是否能够正常解密。

四、病毒工作流程及攻击特征分析

通过对 WannaCry 病毒样本进行分析，可以发现其工作流程如图 5－8 所示①：

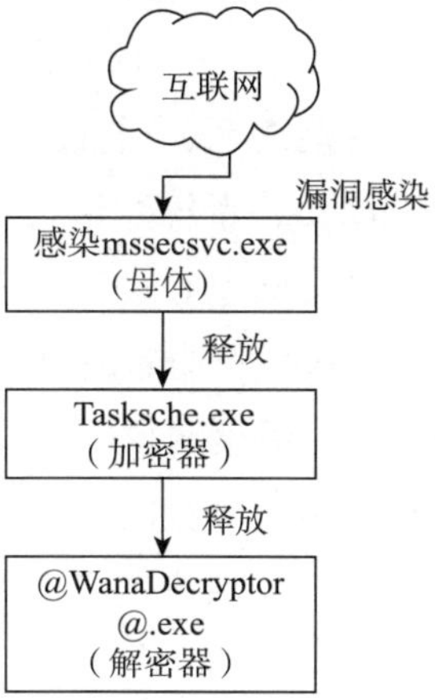

图 5－8　WannaCry 病毒工作流程

此次的“永恒之蓝”WannaCry 勒索病毒分为漏洞利用模块、加密器、解密器。其攻击逻辑如下：

第一步，攻击者发起攻击，被攻击机器由于存在漏洞，导致自身中毒被感染 mssecsvc. exe，这也是此次 WannaCry 勒索软件的母体程序。

第二步，母体运行之后，随机扫描 IP 地址，并尝试与这些地址进行连接，实现自身的传播和扩散。然后，其会释放勒索程序 Taskche. exe，即加密器。

第三步，加密器 Taskche. exe 启动之后，通过 AES 和 RSA 两种加密算法，

① 《WannaCry 蠕虫详细分析》，https：//bbs. kafan. cn/thread－2089149－1－1. html? _ t_ t_ t = 0. 4473553464581088，访问时间：2018 年 1 月 8 日。

加密事先指定的类型的文件，并启动解密器。

第四步，解密器启动之后，会修改用户计算机桌面，弹出勒索窗口，并且会对已经按照要求支付赎金的用户，通过 Tor 和服务器连接，索要解密所需私钥，实现加密文件的解密。

（一）母体 mssecsvc. exe 行为

mssecsvc. exe 是 WannaCry 勒索软件的母体程序，后续的所有工作都是由该母体程序调用和生成的。它的主要目的是实现蠕虫功能，即实现 WannaCry 勒索病毒本身的传播。其主要工作内容和流程包括：

（1）连接域名。这是程序在进行后续工作之前首先要进行的工作。WannaCry 勒索病毒在开发过程中设置了一个较长的开关域名，为 http://www. iuqerfsodp9ifjaposdfjhgosurijfaewrwergwea. com。当本地计算机能够成功访问时，则退出进程，不再进行传播感染；若该域名不能够被访问，才会继续进行下一步的感染和传播。该 kill switch 是在无意中被发现的。目前，该域名已经被一名英国信息安全研究员成功注册，阻止了该病毒在全球范围内的传播扩散。

（2）创建运行服务。程序启动之后，首先会创建服务启动，每次开机都会自动启动。服务名为 mssecsvc2. 0，系统默认自动将其解读为 Microsoft Security Center（2. 0）Service 的微软安全中心程序，具有一定的伪装性，保证了每次开机都会自动启动。然后从木马自身读取 MS17 - 010 漏洞利用代码，构造 exploit 漏洞利用程序数据包，为后续的攻击工作做好准备。

（3）IP 扫描。程序会随机生成 IP 地址，攻击全球主机。在随机生成的过程中，不仅有外部的公网 IP，也会包括内网 IP。实现攻击目标的随机化，为后续的感染和传播做准备。

（4）传播感染。对于在上一个步骤中随机生成的 IP 地址，要进行连接测试。首先会对目标 IP 地址主机的 445 端口进行扫描，并尝试连接 445 端口。445 端口可以允许远程攻击者对目标主机资源的访问，实现对文件的编辑操作。

若 445 端口连接成功，病毒则会向其发送之前已经构造好的漏洞利用程序包，进行漏洞攻击感染。实现勒索病毒的传播，扩大了影响和受感染的面积，提高了严重性程度。

（5）释放加密器。这是 mssecsvc. exe 的最后一个步骤和程序，进一步实现对本机文件的加密工作。

（二）加密器 tasksche. exe 行为

tasksche. exe 是 WannaCry 勒索病毒的加密程序，在受感染主机上工作，对符合要求路径下的加密格式要求的文件，采用特定的算法和加密秘钥进行加密。其主要工作内容和工作流程包括：

（1）前期准备。在对本地文件进行加密之前，需要做前期准备，主要包括两项内容。一是解压释放相应的模块和配置文件到指定的目录下。首先会创建释放路径，将其复制到该路径下；然后会启动新路径下的文件，并创建互斥体，防止在同一台计算机上运行多个实例。二是关闭指定进程，避免某些重要文件因被占用而无法对其进行感染和加密，具体包括 sqlserver. exe、sqlwriter. exe、mysqld. exe 等进程。

（2）遍历磁盘识别文件。前期工作完成之后，要进行磁盘的遍历工作。首先要避开含有"\ ProgramData""\ Intel""\ WINDOWS""\ Program Files""\ Program Files（x86）""\ AppData \ Local \ Temp""\ Local Settings \ Temp"字符串的目录。

同时也应避免感染病毒本身释放出来的三个说明文档：@ Please_ Read_ Me@ . txt、@ WannaDecryptor@ . exe. lnk 和@ WannaDecryptor@ . bmp。

此外，在利用 FindFirstFile 和 FindNextFile 函数遍历查找文件时，对具有符合要求的拓展名的文件进行加密。WannaCry 可以识别 178 种不同的文件拓展名并对其进行加密。

（3）加密过程。对上一个步骤通过遍历发现的符合要求的文件进行加密。加密的过程利用了两种不同的加密算法，分别对文件和加密密钥进行加密。加密过程如下：

首先对于待加密的文件，采用的是 AES－128 算法，通过 CBC 方式进行加密，所用的加密密钥由随机的方式生成，最终得到加密后的文件内容。然后对于刚刚随机生成的 AES 密钥，用 RSA－2048 的加密方式进行加密，加密密钥同样采用随机生成方式，得到加密后的密钥。最后将以上两者保存到拓展名为 . WNCRY 的文件。文件包括文件头，其中记录着标志、密钥大小、RSA 加密过的密钥、文件大小等信息。加密采用两层加密的方法[①]，目前来看尚无有效的方法对加密的文件进行解密（如图 5－9 所示）。

同时，在加密过程中，程序还会确定用来接收赎金用的比特币钱包，该钱包地址是在以下三个比特币钱包地址中随机选取一个来确定使用的，三个地址编码于程序中。

115p7UMMngoj1pMvkpHijcRdfJNXj6LrLn

12t9YDPgwueZ9NyMgw519p7AA8isjr6SMw

13AM4VW2dhxYgXeQepoHkHSQuy6NgaEb94

① 《WannaCry 蠕虫详细分析》，https：//bbs. kafan. cn/thread－2089149－1－1. html? _ t_ t_ t=0. 4473553464581088，访问时间：2018 年 1 月 8 日。

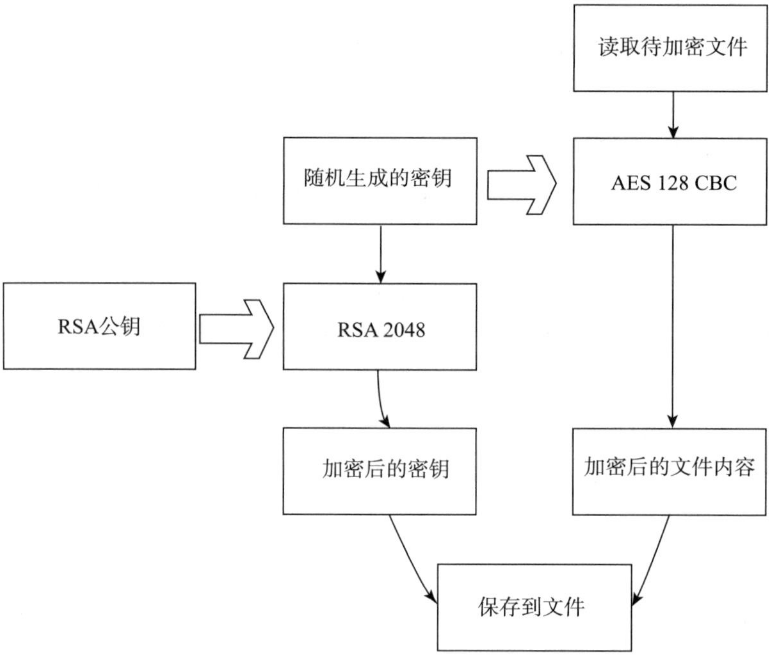

图5－9　文件加密过程

（4）释放解密器。加密器的最后一个工作是释放解密器。

（三）解密器的行为分析

解密器的主要工作是在用户被感染计算机上弹出勒索信息，并根据不同情况判断是否对加密文件进行解密。其工作流程如下：

（1）解密器运行后首先会删除掉Windows系统的自动备份，使得无法还原被加密的文件。利用Del_ Vlume_ shadows功能删除系统卷影副本，防止用户利用卷影进行文件恢复。

（2）解密器会对被感染用户计算机的桌面背景进行修改，显示勒索信息，并弹出勒索窗口，威胁用户在三天之内向指定的比特币钱包地址支付一定金额的赎金，六天之内没有支付则赎金翻倍，一个星期内没有支付则永久性清除被加密的文件。

（3）解密器会根据要求，判断用户是否符合解密条件，若符合，则对其进行解密；否则，持续弹出勒索窗口。

程序会自动判断本地是否存在“00000000. dky”文件，该文件为真实解密所需私钥文件。若存在，则通过解密测试文件来检测密钥文件是否正确。若正确，则对加密文件进行正常解密。若错误或不存在，程序则判断解压后的Tor目录下是否存在taskhsvc. exe，若不存在，则生成该文件，并且调用CreateProcessA拉起该进程。该进程主要为Tor匿名代理工具，勒索软件通过本地代理通信实现与服务器连接。当用户点击“Check Payment”按钮支付赎金之后，由服务端判断是否下发解密所需私钥。若私钥下发，则会在本地生成解密所需要的 dky 文件。而后，程序便可利用该 dky 文件进行解密。

不过，到目前为止，未曾有解密成功的案例。

五、事件处置建议

针对此次病毒爆发和感染的情况，政府相关部门和各大安全公司都已经作出防范和处置建议。首先是相关工具的准备，即在安全的环境下下载相关的检测和查看工具，下载微软公司针对次漏洞发布的离线补丁包。

（一）个人用户处置建议

（1）首先应拔掉网线，断掉与外部网络的连接。

（2）关闭 tasksche. exe 进程，删除服务 mssecsvc2. 0，清除注册表相关项。

（3）对于已被感染和未被感染的用户，使用准备好的工具，按照图 5 - 10 所示的步骤对病毒进行查杀。①

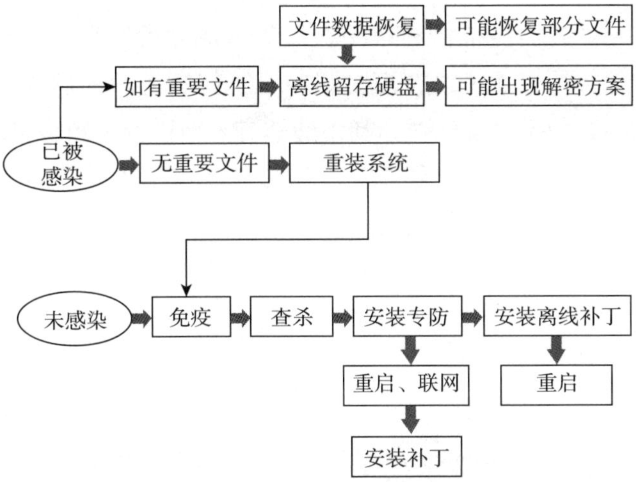

图 5 - 10　个人电脑病毒查杀

（4）重启计算机后，启用防火墙，配置防火墙策略，利用高级设置关闭 445 端口服务。

（5）打开系统的自动更新，及时检测并更新系统。

（二）内网网络的处置建议

（1）建立"开关域名"实现免疫。WannaCry 勒索病毒的触发机制是否能访问"开关域名"，如果访问成功，则不会触发勒索功能。原始恶意代码中的"开关域名"是 iuqerfsodp9ifjaposdfjhgosurijfaewrwergwea. com。在 2017 年 5 月

① 《周一上班这么做！安天发应对勒索蠕虫开机指南》，http：//tech. sina. com. cn/it/2017 - 05 - 15/doc - ifyfeivp5708208. shtml，访问时间：2018 年 1 月 8 日。

14日23时41分发现的恶意代码变种中出现了对“开关域名”篡改的域名www. ifferfsodp9ifjaposdfjhgosurijfaewrwergwea. com。

根据此结论，网络管理人员可以在内部网中建立开关域名，必须搭建内部DNS域名解析服务。可以通过在内部网络搭建DNS Server，将“开关域名”地址解析到内网WEB Server的IP地址，同时WEB Server可以接受该域名的连接请求，从而实现免疫。同时，也可以监测内网访问该域名的用户IP地址和用户数量，统计出内部用户的感染情况。

（2）在边界出口交换路由设备禁止外网对内网135、137、139、445端口的连接。同时，在内网核心主干交换路由设备禁止135、137、139、445端口的连接。

（3）监控网络流量，通过流量镜像分析的方式，持续对网络中的蠕虫病毒攻击进行检测。

（三）主动防御

目前所采用的各类防范措施都是在损失造成之后所采取的动作，属于被动防御。一味地封堵查杀可以在短时间内对于特定的一种病毒有较好的防御效果，但是面对其他类型的病毒，却不能够有效地进行识别和查杀。

正如我国可信计算先驱沈昌祥院士曾提出的，“信息安全问题是由设计缺陷而引起，传统的计算机体系结构只强调了计算功能，而没有考虑安全防护，这相当于一个人没有免疫系统，只能生活在无菌状态下，当前大部分网络安全系统主要是由防火墙、入侵监测和病毒防范等组成，消极被动的封堵查杀是防不胜防的。”

因此，除被动防御之外，也应采取相关主动防御策略，在还没有发生感染之前，提前检测病毒的存在，做到“防患于未然”。对勒索病毒的主动防御可以采用可信操作系统免疫平台，使用可信计算技术，形成对未知病毒的防御能力。

六、病毒检测与数据恢复

（一）数据恢复原理和方法

WannaCry勒索软件在感染计算机后，将读取源文件到内存，完成加密。加密之后将文件写入硬盘进行保存，并删除未经过加密的原始文件。因此，在整个勒索软件对于系统文件进行加密的过程中，原始文件其实并没有直接被加密，而是被最终删除，被加密的只是原始文件的副本。

计算机上的文件是存储在硬盘中的，系统在读取文件时，首先会从硬盘的目录区DIR读取文件的相关信息，包括文件名、文件大小、文件存放的硬件位置等，然后找到相应的位置进行读取。当对文件进行删除操作时，只是将 DIR 区中的文件信息标注为“已删除”，但数据依然被存放在硬盘上，等待下一次新的数据在硬盘上存放时将其覆盖，从而实现真正意义上的删除。因此，只要被系统删除的文件没有被新的文件覆盖，就有可以恢复的可能性。

WannaCry 勒索软件删除计算机文件的方法与普通的文件删除过程是一样的，并且因为病毒所加密的只是正常文件的副本，原始的正常文件被删除，因此可以直接绕过解密文件这一步骤，尝试对被删除的正常文件进行恢复。这也是目前国内部分安全厂商提供恢复工具所采用的方法。但是这种方法有一定的局限性，那就是需要确保未删除的文件没有被新的数据覆盖，并且对于不同类型的文件，恢复效果也不同。

（二）病毒检测与数据恢复工具

目前，国内几个主流的网络安全公司均针对此次 WannaCry 勒索病毒爆发事件，推出了自己的查杀工具，有的侧重于检测，有的侧重于发现，有的侧重于灭活，有的侧重于被删除文件的数据恢复。以下列出目前各公司推出的各自针对网络安全的工具及系统：

1. 腾讯

面对 WannaCry 勒索病毒在全网络进行的快速扩散传播和造成的巨大损失，腾讯电脑管家推出了“勒索病毒免疫工具”。该工具可以对系统的关键部位进行细致的扫描，包括对勒索病毒常用端口、系统漏洞和易感染区的扫描等，以检测计算机是否存在被勒索软件攻击的风险。该工具可以实现对敲诈勒索病毒的实时防御和主动拦截。

此外，电脑管家还推出了“文档守护者”工具，供用户自行下载使用。该工具可以实现对本机文件进行及时的备份和防护，以防在计算机感染勒索病毒之后可以及时地对被加密文件进行恢复。

同时，针对易受感染的企业客户，腾讯电脑管家推出了“管理员助手”诊断工具。企业网络管理员只要下载这一诊断工具，输入目标电脑的 IP 或者设备名称，即可诊断目标电脑是否存在被感染勒索病毒的漏洞。这一诊断工具的最大好处是给企业网络管理员一个诊断电脑设备安全防御情况的有效工具，可以帮助企业全面了解电脑设备的安全情况，大大提升管理员工作效率，并可在诊断报告的指导下，对尚未打补丁的健康设备及时打补丁、布置防御。

2. 奇虎 360

360 之前就已经针对 NSA 武器库泄露事件推出了“NSA 武器库免疫工具”，可以针对永恒之蓝（EternalBlue）、古怪地鼠（ErraticGopher）、永恒王者（EternalChampion）、永恒浪漫（EternalRomance）等 NSA 网络武器进行监测，判断计算机是否存在受到这些武器攻击的风险。

同时，对于系统文件的保护，360也推出“文档卫士”工具。该工具可以在发现文件被修改后自动进行备份处理，并且所有备份文件会保存30天，减少磁盘因冗余文件而导致的空间不足问题的出现。当计算机受到勒索病毒攻击以后，用户可以根据需要，手动选择需要进行恢复的文件，将损失降到最低。

360目前已有天擎、天眼等众多数据收集分析平台和安全管理系统，可以通过态势感知系统实现对网络安全的监管问题，通过对大数据的收集和研判可以及时发现网络内大规模传播扩散的、影响力和破坏力巨大的病毒，并对其进行相应的控制和检测，保护个人用户和企业的系统和数据安全。

3. 瑞星

瑞星也在第一时间发布了“永恒之蓝”免疫工具。它是瑞星为应对勒索病毒“永恒之蓝”而进行的针对性开发，用来防止该病毒在局域网内传播，考虑不同的用户实际环境要求的工具。该工具内部共集成了四个可选的步骤或方法，分别为安装瑞星安全云终端、关闭SMBv1、增加防火墙规则和打系统补丁。

截至目前，瑞星的各类不同产品均已针对此次勒索软件的爆发做出反馈并给出解决方案，包括安全终端解决方案、云安全解决方案以及网关安全解决方案，只要瑞星用户将产品更新到最新版本，均可抵御此勒索病毒。

4. 安天

安天实验室推出了蠕虫勒索软件免疫工具，它可以提供禁用系统服务、设置ipsec本地组策略等功能，能阻断通过SMB漏洞MS17－010向本机传播WannaCry勒索软件。该工具的主要作用是保护计算机不受勒索软件的攻击和入侵，但是对于已经感染的计算机，无法对其进行查杀，也无法阻断其在本地计算机上的运行。

此外，安天实验室还推出了蠕虫勒索软件专杀工具。这是一款清除工具，可以对已经感染的主机进行勒索软件的检测和清除，但是对于已经被病毒加密删除的文件，无法进行恢复或解密。

5. 美亚柏科

美亚柏科推出了恢复大师、取证大师两款工具，其工作内容是对已经被勒索病毒入侵进行文件加密的Windows系统，实现对文件的恢复操作。其无法对WannaCry病毒进行检测或者清除，只是针对被删文件最大可能的恢复工作，尽量减少用户的文件损失。

6. 可信计算——“白细胞”操作平台

可信华泰的“白细胞”操作系统免疫平台，采用主动免疫思想，使用可信计算技术，可以形成对未知病毒木马及系统漏洞的防御能力，实现主动防御。它主要从以下四个方面形成可信计算：

（1）可信度量技术形成系统免疫能力。采用主动免疫系统防御机制，提供执行程序可信度量，阻止非授权及不符合预期的执行程序运行，实现对已知或未知恶意代码的主动防御。

（2）数据文件的完整性保护。对系统数据文件的访问进行规则限制，只有符合要求，拥有访问权限的进程和用户才可以对文件进行访问。

（3）系统关键配置文件的完整性保护。提供基于内核层实现的文件强制访问控制，拒绝病毒对于系统关键性的重要文件的篡改和破坏。

（4）计算节点的可信互联。在主机建立通信回话之前要进行双方的身份认证，并实时监控网络中每台主机的可信状态，主机可信状态值较低时，将自动断开该主机与网络内其他主机的网络连接，避免系统被植入病毒木马后向其他业务主机发起通信而导致的威胁扩散。

七、总结

在 WannaCry 全球爆发事件的背后，所反映出来的不仅仅是我国网民没有良好的上网习惯，也反映出我国在病毒检测和查处方面的技术上的欠缺，更反映出在整个国家层面上对于网络安全监控管理、宣传教育、制度制定和执行等方面的不完善。

第一，国家层面上要不断加强网络安全建设，做到依法管理、科学管理，更加重视新技术新应用的安全问题，加速构建网络安全保障体系，推动网络安全相关技术和产业快速发展。加快构建积极主动、综合防范的网络安全保障体系，提升网络空间态势感知能力，构建“协同预警、有效应急、强化灾备”全网动态感知能力体系，逐步实现网络安全防护从静态、基于威胁的保护向动态、基于风险的防护转变。

第二，要加强比特币的治理。2013 年，中国人民银行等五部委发布《关于防范比特币风险的通知》，不承认比特币有计价、支付等货币功能，只承认其为虚拟商品，普通民众有参与的自由，但风险自担。但是由于比特币交易便捷性、全球通用性、匿名性、免监管等特点，常常被勒索软件的开发者选择作为支付赎金的形式。因此，针对目前比特币发展现状，一方面，相关部门要及时警示比特币的投资风险；另一方面，政府部门应加大监管力度，尽快明晰其是否合法。如果合法，则完善监管、配套措施，提供健康发展环境；若不合法，则尽快暂停比特币交易，避免更多损失。此外，政府可以指定一家或几家金融研究所重点关注比特币，密切关注世界各国的比特币等虚拟货币的发展动态。

第三，针对当前网络日益猖獗的勒索病毒传播扩散，应当完善相应的执法策略，使得既能够打击阻止网络违法犯罪，又能够警示潜在犯罪者，保障人民群众的财产安全。要组织一批专业办案能手，为后续工作进行人才储备。同时，将针对全网范围的勒索软件查处、治理常态化，着重于对整个勒索软件产业链的挖掘和打击，从源头开始，着力打击勒索软件开发、传播、扩散等各个步骤和方面。加强对深网、暗网的调查研究，推动网络执法国际合作。

第四，加大在反勒索软件研究方面的资源投入，提高技术水平，从技术方面实现对勒索软件的检测和查杀。采用多重防护手段相结合的网络安全策略，并及时进行数据的备份，提高数据恢复技术。同时，对于网络流量进行监控，并定期进行针对全网或内部网络的安全等级评估和潜在风险测试，及早发现系统漏洞并及时作出响应。

第五，加强对勒索软件的宣传和应对方法的教育，引导网民养成良好的上网习惯。同时，加大鼓励各单位开展相应的网络安全培训的力度，提高全民的网络安全意识和网络安全能力。

| 专题六 |

流量安全管理现状分析及对策*

引言

流量，一般是指网站的用户访问量，具体体现在用户数量、浏览页面次数、访问时长、软件下载量等方面。在网络空间，网络流量是各类应用业务的数据承载和基础，代表用户关注度、影响力以及经济利益等多个方面，因此网络流量的竞争异常激烈。网络公司一般通过提供新闻、游戏和搜索等免费服务或资源，提高用户访问流量，然后利用广告推广等方式营利，并且通过加入广告联盟以获得更多的收益。

公司之间的博弈，除了产品和综合实力的比拼之外，为了抢占有限的用户资源和获得更高的经济效益，通常会采用广告推广等手段扩大公司的知名度和影响力。通过向服务网站支付费用将广告展示在其网页上，达到扩大企业知名度和提高产品销量的目的。虽然通过广告联盟等渠道能获得较佳的推广效果，但同时也需要支出一笔不小的广告费用。部分公司为了节约广告开支或对竞争产品实施压制，选择流量劫持等攻击手段。这也催生了破坏流量安全的地下产业链，影响面广，涉及金额巨大，仅 DNS 劫持一项，每天被恶意劫持的流量至少涉及上千万个 IP。① 据腾讯公司内部统计数据显示，腾讯全国每日的 DNS 解析异常量达到 80 万条。②

流量劫持大多是通过网络攻击手段实现的，在用户不知情或未授权的情况下实施恶意的网页跳转、不断弹框、插入广告和强制下载软件等行为。与传统的病毒传播、漏洞渗透和钓鱼诈骗等攻击手段不同，流量安全问题在大多数情况下是加固用户设备安全和加强安全防护意识无法解决的，其隐蔽性

---

* 本报告执笔人：芦天亮、刘为军。

① 《揭开“流量劫持”的神秘面纱：月入至少三万》，http：//tech. sina. com. cn/t/2016 - 04 - 04/doc - ifxqxcnr5273237. shtml，访问时间：2017 年 10 月 10 日。

② 《关于互联网流量劫持分析及可选的解决方案》，http：//blog. csdn. net/zhihui1017/article/details/52910250，访问时间：2017 年 11 月 14 日。

和欺骗性极高，用户往往难以察觉。即便用户加强安全防护，及时更新杀毒软件、修复系统漏洞和安装防护工具，只能防御流氓软件等本地流量的攻击，对于运营商流量劫持等网络环节的流量攻击手段仍旧没有较好的解决方法。流量攻击的主要根源在于网络环境的不安全性，涉及用户接入设备攻击、DNS解析劫持、路由器流量劫持、运营商流量劫持和数据篡改，以及服务器端攻击等环节。

近几年，流量攻击的技术和手段不断翻新，并且攻击对象从个人计算机端向移动端迁移。关于流量安全的事件以及基于流量劫持实施的不正当竞争案例等不断被媒体报道，其中涉及很多知名网络公司，部分受害人已诉诸法律，由法院审理和判决。但即便有了政府部门的监管和法律的约束，流量攻击仍然是网络空间中难以根治的“毒瘤”，严重侵害了用户的权益，损害了被攻击企业的利益和声誉，扰乱了网络空间的公平竞争秩序。

网络空间是社会空间的延伸，网络空间充斥着病毒木马、黑客入侵和流量攻击等负面内容。2016年4月19日，习近平总书记在网络安全和信息化工作座谈会上强调，“网络空间是亿万民众共同的精神家园。网络空间天朗气清、生态良好，符合人民利益。网络空间乌烟瘴气、生态恶化，不符合人民利益”。在互联网高速发展的今天，移动智能终端和移动应用业务不断发展，流量之间的不正当竞争，尤其是流量攻击的地下产业链的形成，给风清气正的网络空间带来极其负面的影响。为了保证互联网经济市场秩序的健康有序发展，保证优质公司的合法利益，维护用户的选择权和知情权，应在立法、司法和行政监管等方面对流量劫持等网络流量不正当行为进行有效的规范。维护网络空间的公平和正义，打造一个风清气正、健康和谐的网络空间，需要政府、企业和网民等多方的共同努力。

一、妨害流量安全的行为模式

互联网是一个典型的通信系统，包括信源、信道和信宿。由于用户端和服务器端均具有流量发送和流量接收的功能，因此是一个双向通信系统。在用户点击一个网页或下载链接的过程中，用户端（信源）向服务器发出请求，该请求基于TCP/IP协议栈网络流量进行承载，经过接入网络（包括无线路由器、3G或4G移动通信网络基站等）和运营商核心网络等（信道）传递，最终到达服务端（信宿）；服务端根据用户端请求做出响应，将应答结果以网络流量形式经传输网络原路返回用户端，此过程中服务端是信源，用户端设备是信宿。在该双向通信系统流量往返过程中的每一个环节都存在威胁流量安全的风险，流量监听、流量劫持、数据篡改、身份仿冒及内容欺骗等攻击手段层出不穷。

根据流量攻击发生的关键位置，可以将破坏流量安全的类型分为三类，包括：用户端流量攻击、传输网络流量攻击和服务端流量攻击（如图6－1所示）。

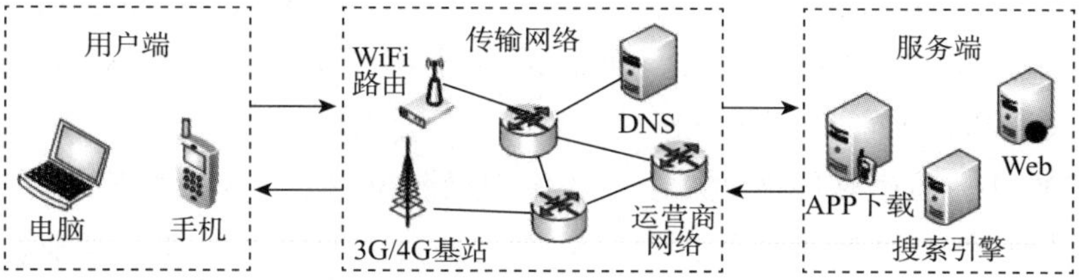

图6－1　破坏流量安全的网络位置

用户端流量攻击，主要针对用户端系统或软件进行劫持，包括：流氓软件、主页篡改、hosts文件劫持、浏览器插件劫持等，技术复杂，形式多样。相比于传输网络和服务端大多情况下的无能为力和毫不知情，对于用户端的本地流量劫持攻击，用户可借助安全软件对系统进行加固，并检测部分劫持行为。

传输网络流量攻击，主要包括两种手段：一是通过DNS劫持等技术将用户诱骗至恶意网站；二是通过链路劫持等手段将服务端返回的数据进行篡改和替换，主要针对HTTP协议。实施DNS劫持的网络位置较多，涉及用户接入网络的无线路由器、企业或单位网关以及电信运营商网络等。链路劫持的攻击者通过在网关等位置监听用户访问请求并冒充服务器，将篡改的数据发送给用户，如注入JS脚本、替换下载文件。

服务端流量攻击，为了影响更大范围的用户，主要是针对搜索引擎结果进行攻击，包括恶意霸屏和恶意点击等针对服务器的攻击手段。通过程序攻击搜索引擎排名算法，进而破坏网站排名规则，实现霸屏；利用网页链接点击软件，模拟用户点击企业网站，扰乱正常搜索排名。

（一）流量攻击行为模式分析

从用户端流量攻击、传输网络流量攻击和服务端流量攻击三个方面来看，结合相应的案例，对流量攻击的行为模式进行分析。重点分析流量攻击过程包括：受害用户、攻击者、攻击技术、攻击流程、损失及后果等内容。

1. 用户端流量攻击

（1）流氓软件

作为最简单也是最直接的流量劫持手段，流氓软件在广告恶意推广和商业不正当竞争中应用较早。不同于恶意软件（malware）等程序对系统造成严重破坏或窃密盗号，流氓软件（badware）是指在未明确提示用户或未经用户许可的情况下，在用户计算机或其他终端上强行安装运行，侵犯用户合法权益的软件，但已被我国法律法规规定的计算机病毒除外。流氓软件常见的特征包括：强制安装、难以卸载、浏览器劫持、广告弹出、收集用户信息和恶意安装等。2000年后，中国互联网便开始充斥着形形色色的流氓软件，尤其是各类插件泛滥并恶性竞争，造成用户电脑资源消耗，甚至死机等。这一时期出现了一批知名的流氓软件，包括3721上网助手、ebay易趣、Dudu下载加速器、Yahoo助手、青娱乐等。①

2005年，流氓软件被纳入杀毒软件的检测范围，大型互联网公司或者企业在流氓软件方面有所收敛，但是对于小型公司或黑客等地下产业链来说，流氓软件仍然是被用于流量劫持和广告推广的主要手段。流氓软件通过主页篡改和锁定、网页劫持、广告弹窗、后台安装等方式实现获取推广流量；而且大部分流氓软件的恶意模块和配置都是通过云端进行控制的，可以分时段、分地区、分场景投放和触发。

我国很多互联网公司的产品存在着激烈的竞争关系，包括搜索引擎、安全软件、浏览器、社交工具、网游等。竞争公司之间为了抢占用户资源、推广服务和产品，会借助用户端已安装的自家软件对竞争对手实施压制。流量劫持的攻击方通常利用不正当手段，将对手产品的用户恶意引导到自家网站。下面列举两个典型案例。

①2012年3月，用户在计算机端安装奇虎360安全卫士后，在百度中搜索特定关键词时，部分搜索结果被红底白色的叹号插标，并且通过插标引导用户安装360安全浏览器。360公司利用百度搜索引擎服务引导用户安装360安全浏览器的行为，以及通过修改百度网站搜索框中的下拉提示词劫持流量的行为违反了诚实信用原则。法院判决被告停止侵权，消除影响，赔偿原告经济损失及合理支出45万元。②

②2016年，当用户在360搜索页面中使用搜狗输入法进行输入时，点击搜狗输入法提供的相应候选词，会直接跳转到搜狗搜索的界面上，实现了从360搜索引擎跳转到搜狗搜索引擎的操作。因此，北京奇虎科技有限公司将北京搜狗信息服务有限公司诉至法院，索赔千万。原告认为，被告诱导用户在不知情的情况下点击候选词进入搜狗搜索结果页面，造成用户混淆，构成不

① 《互联网协会宣战流氓软件3721上网助手在列》，http://net.yesky.com/436/2510936.shtml，访问时间：2017年11月14日。

② 知识产权日报刊发《北京市一中院发布涉互联网不正当竞争十大典型案例》，其中案例九为北京百度网讯科技有限公司等诉北京奇虎科技有限公司等不正当竞争纠纷案。北京市一中院认为，恶意插标及劫持流量行为构成不正当竞争。该案入选最高法院“2013年十大创新案件”。详见http://www.iprdaily.cn/article_1991.html，访问时间：2017年11月14日。

正当竞争。[①]

（2）网页挂马

网页木马是一种通过攻击浏览器或浏览器外挂程序的漏洞，向用户设备中植入木马、流氓软件等恶意程序的手段。攻击者将恶意的代码直接插入正常的网页文件中，当用户访问该网页时，网页木马就会利用用户系统或者浏览器的漏洞自动下载和执行恶意程序。近两年，广告弹窗挂马攻击高度活跃，攻击者在原本的广告流量中植入网页木马，以弹窗等形式在用户端触发。

2015 年 12 月，“叮叮天气”因在上百家知名网站中插入广告并挂马而被曝光。叮叮天气劫持了上百家主流网站，当用户访问这些网站时，叮叮天气会从其服务器上拉取广告代码并插入在页面中。除了插入广告，叮叮天气还利用 Flash 软件漏洞，在用户不知道的情况下自动下载并安装数十款流氓软件，利用装机量获得更高的收益。仅 12 月 16 日一天，挂马页面的访问次数就达到 1986 万次。[②]

叮叮天气的广告植入和网页挂马等流氓行为，属于非法入侵用户计算机并干扰用户正常操作，严重损害了百度联盟的声誉，并造成巨大经济损失，其行为扰乱了百度联盟正常的广告生态，是百度公司坚决抵制和严厉打击的对象。

很多大型正规的网站用户数目庞大，一旦被黑客植入木马，其对互联网用户造成的损失和影响将是灾难性的。所以，网页挂马的对象不再局限于色情网站、垃圾站群等网站，近几年如酷狗音乐、暴风影音等正规网站和软件的广告流量也曾经被劫持挂马。

2. 传输网络流量攻击

出于对用户体验与品牌价值的考虑，大多数网站会对广告严格甄选，以避免出现低俗内容。但通过流量劫持等方式植入的广告大多不顾及用户体验，采取简单粗暴的方式。在广告样式上，采用大面积横幅、遮罩、浮动等形式；在广告内容上，经常涉及低俗信息与欺诈内容。普通用户由于缺乏辨别能力，会误认为上述广告为网站自行设置，这也给网站及企业带来了极大伤害，造成形象严重受损。

（1）运营商劫持

截至 2017 年 6 月，中国互联网网民数量已经达到了 7.51 亿，手机网民数

---

① 《输入法“惹祸” “360” 起诉“搜狗”索赔千万》，http：//finance. sina. com. cn/sf/news/2016 - 05 - 13/140630216. html，访问时间：2017 年 11 月 14 日。

② 《插了广告又挂马：“叮叮天气”搞了上百家网站》，http：//blog. sina. com. cn/s/blog_1588050d30102w89y. html，访问时间：2017 年 10 月 5 日。

量也达到了7.24亿。[①] 每一个上网的用户都要通过网络运营商提供的接入服务与互联网相连。所以，网络运营商手上掌握着中国网民大量的上网信息，并且拥有得天独厚的网络监听和流量篡改的优势，使得运营商对用户进行网络劫持更加容易和有效。因此，其背后产生的利益将是巨大的，近些年不断曝光网络运营商参与流量劫持的案件。

运营商流量劫持服务在网上被公开叫卖。一家名为“沃媒网”的网站，以运营商精准广告的名义，公开贩卖流量劫持业务。沃媒网在宣传资料中宣称，广告内容由运营商直投，不受网站资源限制，可以覆盖全网99%的网站资源，甚至包括竞品网站。沃媒网的宣传材料中还包括，可以掌握用户所有的浏览记录，并通过分析用户的行为习惯和兴趣爱好，为广告主提供精准化的推送服务。[②]

2017年1月，国内知名财经类资讯APP财联社的运营公司——上海正见文化传播有限公司就中国联通劫持该APP流量并插入广告的问题，正式向北京市西城区人民法院起诉中国联通。和大多数运营商劫持情况基本相似，联通劫持财联社APP内嵌的HTML5页面并插入夺宝类的垃圾广告。财联社方面表示，为了保证信息流的简洁性，一直在拒绝各种品牌广告的合作。中国联通借助网络优势强行在财联社上植入广告，财联社认为已经严重越过了法律边界。[③]

2015年年底，腾讯、小米科技、360等六家互联网公司共同发表了一篇抵制运营商流量劫持的联合声明，呼吁有关运营商严格打击网络流量劫持等问题。运营商劫持是流量劫持中最为常见的一种类型，影响面积巨大。在联合声明中，六家公司指出，在目前移动互联网环境下，运营商流量劫持主要分为两类：[④] 一是域名劫持，表现为用户在正常联网状态下（如3G、4G和WiFi等状态），目标域名会被恶意地、错误地解析到其他IP地址，造成用户无法正常使用服务。二是数据劫持，对于服务器端返回的内容，会在其中强行插入弹窗或嵌入式广告等其他内容，干扰用户的正常使用，对用户体验构成极大伤害。

---

① 中国互联网络信息中心（CNNIC）：《第40次〈中国互联网络发展状况统计报告〉》，2017年8月4日发布。

② 《敢在太岁头上动土，运营商流量劫持调查》，https：//wap. ithome. com/html/309179. htm，访问时间：2018年1月9日。

③ 《财联社就APP流量劫持问题已正式起诉中国联通》，http：//news. cctv. com/2017/01/11/ARTIL5TT4rvfavTsM6hbf4ut170111. shtml，访问时间：2018年1月9日。

④ 《对强插广告说不！腾讯、小米等六公司声明抵制流量劫持》，http：//www. chinaz. com/news/2015/1225/488336. shtml，访问时间：2017年11月15日。

其中，财联社 APP 受到的流量劫持属于第二类数据劫持。目前实施运营商流量劫持的技术途径是，监听用户 HTTP GET 上行请求，篡改正常返回的信息，在原真实页面插入恶意广告和窃取用户重要数据，从而实现隐蔽地劫持互联网网站信息。

由于缺乏数据加密和身份认证等有效的安全保护，DNS 协议和明文传输的 HTTP 流量非常容易遭到劫持，而运营商占据网络流量的必经之路，在流量劫持技术上具有先天优势。

（2）网络基础设施劫持

网络基础设施是互联网通信的核心和重要支撑，路由器和 DNS 服务器等是网络基础设施的重要组成部分。针对路由器和 DNS 服务器的攻击和劫持也是危害互联网流量安全的重要手段。

路由器被劫持的原因有多种，主要因为路由器自身存在一些安全漏洞，利用这些漏洞黑客可以获得路由器的控制权限。另外一个原因是，用户对路由器的安全配置不当，如登录账号和密码太过简单等。攻击者通过破解无线网络密码，从而连接上了无线网络，并通过登录后台的路由器管理界面，拥有最高的权限，实现对整个无线网络的控制，从而达到危害用户网络安全、获取私利的目的。

攻击者通过劫持路由器，可以实现对 DNS 地址的篡改，修改浏览器主页，并实现 DNS 劫持；通过劫持路由器，可以监控全网用户的上网情况，窃取用户账号信息，甚至是银行信息等。不仅如此，路由器被劫持之后，用户在正常上网的过程中，浏览器会不断地弹出广告，上网速度也会明显降低。

2015 年 11 月，浦东法院判决了全国首起“流量劫持”刑事案件，两名被告人被判有期徒刑三年，缓刑三年；扣押在案的作案工具以及退缴在案的违法所得予以没收。首例流量劫持刑事案件的公开宣判，具有样本意义。从 2013 年年底至 2014 年 10 月，付某、黄某等人租赁多台服务器，使用恶意代码修改互联网用户路由器的 DNS 设置，进而使用户登录“2345. com”等导航网站时，跳转至其设置的“5w. com”导航网站。两人再将获取的互联网用户流量出售给“5w. com”导航网站所有者杭州久尚科技有限公司。经查，两名被告人短时间内违法所得高达 75. 47 万余元人民币。①

DNS 劫持又称为域名劫持，是指用户在请求 DNS 服务器进行 DNS 域名解析时，得到的 IP 地址是被恶意篡改过的虚假地址。通过对 DNS 域名请求报文

---

① 《全国首起流量劫持刑事案件判决》，http：//news. xinhuanet. com/info/2015 – 11/11/c_134805602. htm，访问时间：2017 年 11 月 15 日。

的劫持，使得用户无法正常跳转到希望访问的网站。DNS 劫持的具体实现手段有两种。

①针对用户端的 DNS 欺骗。攻击者监测到 DNS 查询的请求报文时，伪装成 DNS 服务器向发出请求的主机发送响应报文。因为 DNS 报文通常是无连接的 UDP 报文，没有身份校验机制，用户端不能识别出这个报文是否来自真实的 DNS 服务器。在此过程中，攻击者并不需要丢弃真正的 DNS 服务器发回来的响应报文，因为 DNS 的机制会导致源主机只接受最先到达的响应报文而忽略后继到达的其他报文。这样，用户端得到的就是攻击者伪造的域名解析结果。

②针对 DNS 服务器的攻击。DNS 服务器存有大量域名和 IP 地址记录，一旦这些记录被攻击者恶意篡改，将造成互联网所有用户访问被引导至错误 IP 地址。一般使用 Linux 系统安装 BIND 提供 DNS 域名解析服务，BIND 软件不断被曝出各类安全漏洞，以及 Linux 操作系统本身也存在各种安全隐患，这给攻击者入侵和篡改 DNS 记录提供了途径。互联网域名系统采用了分布式分级的架构，一旦域名服务提供商中的 DNS 记录被篡改，很快会扩散到其他服务器，造成整个网络域名解析出错。

2010 年 1 月 12 日，由于美国域名注册服务商 Register. com 公司的重大疏忽，致使百度 www. baidu. com 的域名解析遭到不法分子恶意篡改，全球多处用户不能访问百度网站，故障持续数小时，给百度造成了重大损失。百度公司向美国当地法院提起诉讼，要求 Register. com 公司道歉并赔偿损失，经法庭多次调节后双方达成和解，Register. com 公司赔偿百度全部损失并公开向百度致歉。[①]

3. 服务端流量攻击

（1）恶意霸屏

恶意霸屏主要是针对各大搜索引擎的排名算法进行攻击，破坏正常网站的排名规则，通常用于公司恶意推广产品、服务等广告。当用户通过某些特定关键字进行搜索时，搜索结果的首页，甚至前几页都大量铺满其公司广告信息。

从公司广告推广的性价比来看，恶意霸屏相较于搜索引擎的竞价排名，无论是产品推广效果还是费用开支均有极大的优势和诱惑性，因此霸屏服务的市场需求和潜在用户群还是十分巨大的。为了获得不当的经济利益，很多

---

① 《百度域名遭劫持案尘埃落定　域名商赔偿并道歉》，http：//net. chinabyte. com/132/11693132. shtml，访问时间：2017 年 11 月 17 日。

公司纷纷推出霸屏服务，提高企业用户信息的曝光度，带来流量和销量的提升。提供霸屏服务的公司甚至公开宣称，其技术人员是大型搜索公司搜索排序算法的工程师或多家门户网站 SEO（搜索引擎优化）顾问。逆向破解搜索引擎语法指纹技术，文章、模板、特征库优化，彻底解决最新原创文章、SEO 友好模板优化、泛解析核心特征库，实现关键词批量霸屏。如图 6－2 显示的是一科技公司关于霸屏服务的介绍。

图 6－2　霸屏服务：牛推科技

恶意霸屏严重损害搜索引擎等公司的利益，扰乱了网络正常竞争秩序，因此提供霸屏服务的公司是公安机关重点打击的对象。2017 年 6 月 1 日，公安机关抓获江苏扬州的一家网络科技公司负责人刘某等 25 人，查封扣押服务器 80 余台。据调查，这家公司为客户非法提供 SEO 服务，该经营行为已经构成涉嫌破坏计算机信息系统犯罪。目前，刘某等人均被依法采取刑事强制措施。据刘某交代，其拥有 1 万多名客户，客户每个月交 500 元，就能保证相关链接保持在前三页。一年的时间，这家公司进账 2000 多万元。[①]

恶意霸屏，通常借助大型权重站来发布自己的信息，包括新闻源、论坛、社交网站等，常见的实现霸屏的手段有以下几种：

①黑帽 SEO 蜘蛛池[②]。黑帽 SEO 的方法有很多，比如隐藏关键字、隐藏网页、堆砌关键字、桥页、寄生虫等。利用大型网站的高权重网页，蜘蛛池对其发布大量外链，欺骗搜索引擎使其认为大型网站的动态页面含有推广关键词。通过该种方式吸引搜索引擎快速收录并提高网站的排名。

②利用搜索引擎自身平台或其推荐的各大平台。大部分提供搜索引擎服

① 《这家网络公司靠这个“本事”1 年进账 2000 多万元》，http：//www.dzwww.com/xinwen/shehuixinwen/201708/t20170810_16273531.htm，访问时间：2017 年 11 月 15 日。

② 《揭开黑帽 SEO 的神秘面纱：蜘蛛池、寄生虫、站群》，http：//www.hmsem.com/article－2－1.html，访问时间：2017 年 10 月 17 日。

务的公司旗下还有很多其他产品，如新闻、论坛等。这些公司自家旗下平台在搜索引擎的推荐系统中肯定是被放置在优先推送的位置。另外，根据 PageRank 等排名算法，搜索引擎会将大型“高权重”的网站放在推荐前列。因此，可以通过在以上平台放置产品广告实现霸屏。图 6－3 来源于一家提供霸屏服务公司的网站内容。

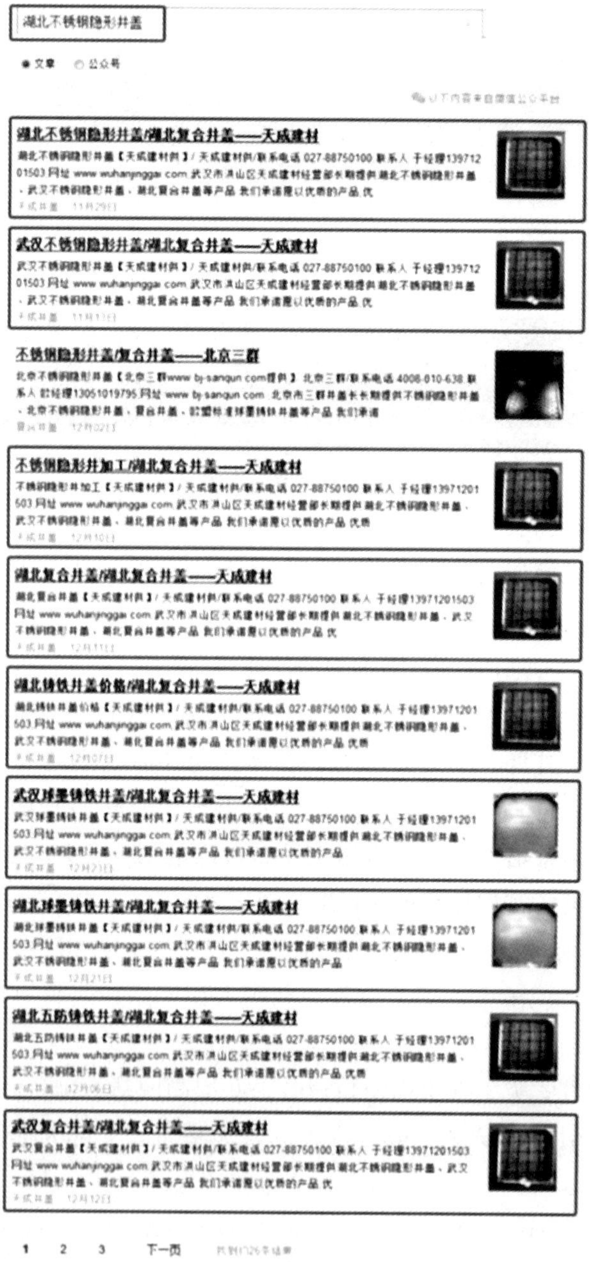

图 6－3 恶意霸屏推广案例

（2）恶意点击

恶意点击是指利用自动化脚本、计算机程序或者雇佣自然人来模仿正当合法的网络用户对网络链接进行大量点击。当前，恶意点击或模拟点击的主要场景为刷搜索排名，增加网站点击量。

搜索引擎排名会参考用户的点击情况，一个网站被点击的次数越多，说明这个网站越受用户欢迎，通过不同的 IP 使用搜索引擎搜索某一关键词并点击需要刷的网站，该网站的点击次数越多搜索引擎会认为这个站点对用户帮助越大，其排名也会相应地提高。刷搜索引擎排名的原理就是模仿大量真实 IP 搜索某个关键词并点击目标网站。在各大站长 BBS 和一些电商网站上随处可见刷搜索引擎排名的广告，此类广告一般宣称“7 天上首页”“网站快速排名首页”等，根据实际黑帽 SEO 的效果收取费用。当然也有很多免费的刷排名软件，这些软件会在用户的终端上模拟搜索点击。但普通用户下载安装后自己刷排名并没有太大效果，这是因为这些软件打着“免费”的旗号积累了大量用户，用户在使用免费软件的同时也是在给黑产挂机为付费用户刷排名，在大量 IP 用户的海量模拟点击下，进行作弊的关键词的排名会迅速提升。

4. *移动设备攻击劫持*

移动互联网发展迅猛，智能移动设备迅速普及，移动网民数目不断攀升。由此而引发的移动安全问题也日益凸显。尤其是近年来，关于手机等移动设备流量劫持的案件不计其数，主要手段包括以下几类。

（1）APK 安装劫持

利用 Android 安装劫持，在用户下载或升级 APK 应用过程中，用户的请求都会被重定向到虚假服务器上。该恶意服务器会返回给用户被替换过的 APK 的下载地址，在用户毫不知情的情况下正常的 APK 应用程序被修改或者替换为恶意软件。

2016 年 4 月，某唐山白帽子网民在下载小米商店的应用时，所有的 APK 请求会被劫持成 UC 浏览器的安装包。白帽子经过流量分析和 IP 溯源找到了其“安装分发平台”，为了方便费用结算，该平台对劫持行为做了详细记录，包括用户来源地区和 IP 地址、关键字、原始 APK、替换后 APK、劫持时间等。据统计，仅唐山地区每天被劫持数量少则六七十万，多则一百多万。①

2017 年 7 月，凤凰新闻将今日头条告上法庭，诉讼理由是以流量劫持为手段的“不正当竞争”。技术人员分析，发现原本访问凤凰网的部分流量被恶

---

① 《今天，你被运营商“上”了么?》，http：//www. sohu. com/a/61147774_ 354978，访问时间：2017 年 11 月 15 日。

意劫持，直接转至“toutiao. com”和“pstatp. com”，用户更新、下载“凤凰新闻”移动客户端的诉求直接被替换成了访问下载“今日头条”客户端。①

（2）APK 二次打包劫持

二次打包，是指对 APK 安装文件反编译后加入广告插件或恶意代码等程序，重新生成一个新 APK 文件并诱骗用户下载安装，该种手段伪装性极强。在开放的安卓操作系统中，“盗版 APP”成为木马植入、广告推广、隐私窃取等违法行为的重要途径。“打包党”通过破解正规公司的热门 APP 并植入广告或病毒程序来赚取非法收入，如植物大战僵尸、愤怒的小鸟等火爆游戏 APP 都无一幸免，手机用户就会遭遇广告骚扰、信息窃取和话费损失。

“打包党”作为灰色产业链中服务的提供方，其用户需求包括钓鱼网站、广告插件或木马植入等。广告联盟或网盟推广渠道方将任务分解给“打包党”，“打包党”通过反编译，将广告插件或恶意代码植入热门 APP 之后，形成盗版或山寨 APP。然后在各大应用商店、手机论坛等渠道上线发布，用户一旦下载和安装到手机上，便会遭遇广告骚扰或同时安装了相关的病毒或插件。“打包党”通过装机量和广告推广量等赚取相应的利益分成。

以安装激活量的计费形式为例，目前广告联盟开出的一个安卓 APP 下载包的定价为 1 至 4 元。国内较早从事 APP 加密产业的梆梆安全副总裁赵宇曾公开表示，一个 10 人的团队可以在一个月内靠病毒打包纯赚 150 万元。②

中移指数大数据移动互联研究院执行副院长阚志刚在中国移动应用安全媒体融合峰会上表示，目前约有 12. 6% 的手机 APP 为恶意应用。2014 年 11 月，该研究院对国内几个主流应用商店前 100 名的 APP 进行安全测试，发现排名靠前的 APP 均遭受严重的破解和篡改等移动安全攻击。其中微信 APP 篡改攻击率达 15. 28%，各大应用商店一共存在 514 个微信 APP，其中 79 个是假的。此外，超过 95% 的手机银行客户端的现有安全机制都存在严重的脆弱性。③

为了避免被二次打包，有些开发者会对应用进行代码混淆，但代码混淆只是增加 APP 代码的阅读难度，并不能真正阻止破解者的反向工程。对于破解者而言，可以很轻易地将一款 APP 进行篡改并二次打包。

---

① 《观察丨凤凰新闻诉今日头条，触动内容平台“流量劫持”之痛》，http：//www. sohu. com/a/160155556_ 723519，访问时间：2017 年 11 月 15 日。

② 《APP“二次打包”灰色产业链形成 10 人团队月赚 150 万》，http：//tech. ifeng. com/a/20141211/40900463_ 0. shtml，访问时间：2017 年 11 月 15 日。

③ 《机构称恶意 APP 程序超 12%》，http：//gx. people. com. cn/finance/n/2014/1208/c352207 - 23148667. html，访问时间：2017 年 11 月 15 日。

（3）Activity 劫持

Activity 劫持，是指当用户启动某个应用程序的窗口组件时，被恶意应用探知，若该界面是恶意程序预设的攻击对象，恶意应用将立即弹出一个与该应用界面相同的 Activity 覆盖原界面。用户在毫无察觉的情况下输入登录信息，实际上是在恶意软件的 Activity 界面上进行的。例如，支付界面被劫持后，恶意软件启动自己的 Activity 来模仿支付界面，诱使用户输入账号和密码，窃取的这些数据将秘密传回到服务器。

以 MazarBOT 间谍木马为例，该类木马伪装成系统短信应用，启动后请求激活设备管理权限，随后隐藏图标；在后台监控顶层运行的 Activity，若是待劫持的应用将会启动 InjDialog 进行页面劫持，获取用户账号信息。①

（4）搜索引擎回退劫持

近两年，在移动端使用搜索引擎时经常会发生回退劫持的现象。搜索引擎劫持代码一般由 JavaScript 所写，可以监控并劫持用户点击浏览器返回按钮的动作，将页面跳转到恶意网址，从而达到搜索引擎劫持效果。在搜索结果页的部分广告客户网站内带有劫持搜索引擎流量的恶意代码，用户点击进入该网站后会无法通过返回按钮后退到搜索结果页。根据后退的结果，可以分为两种：一种是后退到了某一公司网站，并陷入循环；另一种是后退到虚假的搜索引擎页面，在此虚假搜索界面上进行任何的搜索，都会返回到包含该公司网站的搜索界面上。以第二种结果为例，其主要实现手段是，在用户访问的搜索结果的网页中嵌入恶意的 JS 劫持代码，该代码会在后台恶意篡改保存访问过 URL 的 History 对象，篡改为希望用户后退到的恶意网址。例如，图 6－4 中的网站 kcgsw. cn，该网站页面布局会高度仿冒官方搜索引擎，当用户误以为是搜索引擎官方页面而在该网站搜索时，结果会出现更多的恶意广告链接（如图 6－5 所示）。常用的手机搜索引擎如搜狗、百度和 360 等均会受到此类恶意代码的影响。

① 《你的应用是如何被替换的，APP 劫持病毒剖析》，http：//www. cnblogs. com/alisecurity/p/5408588. html，访问时间：2017 年 10 月 23 日。

图6－4 回退后进入虚假页面

图6－5 再次搜索后恶意广告推广

（二）其他流量攻击行为模式

1. 网络监听与流量分析

网络监听，是指攻击者对网络状态、数据流量和信息传递进行监视和分析，可以获取网络中用户的账号、密码等个人信息，然后进行财产的侵害和系统的破坏。

用户在网上提交的信息和上网行为都是以数据包的形式，通过路由器层层转发到目标服务器的。攻击者通过截取用户所有的上网流量数据并对其进行分析，可以获取用户所有的上网信息，包括账号和密码、电话、家庭住址、常用网站、购物记录，据此分析出用户的上网习惯和兴趣爱好。流量分析属于对用户个人隐私的侵犯，在用户毫不知情的情况下，获取用户的上网信息。对用户进行网络监听和流量分析的实现手段有很多，下面主要介绍两种。

（1）运营商对用户流量分析。运营商是基础网络的运营者，为用户提供上网服务。用户的网络流量经运营商搭建的网络进行传输，网上行为尽在运营商掌控之中。出于流量经营和网络应用业务分析等目的，运营商会对用户上网流量进行分析。

（2）攻击者对用户流量分析。攻击者通过搭建钓鱼 WiFi、入侵路由器、ARP 欺骗等方式，获得用户流量监听的权限。攻击者更关注用户个人隐私数据，在获得这些数据后，通过贩卖和精准营销等方式获利。

用户个人隐私泄露事件层出不穷，信息买卖和电信诈骗日益猖獗。《网络安全法》的正式出台，对于加强个人信息保护，完善我国个人信息保护的法律体系具有重要意义。最高人民法院、最高人民检察院《关于办理侵犯公民个人信息刑事案件适用法律若干问题的解释》明确，非法获取、出售或者提供行踪轨迹信息、通信内容、征信信息、财产信息五十条以上即算“情节严重”。

《网络安全法》的出台及其之前一系列国内法律法规，规范了在网络空间内搜集、处理、使用、传输个人信息的各类行为，将会遏制和打击个人信息滥用及买卖等犯罪活动，保护网络空间公民个人隐私等权益。

2. 网络钓鱼

网络钓鱼属于利用社会工程学进行攻击的方法，是指攻击者通过向被害人发送伪造的银行或者其他组织机构的具有欺骗性的垃圾信息或者垃圾邮件，来诱导用户登录到一个通过精心伪造的与真正的目标网站极其相似的钓鱼网站上，并输入其个人账号、密码等敏感信息。这些个人敏感信息将会在后台发送给攻击者，攻击者通过这些信息，便可伪装成原始用户登录到真正的目标网站上，并进行后续的操作。网络钓鱼的手段主要有以下几种：

（1）发送电子邮件。邮件中以虚假信息如中奖、账单等内容诱导用户填写个人身份信息及银行卡信息，或者诱导用户登录某个恶意网站。

（2）建立假冒网站。攻击者事先建立一个与目标网站相似度极高的网站，诱导用户登录，并输入个人敏感信息。

（3）手机短信欺诈。攻击者利用手机短信“群发器”，发出大量虚假信息，以“中奖”“退税”“投资咨询”等名义诱骗受害者实施汇款、转账等操作。

（三）地下产业链分析

流量攻击和流量劫持现象发生在用户上网过程中的各个环节，国内的每一个互联网用户几乎都有过被流量劫持的遭遇，劫持案件频发的背后反映的是劫持成本极低，收益却极高的现实，在光鲜亮丽的网络背后充斥的是一条庞大并且完整的流量攻击利益链条，流量攻击利益链条越来越公开化。在淘宝上搜索“流量推广”“广告植入”“网站排名”等关键字能检索出数十页、上千个提供相关服务的店铺。同样地，在 QQ 上搜索“流量劫持”，便会发现数十个流量劫持的群组，并且声称可以付款进行流量攻击和劫持的黑客。这些流量劫持的群组中大多数都超过了 1000 人，可以提供 DNS 劫持、广告弹窗、跳转劫持等服务，其中有人在群中表示“收购流量”，也有一些人以某些硬件设备企业、网站的名义出售流量。

流量安全问题背后隐藏着巨大的经济利益链条。据媒体报道，计算机设备网页上的横幅点击一次可获利 0. 15 元，广告贴片为 0. 12 至 0. 18 元；网页富媒体每千次展示可获利2.2元，对联广告2.1元，弹窗5.5元；移动端APP底端悬浮广告每千次展示可获利2.5元。流量劫持的市场行情是每天每千次IP的价格为35至70元。如果有上千万的质量合格的流量，获利非常可观。据统计，做流量劫持买卖工作的黑客收入至少可达每月5万元。①

在网络空间用户流量等同于金钱收益，部分企业由于自身实力等原因无法通过正常渠道获得流量时，为了达到产品推广和占有用户市场等目的，不惜冒着触犯法律底线的风险，花费高昂价格直接购买或雇人实施不正当的流量攻击。

有了用户的需求就有了卖方，卖方在重金回报面前铤而走险，实施流量攻击等违法犯罪行为。一般来说，流量卖方实施流量劫持后，有三种方式可以将其出售：一是直接合作，就是将流量直接劫持至购买方的网站；二是跳转合作，比如之前介绍过的案例中，两名被告人比如先劫持2345.com到qjjxw.com，然后再跳转到5w.com；三是框架合作，是将流量劫持到自己的网站域名，引用购买方的网站内容。

如前文所述，流量攻击的类型有多种，包括对用户端的流氓软件、网页挂马，对传输网络的运营商劫持和DNS劫持等，对服务端的恶意霸屏和恶意点击，以及针对移动用户的APK劫持和搜索回退攻击等形式。无论流量劫持的形式和种类如何，其背后的地下产业链均具有相似的结构和流程（如图6-6所示），产业链中主要参与人员包括技术人员、攻击者、购买方和套现者。

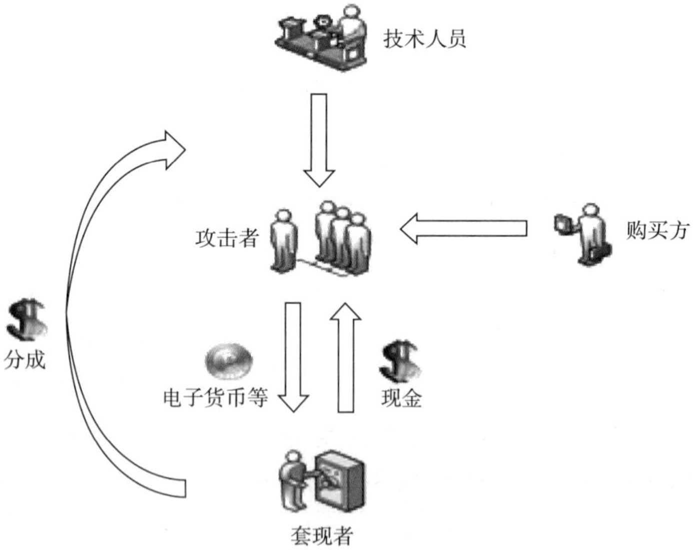

图6-6 流量攻击的地下产业链

① 《揭开“流量劫持”的神秘面纱：月入至少三万》，http://tech.sina.com.cn/t/2016-04-04/doc-ifxqxcnr5273237.shtml，访问时间：2017年10月10日。

在流量攻击的地下产业链流动过程中：技术开发人员并不直接参与攻击和劫持过程，而是通过向攻击者提供攻击工具和技术手段；攻击者利用技术人员提供的软件工具进行实际攻击和流量获取；服务购买方通过向攻击者支付电子货币获得其服务；而套现者由专门人员进行电子货币等虚拟财产的套现。所有的收益由整条产业链上的所有人员进行分成。根据不同的流量攻击类型，其具体的资金流向和运转方式会有差异，根据上文所述的流量攻击种类，下面对其产业链运转进行进一步分析。

（1）用户端流量攻击。流氓软件和网页挂马等流量攻击方式的营利模式大致分为三种：一是利用广告弹窗赚取用户流量；二是通过挂马等方式窃取用户数据并出售获利；三是后台自动下载流氓软件通过刷下载量营利。

（2）传输网络流量攻击。网络运营商和黑客等通过给购买方提供流量劫持，实现网页中插入广告和恶意跳转，从而获利。同时，还涉及用户信息的窃取，包括用户个人身份信息、银行信息、相关账号密码等敏感信息，通过将用户个人信息出售给下游客户获利。

（3）服务端流量攻击。攻击者为购买方提供关键词霸屏服务，以及通过恶意点击进行刷量、排名优化服务。其中，黑帽 SEO、黑链交易等是搜索引擎流量和分发产业链中的重要组成部分。

（4）移动设备攻击劫持。该形式主要通过静默安装刷下载量、广告推广和获取用户信息，所以其地下产业链的营利模式主要为下载量和点击量的流量变现和用户个人私密信息的出售获利。

二、流量安全问题的法律对策体系

流量安全问题是科技发展的伴生现象。科技对法律的发展有着积极的作用，影响法律的内容、形式、传播等；而法律对科技的反作用表现为法律为科技提供规则和秩序，保证科技为人类福祉服务的正确方向等。具体来说，科技的发展影响着立法的内容，成为法律制定的重要依据、科技影响法的表现形式和传播方式，使法的表现形式更科学合理，法的信息传播更便利、公开、快捷、准确和充分。科技影响法律技术和法律调整机制及其执法，促进法律调整机制和执法手段的科学化、公正化、合理化和高效化；而法律为科技活动和科技管理提供民主、科学的规则和秩序。法律确认和保障科技活动主体科学研究、发明创造的自由，为科技活动创造自由、宽松、安定的政治和社会环境。所以，通过法律规制流量劫持行为具备法律上的可行性与正当性。

流量安全问题的法律对策体系，即针对妨害流量安全行为的可适用法律规范集。妨害流量安全的行为类型众多，所涉及的法律问题也较为复杂，对于妨害流量安全的行为法律从未作出界定。鉴于流量劫持是目前最受关注且已通过一定司法判例形成的较为成熟的法律对策体系，后文将以流量劫持为主要研究对象，从民事法、行政法和刑事法等多重角度分析解决流量安全问题的法律策略。

（一）妨害流量安全行为的民事法规制

流量安全问题的出现，从形式上看是行为人争夺对流量的控制和使用，但从经济、社会角度看，许多互联网竞争主体争夺流量的主要目的是争夺用户，对流量安全的妨害是争夺用户的行为手段或伴随结果。

在妨害流量安全行为所形成的法律关系中，存在网络用户、网络服务提供者与妨害流量安全行为实施者，当然，后两者也有可能重合。在这一法律关系中遭受损害的一方，有可能依据不同的法律规定提出不同的权利主张。例如，以网络用户与网络服务提供者而言，二者是非典型的契约关系，网络服务提供者的产品，如网页、APP等可视为网络服务提供者的要约，一旦网络用户选定内心拟定的网页、APP并进而点击则视为对上述要约的承诺，因而二者可以形成基于流量的“买卖”关系。再如，网络用户与妨害流量安全行为实施者之间的法律关系，妨害流量安全行为特别是流量劫持相当于对网络用户的强迫交易。

实践中，网络个人用户依据《消费者权益保护法》和《侵权法》提出排除妨害流量安全行为和主张赔偿的诉讼请求极其罕见（考虑到网络用户的举证能力极弱、维权成本极高、难以保障自己合法权益，出现这种现象也是可以理解的），因此更常见的是互联网企业提出的维权主张。

从民事角度分析流量安全问题，更多地要从行为目的和所造成的实际损害结果出发“寻法”，《中华人民共和国广告法》《中华人民共和国反不正当竞争法》《中华人民共和国著作权法》等也就成了解决当前妨害流量安全行为的最主要法律依据。

1.《广告法》对以妨害流量安全方法从事广告活动的规制

《广告法》第四十四条规定：“利用互联网从事广告活动，适用本法的各项规定。利用互联网发布、发送广告，不得影响用户正常使用网络。在互联网页面以弹出等形式发布的广告，应当显著标明关闭标志，确保一键关闭。”第四十五条规定：“公共场所的管理者或者电信业务经营者、互联网信息服务提供者对其明知或者应知的利用其场所或者信息传输、发布平台发送、发布违法广告的，应当予以制止。”

根据上述规定，以妨害流量安全方法从事广告活动的，可以适用《广告法》。然而，该法并未对具体的以妨害流量安全方法从事广告活动的行为进行列举和明确禁止，在法律适用时需要执法和司法者进行解释。因此，对打击妨害流量安全行为实际影响更大的是2016年9月1日正式实施的《互联网广告管理暂行办法》。

虽然该办法也未明示任何以妨害流量安全方法从事广告活动的行为，但是该办法第三条第一款规定："本办法所称互联网广告，是指通过网站、网页、互联网应用程序等互联网媒介，以文字、图片、音频、视频或者其他形式，直接或者间接地推销商品或者服务的商业广告。"第二款则列举了五种互联网广告，即"（一）推销商品或者服务的含有链接的文字、图片或者视频等形式的广告；（二）推销商品或者服务的电子邮件广告；（三）推销商品或者服务的付费搜索广告；（四）推销商品或者服务的商业性展示中的广告，法律、法规和规章规定经营者应当向消费者提供的信息的展示依照其规定；（五）其他通过互联网媒介推销商品或者服务的商业广告"。

尤其是该办法第八条规定："利用互联网发布、发送广告，不得影响用户正常使用网络。在互联网页面以弹出等形式发布的广告，应当显著标明关闭标志，确保一键关闭。不得以欺骗方式诱使用户点击广告内容。未经允许，不得在用户发送的电子邮件中附加广告或者广告链接。"第十六条规定互联网广告活动中不得有下列行为："（一）提供或者利用应用程序、硬件等对他人正当经营的广告采取拦截、过滤、覆盖、快进等限制措施；（二）利用网络通路、网络设备、应用程序等破坏正常广告数据传输，篡改或者遮挡他人正当经营的广告，擅自加载广告；（三）利用虚假的统计数据、传播效果或者互联网媒介价值，诱导错误报价，谋取不正当利益或者损害他人利益。"

显然，前述妨害流量安全的行为，如果以广告为目的或者妨害他人广告行为为目的，行为模式与第八条和第十六条规定的行为吻合，则可适用《广告法》和该办法进行民事制裁或行政处罚。如前述以广告推广为目的实施的恶意霸屏，利用互联网发布、发送广告，影响了用户正常使用网络，即明显违反了该办法第八条的规定。根据《广告法》和该办法，可能涉及的制裁或处罚对象涉及广告主、广告经营者、广告发布者等。

不过，值得注意的是，由于涉嫌妨害流量安全的广告行为常被以不正当竞争行为对待，或者因同时触犯刑法而以犯罪处理，直接援引《广告法》和《互联网广告管理暂行办法》的情形较为罕见。

目前，在广告法领域讨论较多的主要是网络竞价广告商业模式与流量劫持的关系问题，但讨论的焦点主要集中在竞价排名究竟是广告还是服务的问题。对此，由于没有明确法律规定，而通过判例所反映的司法机关的态度也曾出现反复。《网络安全法》和《刑法修正案（九）》都强化了互联网平台责任，不论今后对这种商业模式做何种法律评价，但可以预见的是，都会强化平台对注意和审查义务的证明责任，对此需要平台做好技术上的储备和制度上的预研。①

2.《反不正当竞争法》与妨害流量安全行为的规制

《反不正当竞争法》第六条规定："经营者不得实施下列混淆行为，引人误认为是他人商品或者与他人存在特定联系：（一）擅自使用与他人有一定影响的商品名称、包装、装潢等相同或者近似的标识；（二）擅自使用他人有一定影响的企业名称（包括简称、字号等）、社会组织名称（包括简称等）、姓名（包括笔名、艺名、译名等）；（三）擅自使用他人有一定影响的域名主体部分、网站名称、网页等；（四）其他足以引人误认为是他人商品或者与他人存在特定联系的混淆行为。"目前，未经授权使用第三方的商标、商号、知名商品特有名称进行网络推广，并通过"搭便车"的方式，将竞争对手的流量导向自己的网站，大多被法院援引该条进行处理。

通过互联网的商业活动与传统商业模式有较大差异，但经营者仍应当遵守《反不正当竞争法》第二条所对应的自愿、平等、公平、诚信的原则，遵守法律和商业道德。法院也在一系列的判决中，确立了针对妨害流量安全（如数据劫持）不正当竞争行为的一些基本行为准则，如非公益必要不干扰原则（非为公共利益目的，互联网产品或服务不得相互干扰）和所谓的避让原则（即在后服务需考虑用户使用在先服务的意愿，并避免与在先服务相混淆）。

根据《反不正当竞争法》第十七条规定，经营者违反本法规定，给他人造成损害的，应当依法承担民事责任。经营者的合法权益受到不正当竞争行为损害的，可以向人民法院提起诉讼。因不正当竞争行为受到损害的经营者的赔偿数额，按照其因被侵权所受到的实际损失确定；实际损失难以计算的，按照侵权人侵权所获得的利益确定。赔偿数额还应当包括经营者为制止侵权行为所支付的合理开支。

2017 年 11 月 14 日，全国人大修订了《中华人民共和国反不正当竞争法》，增加了互联网不正当竞争行为条款，可以预见，该法修订后，作为竞争对手的互联网企业之间的妨害流量安全行为，只要不涉嫌犯罪②，将会更频繁

① 网信办于 2016 年 6 月发布了《互联网信息搜索服务管理规定》，该规定显然强化了平台责任，应当有助于减少信息搜索服务领域的流量安全问题。不过，该规定并未规定罚则，对于上述违反规定行为如何处罚，尚需等待进一步规定。

② 即便涉嫌犯罪，但是许多被害企业出于各种考虑（如商业声誉、证据等），可能不会去公安机关报案，而会选择民事方式解决纠纷。

地援引《反不正当竞争法》加以处理。

3.《著作权法》与妨害流量安全行为的规制

妨害流量安全的行为中，有相当一部分属于盗链行为，如所谓的视频聚合盗链，利用技术手段从正版视频网站的内容服务器中窃取数据（利用深层链接聚集各大视频网站的内容），对链接进行有目的的编排和整理，用户在点击链接后不跳转或不实质性跳转即可观看被链接网站的视频内容。这种行为会减少正版视频网站的广告点击量，损害了正版视频网站的商业利益。这种行为是否侵犯《著作权法》第十条第十二款规定的信息网络传播权[①]尚存争议，但行为过程和客观结果均符合流量劫持的要求。由于这种行为通常必须通过破解他人所设置的禁链技术来实现，同时又有牟利目的，援引《著作权法》第十条规定并无不当。

通过盗链行为而引发的流量劫持行为，事实上是以侵害知识产权作为手段的，虽然以保护知识产权为由作为保护当事人利益的手段，可能会有“舍近求远”之意，因为该手段并未直接针对流量劫持行为，而是指向了被害者的固有权利。但是由于知识产权的判定并不需要营利目的，并且在认定上有明确规定，因此采取知识产权来保护当事人权利，也不失为一种合理的策略。

（二）妨害流量安全行为的刑事法规制

除了典型的民事侵权行为外，妨害流量安全行为大致都可以适用《刑法》《治安管理处罚法》《网络安全法》等规范性文件加以规制。妨害流量安全行为的法律规制点包括行为与目的两个方面。虽然行为过程触犯数罪名的情形可能具有一定普遍性，但在处罚上一般遵循从一重处罚的原则：

1. 依行为目的的刑事制裁

以流量劫持手段来实现非法目的的，可能依其目的定罪。《刑法》第二百八十七条规定，利用计算机实施金融诈骗、盗窃、贪污、挪用公款、窃取国家秘密或者其他犯罪的，依照本法有关规定定罪处罚。因此，对于采用流量劫持的方式窃取网络用户银行账户、密码等信息并以此为手段实施盗窃行为的，符合牵连犯的表现形式，可以构成非法侵入计算机信息系统罪与盗窃罪，根据罪刑轻重关系，应当依据《刑法》第二百六十四条盗窃罪定罪并从重处罚。同样地，对于以流量劫持方式获取网络用户其他个人信息的，有可能构成《刑法修正案（九）》规定的侵犯公民个人信息罪；对于以流量劫持方式实施非法经营活动的，有可能构成《刑法》第二百二十五条规定的非法经营

① 《著作权法》第十条第十二款规定，“信息网络传播权”是“以有线或者无线方式向公众提供作品，使公众可以在其个人选定的时间和地点获得作品的权利”。

罪，等等。总之，依目的来“寻法”，是考虑妨害流量安全行为处罚的重要路径。

2. 依行为手段的刑事制裁

妨害流量安全行为是严重的网络技术失范，但理论上还存在是否应当以犯罪论处的争议，如对于流量劫持，有观点认为不构成犯罪，仅仅是侵犯了《消费者权益保护法》规定的消费者知悉网络服务真实情况的权利和对网络服务的自主选择权，应对网络用户承担赔偿责任。但是，脱离具体行为场景来讨论罪与非罪并无多大意义，而事实上，对于流量劫持等妨害流量安全行为，司法实践中已有一定的实例，所争论的更多是罪名而非是否构成犯罪问题。

妨害流量安全行为存在多种行为类型，特别是许多行为类型已经形成封闭或开放的产业链，而产业链每一个环节或行为阶段可能皆有过程独立的犯罪，同时又与其他环节或阶段所构成的犯罪形成共犯，因而使得具体罪名的适用更趋复杂。从妨害流量安全的预备行为开始，到发起实际攻击（包括用户端、传输网络、服务端和移动设备流量攻击），以及后续的利益收割，其行为手段有可能牵涉的罪名主要有：

（1）《刑法》第二百八十五条规定的非法侵入计算机信息系统罪，非法获取计算机信息系统数据罪，非法控制计算机信息系统罪，提供侵入、非法控制计算机信息系统程序、工具罪

非法侵入计算机信息系统罪是指违反国家规定，侵入国家事务、国防建设、尖端科学技术领域的计算机信息系统的行为。

非法获取计算机信息系统数据罪是指违反国家规定，侵入国家事务、国防建设、尖端科学技术领域以外的计算机信息系统或者采用其他技术手段，获取该计算机信息系统中存储、处理或者传输的数据，情节严重的行为。

非法控制计算机信息系统罪指对国家事务、国防建设、尖端科学技术领域以外的计算机信息系统实施非法控制，情节严重的行为。

提供侵入、非法控制计算机信息系统程序、工具罪是指提供专门用于侵入、非法控制计算机信息系统的程序、工具，或者明知他人实施侵入、非法控制计算机信息系统的违法犯罪行为而为其提供程序、工具，情节严重的行为。

（2）《刑法》第二百八十六条规定的破坏计算机信息系统罪

破坏计算机信息系统罪是指违反国家规定，对计算机信息系统功能进行删除、修改、增加、干扰，造成计算机信息系统不能正常运行；或者违反国家规定，对计算机信息系统中存储、处理或者传输的数据和应用程序进行删除、修改、增加的操作；或者故意制作、传播计算机病毒等破坏性程序，影

响计算机系统正常运行，后果严重的行为。

从司法实践来看，由于大多数类型的妨害流量安全行为的实现均需通过对计算机信息系统（包括智能手机操作系统或应用程序）进行功能上的增删改，或者对系统功能和系统内数据、应用程序进行破坏，因此该罪已经成为公安机关立案和被害人报案时优先考虑的罪名。

（3）《刑法》第二百八十七条之一、之二款规定的准备网络违法犯罪活动罪、帮助网络犯罪活动罪

准备网络违法犯罪活动罪是指利用信息网络，设立用于实施诈骗、传授犯罪方法、制作或者销售违禁物品、管制物品等违法犯罪活动的网站、通讯群组，或者发布有关制作或者销售毒品、枪支、淫秽物品等违禁物品、管制物品或者其他违法犯罪信息，或者为实施诈骗等违法犯罪活动发布信息，情节严重的行为。

帮助网络犯罪活动罪是指明知他人利用信息网络实施犯罪，为其犯罪提供互联网接入、服务器托管、网络存储、通讯传输等技术支持，或者提供广告推广、支付结算等帮助，情节严重的行为。

（4）《刑法》第二百五十二条规定的侵犯通信自由罪

侵犯通信自由罪是指隐匿、毁弃或者非法开拆他人信件，侵犯公民通信自由权利，情节严重的行为。

（5）《刑法》第二百五十三条之一款规定的侵犯公民个人信息罪

侵犯公民个人信息罪是指违反国家有关规定，向他人出售或者提供公民个人信息，情节严重；窃取或者以其他方法非法获取公民个人信息的行为。

值得注意的是，这类犯罪近年已经成为我国公安机关的打击重点。2016年，公安部部署开展了打击整治网络侵犯公民个人信息犯罪专项行动，全国公安机关共侦办各类侵犯公民个人信息案件1886起，抓获犯罪嫌疑人4261名，其中，银行、教育、工商、电信、快递、证券、电商网站等行业内部人员391人、黑客98人；共侦办实施拒绝服务攻击、非法入侵控制网站等各类黑客犯罪案件828起，抓获犯罪嫌疑人1747名。[①]

（6）其他违法犯罪行为

对于妨害流量安全行为，手段上还可能关联洗钱、掩饰、隐藏犯罪所得、犯罪所得收益罪、损害商业信誉、商品声誉等犯罪。此外，对于通过网络技术手段，保持非法的垄断地位或非法侵占其他竞争对手的网络资源并牟取利

---

① 《公安部：全国公安机关去年共侦办各类侵犯公民个人信息案件1886起》，http：//news. xinhuanet. com/legal/2017 -03/10/c_ 1120607635. htm，访问时间：2017年11月14日。

益，严重干扰正常的网络市场经营秩序，同时侵犯消费者的合法权益的行为，是否符合破坏生产经营罪的构成要件，一直存在争议，也亟待司法解释明确。

对于妨害流量安全行为的各环节中可能因达不到情节严重而不构成犯罪的行为，亦有《网络安全法》《治安管理处罚法》等加以规制。例如，2016年通过的《网络安全法》第二十七条规定，“任何个人和组织不得从事非法侵入他人网络、干扰他人网络正常功能、窃取网络数据等危害网络安全的活动；不得提供专门用于从事侵入网络、干扰网络正常功能及防护措施、窃取网络数据等危害网络安全活动的程序、工具；明知他人从事危害网络安全的活动的，不得为其提供技术支持、广告推广、支付结算等帮助”。第六十三条规定，“违反本法第二十七条规定，从事危害网络安全的活动，或者提供专门用于从事危害网络安全活动的程序、工具，或者为他人从事危害网络安全的活动提供技术支持、广告推广、支付结算等帮助，尚不构成犯罪的，由公安机关没收违法所得，处五日以下拘留，可以并处五万元以上五十万元以下罚款；情节较重的，处五日以上十五日以下拘留，可以并处十万元以上一百万元以下罚款。单位有前款行为的，由公安机关没收违法所得，处十万元以上一百万元以下罚款，并对直接负责的主管人员和其他直接责任人员依照前款规定处罚。违反本法第二十七条规定，受到治安管理处罚的人员，五年内不得从事网络安全管理和网络运营关键岗位的工作；受到刑事处罚的人员，终身不得从事网络安全管理和网络运营关键岗位的工作”。此外，《网络安全法》第二十一条规定了网络运营者按照网络安全等级保护制度要求保障网络免受干扰、破坏或者未经授权的访问，防止网络数据泄露或者被窃取、篡改的安全保护义务；第二十二条规定了网络产品、服务的提供者对其产品、服务持续提供安全维护的义务；第二十八条规定了网络运营者为公安机关、国家安全机关依法维护国家安全和侦查犯罪的活动提供技术支持和协助的义务。

再如，《治安管理处罚法》第二十九条规定，违反国家规定，侵入计算机信息系统，造成危害的，或者违反国家规定，对计算机信息系统功能进行删除、修改、增加、干扰，造成计算机信息系统不能正常运行的，或者违反国家规定，对计算机信息系统中存储、处理、传输的数据和应用程序进行删除、修改、增加的，或者故意制作、传播计算机病毒等破坏性程序，影响计算机信息系统正常运行的，处五日以下拘留；情节较重的，处五日以上十日以下拘留。

综上所述，从现有刑事立法和行政立法来看，目前所发现的妨害流量安全行为类型几乎都可以找到对应的法律规定加以规制，即便有些规范不太明确，但亦有可能借由合理的法律解释找到合适的法律依据。换言之，在妨害流量安全领域，并不存在所谓纯正的网络犯罪类型，妨害流量安全的手段或许时时更新，但行为本体仍在既有法律框架规制范围之内。总之，从法律规制角度来讲，针对妨害流量安全行为的刑事立法和行政立法法网严密，行、刑衔接亦紧密。

三、流量安全问题的综合应对策略

（一）技术策略

“三分技术，七分管理”是网络安全领域的名言，因此“技术 + 管理”是解决流量安全问题的两大手段。针对图 6 - 1 中破坏流量安全的网络位置，笔者建议从用户终端防护、传输网络防护和服务器防护三个方面进行技术应对。

1. 用户终端防护

终端防护，主要面向用户计算机和手机等终端设备，对流氓软件、浏览器劫持、网页挂马等攻击加强防护。一般采取多种防护相结合的方法，包括：设置复杂密码并定期更新，防止被破解后植入恶意软件；使用杀毒软件对流氓软件和恶意插件进行扫描和清除；使用系统更新和固件升级等手段修复设备、操作系统和软件安全漏洞；对用户角色和程序配置严格的权限和访问控制策略，限定对网络和系统核心数据的访问。

用户在使用计算机和手机的过程中，尤其是上网和安装软件要从以下几个方面加强防护意识：（1）不要访问陌生和可疑的网站，防止网页木马利用浏览器或系统漏洞自动下载和安装，可以使用基于沙箱技术的安全浏览器；（2）不要点击陌生人发的链接或文件，即使是好友通过短信、微信等方式发送的网站链接和文件也要慎重；（3）下载软件，请到正规官方网站上下载，并对下载文件进行校验。部分软件在安装过程中会打包下载各类软件和插件，要认真甄别。

2. 传输网络防护

用户浏览网页和下载文件的过程中主要是基于 HTTP 协议，HTTP 协议属于明文传输协议，对通信对方身份缺乏认证，并且对传输的数据缺乏加密和篡改检测，这是用户数据在网络传输过程中被劫持和插入广告的根源。HTTPS 在 HTTP 的基础上加入了 SSL 协议，SSL 依靠证书来验证服务器的身份，并对用户和服务器之间的通信加密，因此能够有效地抵御针对网站的流量劫持。对于 HTTPS 协议的网站，用户需防范数字证书被替换和伪造等情况，如主流浏览器已对证书进行验证并给予警告提示，用户要仔细甄别避免进入假冒站点。另外要尽量做到全站 HTTPS（即 Always On SSL）来保证用户机密信息和交易安全，防止会话劫持和中间人攻击。

DNS 劫持的防范技术手段主要包括：一是使用 IP 地址直接访问，该方法最为直接和安全，但对于用户来说记忆大量域名对应的 IP 地址难度较大；二是针对部分运营商和中小型企业单位等提供的 DNS 解析服务，存在人为实施 DNS 劫持和被黑客入侵后进行 DNS 劫持等问题，可将系统 DNS 服务器设置为可靠的和安全防范较高的公共 DNS 服务器，如 Google 公司的 Public DNS（8.8.8.8，8.8.4.4）；三是部署 DNSSEC 防范 DNS 劫持，ICANN 已经把 DNSSEC 部署到 13 台根 DNS 服务器上，DNSSEC 升级后会在反馈给用户的 DNS 应答中插入数字签名，确保返回的 IP 地址是未经篡改的。

3. 服务器防护

对于为网民提供服务的互联网公司来说，服务器端的安全防护是重中之重，如果被黑客攻击挂马、泄露用户信息或造成服务中断，将给公司带来巨大的经济和名誉损失。服务器端防护主要包括：抵御黑客入侵，加强网站和数据库安全防护；加强对 DoS/DDoS 的检测和流量过滤，防止带宽等资源耗尽，保证服务持续可靠；对于霸屏等攻击手段，加强对站群、恶意外链的检测，对排名算法进行优化；对于恶意点击，可通过设置精准的推广关键词、设置好每日最高消费额度、恶意点击 IP 和 IP 段屏蔽、商盾设置等。

（二）执法与管理策略

技术反制是应对妨害流量安全行为的重要途径，但妨害流量安全行为毕竟是由人发起实施，针对违法犯罪者的执法打击，既可以阻止妨害流量安全行为者继续实施违法犯罪，也可以警示潜在妨害流量安全行为者，起到一般预防效果。

然而，妨害流量安全行为从手段上看属于新型犯罪，限于一线执法人员法律素养和“遵循先例”的保守思维，在不能肯定针对流量安全实施的各种可疑行为可以适用刑法或行政法来规制时，执法机关往往犹豫不决，倾向于选择不立案调查。一方面，新型违法犯罪手段层出不穷；另一方面，执法机关对于法律尤其是刑事法律的理解和解释过于保守，不可避免地导致对这类违法犯罪行为打击不力。当然，硬性要求执法机关主动对事先制定的刑事法律或行政法规进行解释，运用到日新月异的新型违法犯罪的认定上去，这多少有些勉为其难。法律的生命在于解释，更合适的方式是，执法机关应当积极推动最高人民法院、最高人民检察院、公安部、网信办、工信部等加强对网络违法犯罪相关规定的司法解释和行政解释工作，为一线执法人员提供更加明确的法律适用指引。

从当下来看，除了立法及法律解释层面解决执法依据问题外，同样也需要通过执法来为立法及法律解释提供鲜活素材，因此，强化执法行动有其必要性。在执法上，执法人员应当兼顾当下与长远，临时性与常态化措施并重。

1. 及时开展妨害流量安全行为专项执法行动

虽然对专项斗争、破案战役等“运动式执法”存在诸多争议，但是，基于以下三大理由，目前及时开展妨害流量安全行为专项执法行动有其现实必要性：

其一，先前执法机关对妨害流量安全行为的违法犯罪行为重视程度不够，通过一次专项执法行动，有助于促进执法机关和执法人员凝聚共识，清楚认识到妨害流量安全行为的危害。同时，通过行动可以锻炼一批专业办案能手，为今后常态化执法培养人才。

其二，妨害流量安全行为的整治并非执法机关可以独立完成，以往经验表明，在采取专项执法行动过程中，其他机关、部门和社会资源的配合相对比较顺畅，有助于各机关、各部门和社会资源共同探索和完善对妨害流量安全行为及类似违法犯罪行为进行综合治理的机制和方法。

其三，专项执法行动有助于吸引媒体关注，放大反妨害流量安全行为宣传和教育效果，震慑潜在违法犯罪者，也能为执法机关争取更多资源投入反妨害流量安全行为执法营造良好的社会氛围。

其四，专项执法行动有利于认清妨害流量安全行为的危害，即其不仅会对竞争企业、个人用户等造成危害后果，严重的也会危及关键信息基础设施等的安全。

执法机关不要被动等待企业或个体被害人的报案，而是主动出击，通过技术手段，在互联网企业的配合下，有针对性地梳理妨害流量安全行为案件线索，锁定一批违法犯罪嫌疑人，集中开展重点行业的执法专项行动。

2. 推进针对妨害流量安全行为全产业链的常态化治理

专项执法行动只是遏制妨害流量安全行为快速发展势头的应急之策，要长久压制妨害流量安全行为的蔓延并切实减少违法犯罪的发生，需要执法机关和相关部门对妨害流量安全行为进行常态化治理。

研究表明，妨害流量安全行为已经产业化，形成完整的产业链条，对妨害流量安全行为进行全产业链的常态化治理势在必行。执法机关在日常执法时，通常容易接触到的是产业链的末端，即直接发起流量攻击的行为，除了针对这一环节开展日常性执法外，对全产业链的常态化治理尤其应当侧重前端整治和末端阻断，针对侵犯公民个人信息、传授犯罪方法、开发、传播、销售攻击工具以及对流量攻击提供专业售后服务等环节进行大力打击，力争在网信、金融、工商、工信等诸多部门的配合和协调下，在专业研判的指引下，有意识地扩大调查范围，延展调查链条，力争实现产业链级的突破，使个案执法效果最大化。

3. 推动警企、政企合作，积极引导互联网平台参与案件调查

共享、共治是互联网发展的重要理念。妨害流量安全行为大多需要通过互联网平台实施，互联网内容和服务提供商以及APP的发布人、管理人掌握着大量可供执法机关甄别和使用的数据甚至证据。因此，相比于执法机关，互联网平台在发现和查处利用该平台实施的违法犯罪行为方面有着技术和数据上的绝对优势。根据有关法律法规，建设和维护这些平台的单位对该平台的健康运行、确保其不被用于违法犯罪活动负有一定监管职责，本身也会采取各种技术手段监测平台运行及其中可能存在的异常行为或可疑行为，部分互联网平台自身也是妨害流量安全行为的受害者。从网络犯罪的治理来看，平台的内部治理是最为重要的。而从打击犯罪来看，平台通过技术监测手段发现违法犯罪线索并及时移交执法机关，在执法过程中积极配合执法机关锁定犯罪嫌疑人、固定证据和查证线索，对于案件的成功办理也有着重要作用。可以说，没有互联网服务提供商及相关企业的密切配合，执法机关很难取得良好的整体办案效果。①

从实践来看，打击网络违法犯罪符合企业的商业利益和社会责任，许多互联网服务提供商特别是大型互联网企业也有打击网络违法犯罪的强烈意愿。在打击伪基站，非法获取、出售、提供公民个人信息，非法获取计算机信息系统数据，破坏计算机信息系统等各类型网络犯罪过程中，相关企业所开发的软件、系统以及提供的案件线索和证据，均起到了不可替代的作用。

有一种观点认为，在面对浪潮汹涌的网络违法犯罪时，将行为人所利用的平台或APP关闭，将行为人所利用的网络技术和网络服务一禁了之，可起到一劳永逸之效果。然而，在理论上，几乎所有事物均可被用作犯罪的工具，封闭一个平台或APP，违法犯罪完全可以转移到另一个平台或APP上。与其关闭已经发展成型且形成巨大产业效益的平台或APP，不如因势利导，适度强化平台或APP责任人的监管责任。②

从这个意义上来看，执法机关应当引导和鼓励相关互联网运营商和服务提供商加大技术研发，加强互联网监测、预警能力。对于一些发案较为频繁的平台，可以引导其建立“案件池”，将其主动监测发现的异常行为及时逐一或批量移交执法机关甄别、经营或查办，甚至与执法机关共建互联网犯罪举

① 刘为军、张绍武：《移动互联网犯罪侦查对策探析》，载《中国人民公安大学学报》（自然科学版）2016年第3期。

② 刘为军、张绍武：《移动互联网犯罪侦查对策探析》，载《中国人民公安大学学报》（自然科学版）2016年第3期。

报平台，便于第一时间查证线索和采取相应侦查措施。诚然，在开展执法机关与企业合作时，必须严守执法机关的主导地位。

（三）企业应对策略

个体被害人维权能力一般较弱，所遭遇的损失也非常有限，通常只能通过重新选择合适网络服务渠道等方式自力救济，但对于企业等主体来说，反制妨害流量安全行为具有重要意义，对于以流量为主要营利方式的企业来说可能还会关系生死存亡。一般认为，对于企业特别是互联网企业来说，应对妨害流量安全行为，除了必要的技术防御、反制外，还应积极采取法律行动，实现事前可防、事中可控和事后可惩的目标。

1. 优化企业业务流程，强化法律风险防控

从实际案例可知，部分妨害流量安全行为的实施主体实际上是被害企业的“友商”，对于这一类违法行为，事先的防控至关重要。事先通过合同约定对妨害流量安全行为的罚则，既可起到事前警示的效果，也有助于事后维权。[①] 对于高度依赖流量服务的企业来说，反妨害流量安全应当如反商业贿赂等，纳入与主要供应商的合同（或附件）中。

强大的反妨害流量安全（反作弊）系统，也是企业有效应对违法犯罪者的重要工具。只有适时发现，才能确保控制和制裁。尤其值得注意的是，这类系统如果能够交由相关部门鉴定，对系统架构的科学依据、监测方法科学性以及系统实际效能进行鉴定，从而使系统监测结果获得很强的可信度，使该结果能够用作判定妨害流量安全行为的重要依据，对后续诉讼将有重要意义。[②]

2. 及时采取法律行动，有效止损并打击违法犯罪

遭遇妨害流量安全行为侵害后，及时采取法律行动，有效防止损失扩大，并对部分违法犯罪行为进行精准打击，也是应对这类行为的重要补充措施。

发现这类行为后，被害企业的止损方式主要有：一是技术反制，如果利用被害企业提供的服务实施的妨害流量安全行为，被害企业可以直接从技术上采取禁止措施。但是对于非利用被害企业提供的服务实施的妨害流量安全行为，被害企业原则上不能直接采取技术反制，至少不能采用需要侵入对方系统等方式进行反制，否则也有可能构成违法或犯罪[③]。二是向平台投诉。三

① 对此，可以借鉴《阿里妈妈推广规范》（作为《阿里妈妈协议》不可分割组成部分）和《淘宝客规范》（作为《淘宝客协议》不可分割组成部分）的做法。

② 经过鉴定或认证的反作弊系统监测结果仍然是以概率学理论为依据，可以成为民事诉讼重要证据。但是在刑事诉讼当中，其证明价值相对较弱，仍需更多证据辅证。

③ 在这个领域，是否有符合正当防卫等排除违法性事由的可能，还需要进一步论证。

是向法院申请诉前禁令或行为保全。四是争取刑事立案侦查。

无论是哪一种止损措施，证据都是核心，众多妨害流量安全行为其实均已构成犯罪，但因证据问题难以受到处罚，只能从旷日持久、维权成本高的民事渠道寻求解决。被害人发现证据、固定证据的意识和能力在一定程度上决定了其可能选择的救济渠道。

妨害流量安全行为已经成为公害，更有超越孤立的违法犯罪个案向全产业链阶段发展的趋势，并已上升为网络安全问题。解决妨害流量安全问题，既需要网络用户、网络运营商等进行技术反制，优化业务流程，更需要管理部门和执法机关采取一系列的法律和管理措施，细化处置规范，有针对性地进行专项执法和常态化管理，将企业业务竞争导入良性轨道。